岩波文庫

33-622-1

エミール

上

ルソー著
今野一雄訳

岩波書店

Rousseau

ÉMILE OU DE L'ÉDUCATION

1762

解　説——ある読者のために——

……この訳本をお送りしても、あなたは言われるかもしれない、けっこうな御本ですが、とてもひまがなくって、と。いそがしい毎日をすごしているあなたには、たしかに、いくら不朽の古典でも、二百年まえの教育論なんか読んでるひまはない。ぜひお読みください、とは言いますまい。ただ、たまたまひまがあったら、どこかページをくってのぞいてみてください。つまらなかったら、ほかのページをひらいてみてください。どこかにあなたの参考になるようなことが書いてあるかもしれません。

たとえば、はじめのほうで、ルソーは世の母親たちにむかって、女性は自然によって乳房をあたえられているのだから、自分の子を自分でやしない育てなければならない、と熱心に説き、そうすれば、家庭はいきいきしたところになり、風儀もおのずからあらたまるだろう、と言っています。世の母親たちといっても、ルソーは十八世紀の貴族や大ブルジョワの奥さんたちにむかってそういうことを言ってるのです。当時それがどんなに大きなセンセーションをおこしたといっても、わたしたちにとっては遠い昔のお話です。

しかし、別のページをひらいてみると、こんどは、つぎのような意味のことが読まれます。遠い先のことばかり考えて現在のことを忘れているのはばかげたことだ。人間はいずれ死ぬ。生きてるあいだに生活を楽しもうではないか。そして幼い者にも、純真で快活な時代を十分に楽しませようではないか。不幸にして、美しい花を咲かせようとしているときに死がおとずれることになったとしても、せめてそのときまで生きたといえるようにしてやるがいい。わたしたち大人《おとな》のモラルや習慣で子どもをしばりつけるようなことはやめよう。子どもが理解できないことを教えようとしてやっきになるようなことはしまい。……こんなことを読むと、小さいかたのお相手にあけくれているあなたにはいくらか思いあたることもあるのではないかと思います。

そこで、ときどきページをひらいてみて、なにかもっと興味をひくことがみつかったとして、いちど通読してみようかな、とお考えになったときの参考に、解説めいたことをすこしばかり書いておくことにします。

「二十年間の省察と三年間の仕事を必要とした著作」、ルソーはこの本についてそう言っています。この本を書く二十年まえといえば、ルソーはまだ二十七、八歳の青年で、リヨンで家庭教師をしていたころです。そのころからかれが子どもの教育に関心をもっていたことが事実だとしても、この本の具体的な構想を立てたのはずっとあとのことで、腰をすえて執筆に着手したのは、一七五六年、パリを去って孤独な生活にひきこもってからのことです。ですから、この本は、「新エロイーズ」や「社会契約論」とほぼ同じ時期に書かれたのです。一時リュクサンブール元帥が提供してくれたモンモランシーの館《やかた》、「木立と水の流れにかこまれた住居で、小鳥たちの歌ごえを聞き、オレンジの花の香りにつつまれ、たえまない恍惚状態にあって」、最後の第五編を書いたのは一七五九年のことです。そしてこの本は、一七六二年の五月にオランダとフランスで同時に出版されましたが、出版に先だって、印刷所の仕事が、なにかよくわからない事情で、なかなかはかどらなかったため、ルソーはそれについていろいろと臆測をめぐらし、ひどい焦躁感にとらえられていました。だれかが自分の原稿を押えて、勝手につくりかえるのではないか、というようなことをかれは考えていたのです。後年、権力者の追求をうけ、漂泊の生活のあいだに書いた「告白」第十一巻で、そのころのことを回想して、かれはつぎのようにしるしています。

「わたしはもう死んでしまうのではないかと思っていた。ああいう異常なことにどうしてわたしは完全にまいってしまわなかったのか、わたしにはわからない。わたしの死後の思い出が、わたしのいちばん尊敬されていい書物、いちばんりっぱな書物においてけがされはしまいかという考えは、わたしにとってまったく恐ろしいことだった。あのときくらい死を恐れていたことはない。ああいう状況で死んだとしたら、わたしは絶望して死んでいったことだろう。ひとりの人間の思い出にたいしてこれまでたくらまれたこともない恐ろしい陰謀が、なにものにもさまたげられずに実行されようとしていることがわかっているこんにちでさえ、わたしはあのころにくらべればずっと安らかな気持ちで死んでいける。おそかれはやかれ人々の陰謀にうちかつ証言をわたしの書物に残したことを確信しているからだ。」

ここにもうかがわれるように、ルソーは「エミール」を自分のどの著作よりも重要なものと考えていたようですが、事実、これはかれの思想を集大成した書物と言うことができると思います。

「エミール」は「教育について」という副題が示しているとおり教育論の本です。心身ともに健康な、といっても、とくに生まれながらにすぐれた資質をもったというのでもない、エミールという生徒を、生まれたときから結婚するまで、一人の先生が自然という偉大な先生の指示にしたがって、どんなふうにみちびいていくか、というのがこの本の主なすじです。

人間はよい者として生まれているが、社会は人間を堕落させる。これがルソーの根本命題です。ですから、教育においても、子どもを自然の発育にまかせ、教師はただ外部からの悪い影響をふせいでやる、これがルソーの方針です。つまり消極的な教育です。そこで、とくに十歳のころまでは時間を「有効に失う」ことを知らなければならない、子どもが十二、三歳になって、いろいろな事物について知識を修得することになっても、教師はそれを教えてやってはいけない、生徒が自分でそれをみいだすのを助けてやるだけにしなければならない、社会関係、倫理、宗教、といったようなことは、理性が十分に発達したあとでなければ、十五歳をすぎ、青春期にはいったあとでなければ、一般的な説明をあたえてはならない、ということになります。「子どもの発見」ということが教育思想におけるルソーのもっとも大きな功績だといわれていますが、こんなふうに、子どもの発育に応じて体や感官や知性を訓練させるという考えかたは、そのころの一般の人にとってはまったく新しい考えかただったにちがいありません。日常の生活では、子どもだからといって、とくべつに考慮をはらわれるようなことはすくなかったらしい、勉強することといえば、ルネサンス以後かなり変わってきていたのでしょうが、やはり、ラテン語、修辞学といったようなものが主な教課になっていたころのことですから。

ルソーが主張していることはすべてがかれの独創ではありません。フランスでは、十六世紀のモンテーニュ、十七世紀のフェヌロン、イギリスではジョン・ロックなどがルソーのすぐれた先蹤《せんしょう》となっています。モンテーニュの名は、ロックの名とならんで、この本のなかにたびたび出てきますが、ルソーがなにか気のきいたことを言ってるとき、それはほとんどみなモンテーニュにあるような気もします。ですから「エミール」のルソーを、右にあげたような人々のひょうせつ者あつかいにした人もあったらしい。それに、前代の人たちばかりではなく、同時代の人たちの影響も考えなければなりません。この本が書かれたころ、フランスでは、教育について論じた書物はほかにもいくつか出ているようですし、サロンでも子どもの教育は活発な話題になっていたということです。たとえば、感官の訓練を重要視しなければならないということは、エルヴェシウス、コンディヤックといった哲学者たちが主張している。ルソーが身近にいたそういう人たちの考えをとりいれているのは当然のことでしょう。ですから、この本の独創性は、個々の主張にあるのではなく、自然と社会との対立、自然の優位について、ルソーが処女論文「学問芸術論」以来いくつかの著作で述べてきた考えを教育論においてつらぬき、それを全面的に展開し、新しい人間の形成を説いているところにあるのです。

ところで、ルソーの自然とはどういうことなのでしょうか。自然を社会に対立させるといっても、わたしたちは、人間の社会もまた自然ではないか、と考えたくなります。また、これまで人間が社会なしに生活してきたことがあるだろうか、と考えたくなります。人間というものは都市に密集して生活するようにはつくられていない。ひろい大地のうえにちらばって生活するようにつくられているのだ、とルソーは言っています。これはけっこうな話だとは思いますが、いくらひろい大地のうえにちらばっているとしても、人間の住むところにはかならず社会があるでしょう。そこで、わたしたちは、大ざっぱに言って、こんなふうに考えたらいいのではないかと思います。ルソーのいう社会とは、かれが現実に生きていたフランス革命に先だつ時代のヨーロッパの社会なので、自然というのは、この、不合理なことがいっぱいある、不自然な社会にたいして、やがて生まれ出ようとしていた新しい社会の理想を意味するのではないか、ということです。こう考えると、いつの時代にも、現代においても、不合理なこと、不自然なことはたくさんあるのですから、現代のわたしたちにも、自然にかえれ、と言いたくなるようなことがたくさんあると思います。「文字にとらわれず、精神を生かせ」という格言がありますが、この精神によってルソーを読めば、かれの教育論にもいまなお学ぶべきことがずいぶんあるのではないかと思いますが、この本にはまた、文字どおりにとっても、こんにちの社会にぴったりあてはまることがかなりあるような気がします。

そこで、この本は要するに自然教育の原則を述べ、具体的にその適用例を示そうとしたものですが、もともとこれは生徒と先生を理想的な状態においたうえでの話ですから、ルソーが教えていることには、そのまま実行できることもありますが、現実の社会ではとうてい実行不可能なこともあります。方針としてはいいが、それを徹底させることは不可能なこともあります。乳をあたえるのは生みの母のすべきことだというのは、それが当時の上流社会の慣例にないことだったとしても、その気になれば王妃さまでも実行することができたでしょう。しかし、ほんとうの先生は父親であるべきだといっても、いくらひまと金のある人でも、エミールの先生のように、たえず生徒から目をはなさないでいるというのは、だれにでもできることではありません。また、子どもを田舎で育てるというのはいいとして、ほかの大人や子どもの影響から完全にひきはなしておくことは、ルソーもみとめてるようにむずかしいことです。自然科学の勉強は書物などいっさいつかわないで実物に即してやらせるといっても、徹底してそういう方針をつらぬくのは無意味なことになるでしょう。この本を読んで感激して、自分の子をすっかりエミールふうに育てようとした人もあったそうですが、ルソーもくりかえし言ってるように、これは原則を述べた書物であって、けっして実用的な教育法の本ではないのです。

それにしても、もし、この本がたんに教育理論の書物にすぎなかったとしたら、学者の論議の対象にはなったとしても、けっしてその時代に広汎な影響力をもつこともなく、その後もながく多くの人に愛読される書物ともならなかったでしょう。すぐれた書物というものは、フランス文学の古典から二、三の例をひろってみても、モンテーニュの「エセー」、デカルトの「方法叙説」、パスカルの「パンセ」、これらはみな、けっしてたんに学者仲間をめあてに書かれたのではなく、ひろく一般の、良識をもつ人のために書かれたのではないでしょうか。ルソーもそういう人々のために書いたのだと思います。先人の説を批判し、自分の説をつけくわえ、ある方針にしたがってまとめる、この本はそんなことだけでできたのではありません。ルソーはこの本を「かれの心情をもって」書いたと言われていますが、ルソーはまたここにかれのすべてを投入していると考えられます。この本の大きな魅力はそこにあると言えるでしょう。赤ん坊のおむつの話をしているかと思えば社会制度の奴隷となっている人間のみじめさを説き、貴族といえどもなにか職業を学ぶ必要があることを教えているときには近づきつつある革命を予言し、天体観測の話をきっかけに美しい自然描写がくりひろげられ、視覚を訓練する方法の例証として少年時代の追憶が語られ、磁気についての実験につづいてソクラテスのような風貌をもつ大道芸人が登場する……。ルソーは、これはまとまりのない書物だと言っていますが、こういうことはかえってこの本の魅力となっているのであって、作家としてのルソーはむしろ意識的にこういう書きかたをしているのではないかと思われます。

さらにいえば、生まれてすぐに母を失い、少年時代に父と別れて、正規の教育もうけず、放浪と不安定な生活のうちに成人したルソーは、「エミール」のうちに自分の夢を描いているのだとも言えるでしょう。エミールの先生はルソー自身ですが、生徒エミールもまた、こうあってほしかったルソー自身の姿と言えるでしょう。

もう一つ重要なことは、ルソーの哲学、宗教論がこの本でくわしく述べられていることです。これは第四編で、「サヴォワの助任司祭の信仰告白」という長いエピソードの形で述べられることになります。それをかんたんに要約すれば、ルソーはデカルト的な懐疑から出発して、まず認識論を展開し、ついで唯物論無神論の不条理を論じ、理性ではなく直接的な感情によって、自然の光景と人間の内部に神をみとめ、すべての人にあたえられた良心の掟《おきて》を高くかかげています。「良心、良心、神聖な本能、滅びることなき天上の声、善悪のあやまりなき判定者……」これは、ルソーの神にはとうてい承服しかねるわたしたちにとっても、忘れがたいことばですが、これはまた、すでに十年まえにルソーが「学問芸術論」の結論に書いていることを別のことばでくりかえしたものと言えます。

「ああ、徳よ、素朴な者の崇高な学問、これを知るにはそれほどの労苦と道具が必要なのだろうか。その法則はすべての人の心のうちにきざみこまれているのではないか。だから、それを学ぶには、自己をかえりみ、情念をしずめて、良心の声に耳をかたむけるだけでいいのではあるまいか。これこそほんとうの哲学だ。わたしたち平凡な人間はこういうことで満足することにしよう。……」

ところで、ルソーは、こうした信念を明らかにするだけにとどまらず、その当然の帰結として、現実の社会の大きなささえとなっていた教会の権威を否定することになります。これは当時の進歩的な思想家たちがふれることを好まなかった問題であり、かれらは宗教の問題にたちいるときには、自分の名を表に出さずに書物を発表することにしていました。ジュネーヴ生まれの田舎者ルソーはあえてそれにふれ、ヴォルテールを感嘆させた激しい語調で、啓示、奇跡、聖書の権威、教会の権威を否定しさったばかりでなく、こういう批判をふくんだ「エミール」に公然と自分の名をしるしたのです。これは当然、権力者にとっては、大胆な挑戦と考えられ、パリの高等法院は、出版後まもなくこの本を禁書とし、著者にたいして逮捕令を発しました。こうしてルソーは、一七六二年六月九日、数年来住んでいたモンモランシー、歴史に残るいくつかの著作を完成した土地を去って、スイスにのがれ、その後八年間、漂泊の時期がつづくことになります。

今年はそれからちょうど二百年、ルソーが生まれてから二百五十年にあたり、ジュネーヴでは記念の催しが行なわれると聞いています。何百年祭などということはたいして意味のないことかもしれませんが、そういうことでときどき昔のすぐれた人のことを思い出すのもいいことですし、この機会に新しく「エミール」の訳を出すことができるのは、わたしにとってもうれしいことです。……(一九六二年春、訳者)

付　記

一、この改訳版の底本には現在いちばん普及していると思われるガルニエ古典双書版をもちいました。このテクストは一七六二年の初版四冊本によったとしるされています。ほかに十九世紀にでた二つのルソー全集版を参照しました。

一、原書で脚注になっているルソー自身の注は本文のあとに一括し参照番号をつけました。この注には初版からあるものとその後の版(一七六五年に出たものが著者生前の最後の版とされています)に追加されたものとがあります。

一、本文で＊印をつけた個所の訳注は前記の版本にある編者の注を取捨し、それをいくらかおぎなったものです。かんたんな説明は本文中〔　〕内にしるしたばあいもあります。原注の〔　〕内のものも訳注です。

一、この改訳版は三冊本とし、第一分冊には第一、二、三編を収め、第二分冊には第四編を、第三分冊には第五編を収めます。

目次

エミール

——教育について——

わたしたちが苦しんでいる病気はなおすことができるし、よき者として生まれついているわたしたちは、自分を矯正しようと望むなら、自然の助けをかりることができる。

——セネカ「怒りについて」第二巻第十三章——

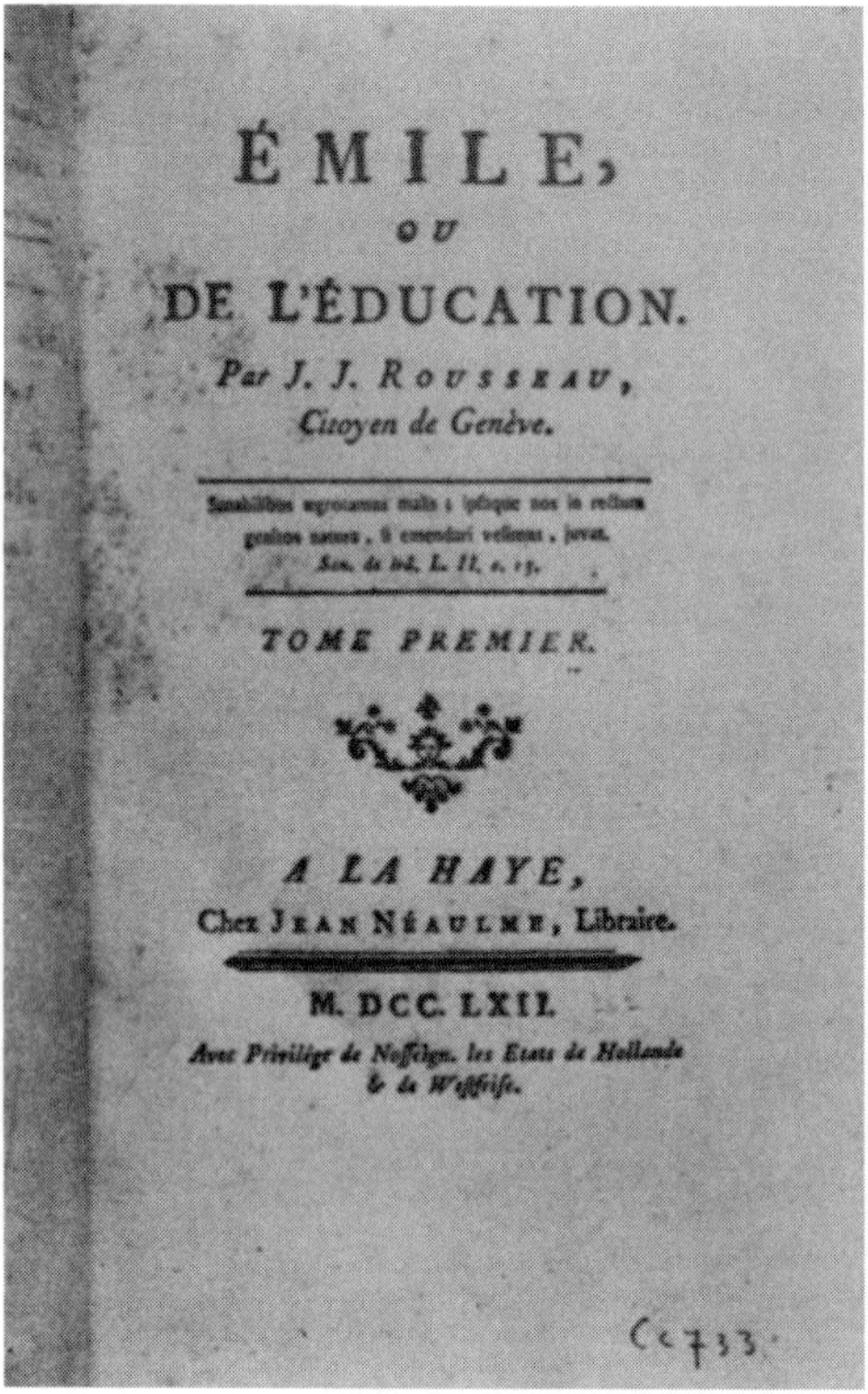
ÉMILE,
OU
DE L'ÉDUCATION.
Par J. J. ROUSSEAU,
Citoyen de Genève.

Sanabilibus ægrotamus malis ; ipsaque nos in rectum genitos natura , si emendari velimus , juvat.
Sen. de irâ, L. II, c. 13.

TOME PREMIER.

A LA HAYE,
Chez JEAN NÉAULME, Libraire.

M. DCC. LXII.
Avec Privilege de Nosseign. les Etats de Hollande & de Westfrise.

Cc733.

1762年ネオーム版の扉

序

順序なく、ほとんど脈絡もなく、反省したこと、観察したことをまとめたこの書物は、ひとりの、ものを考えることができる、よき母*を喜ばせるために着手された。はじめは数ページの覚え書きをかくつもりだったが、主題にひきずられて、それは知らないうちに、その内容から考えればたしかに大きすぎるが、とりあつかっている題目から考えれば小さすぎる、著作のようなものになってしまった。これを出版したものかどうか、わたしは長いあいだ迷っていた。そして、この仕事をしながらも、わたしは、二、三の小冊子を書いただけでは、一冊の書物といえるようなものをなかなか書けるものではないことを、たびたび感じさせられた*。もっとよいものにしようとむなしい努力をしたすえに、わたしはいま、これをこのまま発表すべきだと思っている。一般の関心をこの方面にむけることが必要だと考えるからであり、かりにわたしの考えがまちがっているとしても、ほかの人のよい考えを生む機縁となるなら、わたしはまったく時間をむだにしたことになるまい、と考えるからでもある。世間から遠く離れて暮らしていて*、書物を発表しても、賞めてくれる人もなく、弁護してくれる味方もなく、それについて人がどう考え、なんというか、それさえ知らないでいる人間は、たとえまちがったとしても、そのまちがいを人が検討もせずにうけいれはしまいか、と心配する必要はない。

よい教育が必要であることについてはわたしは多くを語るまい。一般に行なわれている教育がよくないことをながながと証明するようなこともしまい。そういうことはわたしよりもまえにすでに多くの人がやってることだし、だれでも知ってることで一冊の書物をうずめるようなことはしたくない。ただ注意しておきたいのは、すでに遠い昔から人は口をひらけば既成の方法を非難しているが、だれもまだもっとよい方法を提案しようとはしなかったことだ。わたしたちの時代の文学と学問は、建設的であるよりもはるかに破壊的である。人は大家の口調で批判するが、なにか提案するにはそれとはちがう態度をとらなければならない。気ぐらいの高い哲学者にはそれがお気に召さないのだ。一般の効用をめざすと称する著作はいくらもあるが、あらゆる有用なことのなかでもいちばん有用なこと、つまり人間をつくる技術はまだ忘れられている。わたしの主題はロック*の書物が出たのちにもまだまったく新しいものだったが、わたしの書物が出てからもあいかわらず新しいものと考えられるのではないか、とわたしは大いに心配している。

人は子どもというものを知らない。子どもについてまちがった観念をもっているので、議論を進めれば進めるほど迷路にはいりこむ。このうえなく賢明な人々でさえ、大人《おとな》が知らなければならないことに熱中して、子どもにはなにが学べるかを考えない。かれらは子どものうちに大人をもとめ、大人になるまえに子どもがどういうものであるかを考えない。この点の研究にわたしはもっとも心をもちいて、わたしの方法がすべて空想的でまちがいだらけだとしても、人はかならずわたしが観察したことから利益をひきだせるようにした。なにをしなければならないかについては、わたしは全然みそこなっているかもしれない。しかし、はたらきかけるべき主体については、わたしは十分に観察したつもりだ。とにかく、まずなによりもあなたがたの生徒をもっとよく研究することだ。あなたがたが生徒を知らないということは、まったく確実なのだから。そこで、こうした見地に立ってこの書物を読まれるなら、あなたがたにとって、これは無用な書物だとはわたしは思わない。

体系的な部分と呼んでいいもの、ここではそれは自然の歩みにほかならないが、この点がなによりも読者をまごつかせるだろう。またこの点で、人はかならずわたしを攻撃するだろうが、おそらくそれはむりもないことだろう。人は教育論を読んでいるのではなく、ひとりの幻想家の教育についての夢想を読んでいるような気がするだろう。*しかし、どうすればいいのか。わたしは他人の考えを書いているのではない。自分の考えを書いているのだ。わたしはほかの人と同じようなものの見方をしない。すでに久しいまえからわたしはそれを非難されている。しかし、ほかの人の目を自分にあたえたり、ほかの人の考えを借りたりすることがわたしにできるだろうか。それはできない。うぬぼれないようにすること、自分ひとりが世間のだれよりも賢明な人間だとは考えないこと、それはわたしにもできる。自分の考えを変えることではなく、それに疑いをもつことはできる。それだけがわたしにできることだし、わたしがしていることでもある。たとえときにわたしが断定的な調子で語るとしても、それは読者に押しつけるためではない。自分で考えたとおりに語るためだ。自分がすこしも疑っていないことを、どうして疑問の形で述べることができよう。わたしは頭のなかで考えたことをそのまま正確に語るのだ。

　自分の考えをありのままに述べるとしても、それがそのまま権威をもつなどとわたしは考えていない。だからいつもわたしは理由をつけくわえて、人がそれをよく検討し、わたしの考えを判断することができるようにする。しかし、わたしはがんこに自分の考えをまもりとおそうとは思わないが、やはりそれを公衆に示す義務があると考えている。わたしがほかの人と見解を異にする格率はどうでもいいことではないからだ。それは、正しいかまちがっているかぜひ知らなければならないこと、人類の幸、不幸が分かれるところとなることだからだ。

実行できることを提案せよ、と人はたえずわたしにくりかえす。それは、みんながしていることをするようにと提案せよ、あるいは、とにかく現在ある悪いことと両立するなんらかのよいことを提案せよ、と言ってるようなものだ。しかし、そういう計画は、ある種の問題においては、わたしの計画よりもはるかに空想的だ。そういう混ぜ合わせの計画では、よいものはそこなわれ、悪いものは改められないからだ。よい方法を中途半端に採用するよりは、いままでの方法にそのまま従っていたほうがいい。人間にはそれだけ矛盾が少なくなる。人間は同時に反対の目標にむかって進むことはできないのだ。父親たち、そして母親たちよ、実行できることとはあなたがたが実行したいと思うことだ。わたしはあなたがたの意志にまで責任をもたなければならないのだろうか。

どんな計画を立てるばあいにも二つのことを考えなければならない。第一には、その計画が絶対的によいことであること、第二には、その実行が容易であるかどうかということだ。

第一の点についていえば、計画がそれ自体として承認されうること、実行できることであるためには、事物の本性から考えてそれがよいことであれば十分だ。たとえばこのばあいには、提案される教育法が人間にふさわしいものであり、人間の心にぴったりしたものであれば十分だ。

第二の考慮は、ある状態においてあたえられるさまざまな関係に依存している、それは事物にとって偶然的な関係であり、したがって必然的なものではなく、無限に変わりうるものだ。たとえば、ある教育法はスイスでは実行できるが、フランスでは実行できない。また、あるものはブルジョワの家庭にふさわしく、あるものは貴族の家庭にふさわしいということになる。実行の難易はさまざまな状況に依存していて、方法をそれぞれの国、それぞれの身分に適用してみなければそれらの状況を規定することはできない。ところで、それらの特殊の適用はすべてわたしの主題にとって本質的なものではないから、わたしの計画にはふくまれない。それを望むなら、ほかの人がそれぞれの国、あるいは身分を念頭において、考えてみることができよう。わたしとしては、人間が生まれるあらゆるところで、わたしの提案することを人間にたいして行なえればそれでいい。人間にたいしてわたしが提案することをこころみ、かれら自身にとってもほかの人にとっても、最善の結果が得られたということになれば、それでいい。この約束をはたさなかったなら、たしかにわたしはまちがっている。しかし、それをはたしたなら、それ以上のことをわたしにもとめるのもまたまちがいだろう。わたしはただそれだけを約束しているのだから。

第一編

万物をつくる者の手をはなれるときすべてはよいものであるが、人間の手にうつるとすべてが悪くなる。人間はある土地にほかの土地の産物をつくらせたり、ある木にほかの木の実をならせたりする。風土、環境、季節をごちゃまぜにする。犬、馬、奴隷《どれい》をかたわにする。すべてのものをひっくりかえし、すべてのものの形を変える。人間はみにくいもの、怪物を好む。なにひとつ自然がつくったままにしておかない。人間そのものさえそうだ。人間も乗馬のように調教しなければならない。庭木みたいに、好きなようにねじまげなければならない。

しかし、そういうことがなければ、すべてはもっと悪くなるのであって、わたしたち人間は中途半端にされることを望まない。こんにちのような状態にあっては、生まれたときから他の人々のなかにほうりだされている人間は、だれよりもゆがんだ人間になるだろう。偏見、権威、必然、実例、わたしたちをおさえつけているいっさいの社会制度がその人の自然をしめころし、そのかわりに、なんにももたらさないことになるだろう。

自然はたまたま道のまんなかに生えた小さな木のように、通行人に踏みつけられ、あらゆる方向に折り曲げられて、まもなく枯れてしまうだろう。

大きな道路から遠ざかって、生まれたばかりの若木を人々の意見の攻撃からまもることをこころえた、やさしく、先見の明ある母(一)よ、わたしはあなたにうったえる。若い植物が枯れないように、それを育て、水をそそぎなさい。その木が結ぶ果実は、いつかあなたに大きな喜びをもたらすだろう。あなたの子どもの魂のまわりに、はやく垣根《かきね》をめぐらしなさい。垣のしるしをつけることはほかの人にもできるが、じっさいに障壁をめぐらせる人は、あなたのほかにはいない(二)。

植物は栽培によってつくられ、人間は教育によってつくられる。かりに人間が大きく力づよく生まれたとしても、その体《からだ》と力をもちいることを学ぶまでは、それは人間にとってなんの役にもたつまい。かえってそれは有害なものとなる。ほかの人がかれを助けようとは思わなくなるからだ(三)。そして、ほうりだされたままのその人間は、自分になにが必要かを知るまえに、必要なものが欠乏して死んでしまうだろう。人は子どもの状態をあわれむ。人間がはじめ子どもでなかったなら、人類はとうの昔に滅びてしまったにちがいない、ということがわからないのだ。

わたしたちは弱い者として生まれる。わたしたちには力が必要だ。わたしたちはなにももたずに生まれる。わたしたちには助けが必要だ。わたしたちは分別《ふんべつ》をもたずに生まれる。わたしたちには判断力が必要だ。生まれたときにわたしたちがもってなかったもので、大人になって必要となるものは、すべて教育によってあたえられる。

この教育は、自然か人間か事物によってあたえられる。わたしたちの能力と器官の内部的発展は自然の教育である。この発展をいかに利用すべきかを教えるのは人間の教育である。わたしたちを刺激する事物についてわたしたち自身の経験が獲得するのは事物の教育である。

だからわたしたちはみな、三種類の先生によって教育される。これらの先生のそれぞれの教えがたがいに矛盾しているばあいには、弟子《でし》は悪い教育をうける。そして、けっして調和のとれた人になれない。それらの教えが一致して同じ目的にむかっているばあいにだけ、弟子はその目標どおりに教育され、一貫した人生を送ることができる。こういう人だけがよい教育をうけたことになる。

ところで、この三とおりの教育のなかで、自然の教育はわたしたちの力ではどうすることもできない。事物の教育はある点においてだけわたしたちの自由になる。人間の教育だけがほんとうにわたしたちの手ににぎられているのだが、それも、ある仮定のうえに立ってのことだ。子どものまわりにいるすべての人のことばや行動を完全に指導することをだれに期待できよう。

だから、教育はひとつの技術であるとしても、その成功はほとんど望みないと言っていい。そのために必要な協力はだれの自由にもならないからだ。慎重に考えてやってみてようやくできることは、いくらかでも目標に近づくことだ。目標に到達するには幸運に恵まれなければならない。

この目標とはなにか。それは自然の目標そのものだ。これはすでに証明ずみのことだ。完全な教育には三つの教育の一致が必要なのだから、わたしたちの力でどうすることもできないものにほかの二つを一致させなければならない。しかしおそらく、この自然ということばの意味はあまりにも漠然《ばくぜん》としている。ここでそれをはっきりさせる必要がある。

自然とは習性にほかならない、という人がある。(四) これはなにを意味するか。強制によってでなければ得られない習性で、自然を圧し殺すことにならない習性があるではないか。たとえば、鉛直方向に伸びようとする傾向をさまたげられている植物の習性がそれだ。その植物は、自由にされても強制された方向に伸びつづける。しかし、樹液はそのために本来の方向を変えるようなことはしない。そこで、植物がさらに伸びていくと、その伸びかたはふたたび鉛直になる。人間の傾向も同じことだ。同じ状態にあるかぎり、習性から生じた傾向をもちつづける。しかもわたしたちにとってこのうえなく不自然な傾向をもちつづけることもある。しかし、状況が変わるとすぐに、そういう習性はやみ、ふたたび自然の傾向があらわれる。教育はたしかにひとつの習慣にほかならない。ところで、教育されたことを忘れたり、失ったりする人があり、またそれをもちつづけている人もあるのではないか。このちがいはどこから生じるのか。自然という名称を自然にふさわしい習性にかぎらなければならないというなら、右のようなわけのわからないことを言わなくてもいい。

わたしたちは感官をもって生まれている。そして生まれたときから、周囲にあるものによっていろんなふうに刺激される。自分の感覚をいわば意識するようになると、感覚を生みだすものをもとめたり、さけたりするようになる。はじめは、それが快い感覚であるか不快な感覚であるかによって、つぎにはそれがわたしたちに適当であるか、不適当であるかをみとめることによって、最後には理性があたえる幸福あるいは完全性の観念にもとづいてくだす判断によって、それをもとめたり、さけたりする。この傾向は、感覚がいっそう鋭敏になり、いっそう分別がついてくると、その範囲がひろがり、固定してくる。しかし、それはわたしたちの習性にさまたげられ、わたしたちの臆見によって多かれ少なかれ変質する。この変化が起こるまえの傾向が、わたしたちの自然とわたしが呼ぶものだ。

だから、この本来の傾向にすべてを結びつけなければならないのだが、わたしたちの三つの教育がたんにちがうだけなら、それは可能である。しかし、それらの教育が対立しているばあいには、人間をその人のために育てないで、ほかの人間のために育てようとするばあいには、どうなるか。そのばあいには一致は不可能になる。自然か社会制度と戦わなければならなくなり、人間をつくるか、市民をつくるか、どちらかにきめなければならない。同時にこの両者をつくることはできないからだ。

あらゆる部分的な社会は、その範囲が狭く、固く団結しているばあい、大きな社会から離れていく。愛国者はみな外国人にたいして苛酷である。外国人はたんなる人間にすぎない。愛国者から見れば、かれらは何者でもない（五）。これはさけがたい不都合だが、たいしたことではない。かんじんなことは一緒に暮らしている人々にたいして親切にすることだ。スパルタ人は、外にたいしては野心家で、けちんぼで、不正な人間だった。しかし、かれらの都市のなかでは、公平無私、一致協力の精神が支配していた。書物のなかで遠大な義務を説きながら、身のまわりにいる人にたいする義務を怠るような世界主義者を警戒するがいい。そういう哲学者は、ダッタン人を愛して、隣人を愛する義務をまぬがれようとしているのだ。

自然人は自分がすべてである。かれは単位となる数であり、絶対的な整数であって、自分にたいして、あるいは自分と同等のものにたいして関係をもつだけである。社会人は分母によって価値が決まる分子にすぎない。その価値は社会という全体との関連において決まる。りっぱな社会制度とは、人間をこのうえなく不自然なものにし、その絶対的存在をうばいさって、相対的な存在をあたえ、「自我」を共通の統一体のなかに移すような制度である。そこでは、個人のひとりひとりは自分を一個の人間とは考えず、その統一体の一部分と考え、なにごとも全体においてしか考えない。ローマの市民は、カイウスでもルキウスでもなかった。一個のローマ人だった。しかもかれはひたすら祖国を愛して自分をかえりみなかった。レグルス*は、カルタゴ人のとりこになって、自分はカルタゴ人だと称した。自分は外国人だからと言って、かれはローマの元老院の席につくことを拒絶した。そこで一人のカルタゴ人がかれにそれを命じなければならなかった。人々がかれの命を救おうとしているのを見てかれは怒った。かれは我《が》を通し、誇らしく帰って行き、処刑されて死んだ。こういうことは、わたしたちがこんにち知っている人間にはあまりかかわりのないことらしい。

ラケダイモンの人パイダレートスは、三百人議会の一員にしてもらうためにでかけていった。かれは選にもれた。かれは、スパルタには自分よりすぐれた人が三百人いると言って、すっかり喜んで帰ってきた。* わたしは、かれがまじめにそういうことを言ったのだと思う。そう信じてもいい根拠がある。つまり、これが市民なのだ。

あるスパルタの婦人は、五人の男の子を戦場に送った。そして戦闘の知らせを待っていた。知らせの奴隷《どれい》が到着した。彼女はふるえながら戦闘の様子をたずねた。「五人のお子さまは戦死なさいました。」「いやしい奴隷よ、わたしはそんなことをおまえにきいたのか。」「わが軍は勝利を得ました。」母親は神殿にかけつけて、神々に感謝を捧《ささ》げた。* これが市民の妻だ。

社会状態にあって自然の感情の優越性をもちつづけようとする人は、なにを望んでいいかわからない。たえず矛盾した気持ちをいだいて、いつも自分の好みと義務とのあいだを動揺して、けっして人間にも市民にもなれない。自分にとってもほかの人にとっても役にたつ人間になれない。それが現代の人間、フランス人、イギリス人、ブルジョワだ。そんなものはなににもなれない。

なにものかになるためには、自分自身になるためには、そしてつねに一個の人間であるためには、語ることと行なうことを一致させなければならない。いつも取るべき態度をはっきり決め、敢然とそれを守り、押し通さなければならない。その人は人間か、市民か、あるいは、人間であるとともに市民であろうとしてどんなふうに行動するかを知るために、そういうすばらしい人間をだれか示してくれるのをわたしは待っている。

必然的に対立する二つの目的から、相反する二つの教育形態が出てくる。一つは一般的な公共教育、もう一つは個別的な家庭教育である。

公共教育の観念を得たいと思うなら、プラトンの「国家篇」を読むがいい。これは書物を表題だけで判断する人が考えているような政治についての著作ではない。これはいままでに書かれた教育論のなかでいちばんすぐれたものだ。

空想の国について語ろうとするとき、人はプラトンの国家制度をもちだす。しかし、リュクルゴス*がその制度を書物にかいただけだったとしたら、それははるかに空想的なものだったろうと思う。プラトンは人々の心を浄化しただけだが、リュクルゴスはそれを変質させたのだ。

公共教育はもう存在しないし、存在することもできない。祖国のないところには、市民はありえないからだ。「祖国」と「市民」という二つのことばは近代語から抹殺《まっさつ》されるべきだ。わたしはその理由をよく知っているが、それは言いたくない。それはわたしの主題に関係ないことだ。

学院《コレージュ》と呼ばれる笑うべき施設をわたしは公共教育の機関とはみなさない(六)。世間の教育も考慮にいれない。世間の教育は二つの相反する目的を追求して、どちらの目的にも達することができないのだ。それは、いつも他人のことを考えているように見せかけながら、自分のことのほかにはけっして考えない二重の人間をつくるほかに能がない。ところが、そういう見せかけは、すべての人に共通のものだから、だれもだませない。すべてはむだな心づかいということになる。

この矛盾から、たえずわたしたちが心のなかに感じている矛盾が生まれる。自然と人間とによって相反する道にひきずられ、その相異なる衝動にひきさかれて、わたしたちはどちらの目標にもつれていかない中途半端な道をたどる。そうして一生のあいだ、こづきまわされ、ふらふらしているわたしたちは、一貫した意志をもつことができず、自分にとっても他人にとってもなんの役にもたたなかった人間として、人生を終えることになる。

そこで、あとに残るのは家庭教育あるいは自然の教育だが、もっぱら自分のために教育された人は、ほかの人にとってどういう者になるか。もし、人がめざす二重の目的が一つにむすびつけられるなら、人間の矛盾をとりのぞくことによって、その幸福の大きな障害をとりのぞくことになる。そういう人間を知るためには、すっかりできあがったその人間を見ることが必要だろう。その人の傾向を観察し、進歩をながめ、その道程をたどっておくことが必要だろう。一言でいえば、自然人を知らなければならない。この書物を読めば、その研究においていくらか前進したことになるだろうとわたしは信じている。

こういうたぐいまれな人間をつくりあげるにはなにをしなければならないか。たしかに、多くのことを。それはなにごともなされないように用心することだ。風に逆らって進むだけのことなら、針路を変えつつ進めばいい。しかし、海が荒れているのに、そこにとどまっていようとするときには、碇《いかり》をおろさなければならない。若き水先案内者よ、気をつけるのだ、綱がほどけたり、碇がひきずられたりしないように。そして、船が知らないうちに岸を離れないように気をつけるのだ。

社会秩序のもとでは、すべての地位ははっきりと決められ、人はみなその地位のために教育されなければならない。その地位にむくようにつくられた個人は、その地位を離れるともうなんの役にもたたない人間になる。教育はその人の運命が両親の地位と一致しているかぎりにおいてのみ有効なものとなる。そうでないばあいには生徒にとっていつも有害なものとなる。教育によってあたえられた偏見だけを考えてみてもそれは有害である。息子《むすこ》はかならず父の職業につかなければならなかったエジプトでは、教育はとにかく確実な目的をもっていた。しかし、階級だけはそのままだが、人間はたえず階級を変えているわたしたちのあいだにあっては、息子を自分の階級にふさわしく教育しても、それは息子にとって有害なものとならないかどうかは、だれにもわからない。

自然の秩序のもとでは、人間はみな平等であって、その共通の天職は人間であることだ。だから、そのために十分に教育された人は、人間に関係のあることならできないはずはない。わたしの生徒を、将来、軍人にしようと、僧侶《そうりょ》にしようと、法律家にしようと、それはわたしにはどうでもいいことだ。両親の身分にふさわしいことをするまえに、人間としての生活をするように自然は命じている。生きること、それがわたしの生徒に教えたいと思っている職業だ。わたしの手を離れるとき、かれは、たしかに、役人でも軍人でも僧侶でもないだろう。かれはなによりもまず人間だろう。人間がそうなければならぬあらゆるものに、かれは必要に応じて、ほかのすべての人と同じようになることができるだろう。いくら運命の神がかれの場所を変えても、やっぱりかれは自分の地位にとどまっているだろう。「運命の神よ、わたしはあなたをとらえ、とりこにした。あなたがわたしに近よれないように、すべての通路をしめきった。*」

わたしたちがほんとうに研究しなければならないのは人間の条件の研究である。わたしたちのなかで、人生のよいことと悪いことにもっともよく耐えられる者こそ、もっともよく教育された者だとわたしは考える。だからほんとうの教育とは、教訓をあたえることではなく、訓練させることにある。わたしたちは生きはじめると同時に学びはじめる。わたしたちの教育はわたしたちとともにはじまる。わたしたちの最初の教師は乳母《うば》だ。だから、「教育《エデュカシオン》」ということばは、古代においては、わたしたちがその意味ではつかわなくなっている別の意味をもっていた。それは「養うこと」を意味していた。「産婆はひきだし《エドゥキト・オブステトリクス》、乳母は養い《エドカト・ヌトリクス》、師傅はしつけ《インスチトウイト・パイダゴグス》、教師は教える《ドケト・マギステル》」とワロー*は言っている。このように、養うこと、しつけること、教えることの三つは、養育者、師傅《しふ》、教師がちがうように、それぞれちがう目的をもっていた。しかし、この区別はよい区別とはいえない。よく導かれるには子どもはただ一人の指導者に従うべきだ。

そこでわたしたちの見方を一般化しなければならない。そしてわたしたちの生徒のうちに、抽象的な人間、人生のあらゆる事件にさらされた人間を考察しなければならない。人間が一定の土地にしばりつけられているなら、一年じゅう同じ季節がつづくなら、人がみなある身分に固定されていて、けっして身分を変えることができないなら、これまでの教育法も、ある点ではけっこうなものとなる。その身分にふさわしく育てられる子どもは、その身分を離れることがないのだから、ほかの身分にともなう不都合に苦しめられずにすむ。しかし、変わりやすい人間のいとなみを考え、すべてが一世代ごとにひっくりかえってしまう現代の不安動揺を考えると、けっして部屋の外に出る必要のない人間、たえず召使いにとりまかれている人間として子どもを育てること以上に、無分別なやりかたを考えることができるだろうか。そういうあわれな人間は、一歩でも大地にふれると、一段でも階段をおりると、もう破滅である。これでは苦痛に耐えさせることにならず、苦痛を感じさせることになる。

人は子どもの身をまもることばかり考えているが、それでは十分でない。大人《おとな》になったとき、自分の身をまもることを、運命の打撃に耐え、富も貧困も意にかいせず、必要とあればアイスランドの氷のなかでも、マルタ島のやけつく岩のうえでも生活することを学ばせなければならない。あなたがたは子どもが死ぬことにならないようにと用心するが、それはむだだ。そんなことをしても子どもはいずれ死ぬことになる。そして、たとえその死があなたがたの用心の結果ではないとしても、そういう用心をするのはまずいやりかただ。死をふせぐことよりも、生きさせることが必要なのだ。生きること、それは呼吸することではない。活動することだ。わたしたちの器官、感官、能力を、わたしたちに存在感をあたえる体《からだ》のあらゆる部分をもちいることだ。もっとも長生きした人とは、もっとも多くの歳月を生きた人ではなく、もっともよく人生を体験した人だ。百歳で葬られる人が、生まれてすぐ死んだのと同じようなこともある。そんな人は、若いうちに墓場に行ったほうがましだったのだ。せめてその時まで生きることができたならばだ。*

わたしたちの知恵と称するものはすべて卑屈な偏見にすぎない。わたしたちの習慣というものはすべて屈従と拘束にすぎない。社会人は奴隷状態のうちに生まれ、生き、死んでいく。生まれると産衣《うぶぎ》＊にくるまれる。死ぬと棺桶《かんおけ》にいれられる。人間の形をしているあいだは、社会制度にしばられている。

多くの産婆は生まれたばかりの子どもの頭をなでまわして、もっといい形にしてやるのだなどと言ってるそうだが、人はそんなことを黙認しているのだ。わたしたちの頭は、わたしたちに存在をあたえてくれた者がつくったままではぐあいが悪い、外側は産婆がなおし、内部は哲学者がなおさなければならない、というわけだ。カリブ人のほうがわたしたちよりずっとしあわせだ。

「子どもが母の胎内を出るとすぐに、体を動かしたり、手足をのばしたりする自由が得られるとすぐに、人は子どもに新たな束縛をあたえる。産衣にくるみ、頭を固定し、足をのばさせ、腕を体のわきに垂《た》れさせて、ねかせておく。あらゆる種類のきれやひもを体にまきつけ、そのため体の向きをかえることができなくなる。息もできないくらいしめつけられていなければしあわせだ。体を横むきにねかされて、口からでてくる液体がひとりでに流れでるというふうになっていればしあわせだ。子どもはよだれが流れでるようにするために頭をふりむける自由さえあたえられないだろうから。」＊

生まれたばかりの子どもは、手足をのばしたり、動かしたりする必要がある。長いあいだ、糸玉のようにちぢこまっていた麻痺状態から手足を解放する必要がある。なるほど、子どもは手足をのばさせてもらえるが、それを動かすことをさまたげられる。頭も頭巾《ずきん》でしめつけられる。まるで、子どもが生きているように見えるのを、人は心配しているようだ。

そこで、大きくなろうとしている体の内部の力は、もとめている運動にたいして、うちかちがたい障害をみいだす。子どもはたえずむなしい努力をして、力をつかいはたし、そのため発育がおくれることになる。産衣にくるまれているよりも母の胎内にいたときのほうがそれほど狭くるしい思いをせず、拘束もされず、しめつけられもしなかったのだ。これではなんのために生まれてきたのか、わたしにはわからない。

子どもの手足を動けないようにしばりつけておくことは、血液や体液の循環を悪くし、子どもが強くなり大きくなるのをさまたげ、体質をそこなうだけのことだ。こういうむちゃな用心をしないところでは、人間はみな大きく強く、均整のとれた体をしている。子どもを産衣でくるむ国には、せむし、びっこ、がに股、発育不全、関節不能など、あらゆる種類のできそこないの人間が、うようよいる。人は、自由な運動によって子どもの体がそこなわれることを心配し、生まれるとすぐにかれらをしめつけることによって、体をそこねようとしている。かたわをこしらえまいとして、好んで手足のきかない人間をこしらえている。

こういう残酷な拘束が気質や体質に影響せずにすむだろうか。子どもたちが感じる最初の感情は苦痛の感情である。子どもはもとめているあらゆる運動にたいして、それをさまたげるものをみいだすにすぎない。鉄鎖につながれた罪人よりもっとみじめなかれらは、むなしい努力をし、いらだち、叫ぶ。かれらが発する最初の声は泣き声である、とあなたがたは言われるのか。まったくそのとおりだと思う。あなたがたは子どもが生まれたときからかれらに逆らうようなことをしている。かれらがあなたがたからうける最初の贈り物はかれらの身をしばる鎖だ。かれらがうける最初の待遇は責苦だ。声のほかには自由になるものをもたないかれらは、どうしてそれをもちいて不平をいわずにいられよう。かれらはあなたがたがあたえる苦しみにたいして泣き叫んでいるのだ。そんなふうにしばりつけられていたら、あなたがたはかれらよりもっと大きな声をあげて叫ばずにはいられまい。

こういう不条理な習慣はどこから生じたか。自然に反した習慣からである。母たちがその第一の義務を無視して、自分の子を養育することを好まなくなってから、子どもは金でやとった女に預けなければならなくなった。そこで、ぜんぜん愛情を感じない他人の子の母になった女は、ひたすら骨の折れることをまぬがれようと考えた。子どもを自由にしておいては、たえず見はっていなければならない。ところが、しっかりとしばりつけておけば、泣いてもかまわずに隅《すみ》っこに放りだしておける。乳母の怠慢の証拠になるようなことさえなければ、乳飲み子が腕や足を折ったりするようなことさえなければ、あとは子どもが死んでしまおうが、一生病弱な人間になろうが、どうでもいいではないか。そこで、子どもの体を犠牲にしてその手足を保護し、あとはどんなことが起こっても、乳母には責任がないということになる。

子どもをやっかいばらいして、陽気に都会の楽しみにふけっているやさしい母たちは、そのあいだに産衣にくるまれた子どもが村でどんな扱いをうけているか知ってるのだろうか。ちょっとでもことが起こると、子どもは古着かなんかのように釘《くぎ》にひっかけられる。乳母がゆうゆうと用をたしているあいだ、みじめな子どもはそうして釘づけにされている。こういう状態で見られた子どもはいずれも顔が紫色になっていた。かたくしめつけられた胸は血液の循環をさまたげ、血は頭にのぼる。そしてみんなは子どもがたいへん静かになったと思っているが、子どもには声をあげる力もなくなっていたのだ。そんな状態でどのくらいのあいだ子どもが無事でいられるものか知らないが、長いことそうしていられるかどうか疑問だ。思うに、こんなことが産衣のもっとも大きな効用の一つなのだ。

身うごきができるようにしておくと、子どもは好ましくない姿勢をとり手足の健全な発育を妨げるような運動をする、と主張する者がある。これもわたしたちのあさはかな知恵からくるくだらない議論の一例であって、どんな経験によっても確認されていることではない。わたしたちよりも分別のある民族のあいだでは、子どもは手足を完全に自由にすることができる状態で養育されているが、そのたくさんの子どものなかの一人としてけがをしたり、かたわになったりする者は見られない。子どもは危険になるほどはげしい運動をすることができない。たとえはげしい運動をする姿勢をとったとしても、すぐに苦痛を感じて、やめてしまう。

わたしたちは犬や猫《ねこ》の子を産衣でくるもうと考えついたことはない。そうしなかったからといって、犬や猫にとってなにか不都合なことが起こったためしがあるだろうか。人間の子どもは体が重い。それは事実だ。しかし、それに比例して、かれらは弱い。やっと動けるくらいのものだ。どうして自分の身を傷つけることができよう。あおむけにひっくりかえしておいたとしたら、亀《かめ》の子のように、身を起こすことができずに、そのまま死んでしまうだろう。

子どもに乳をやることをやめてしまったばかりでなく、女性は子どもをつくろうともしなくなった。それは当然の結果だ。母親の仕事がやっかいになると、やがて完全にそれをまぬがれる手段をみつけだす。女性たちはつくったものをだめにし、たえずそういうことをくりかえそうとしている。そして、人類をふやすためにあたえられた魅力を人類の害になるようにもちいている。こういう習慣は、そのほかにもある人口減少の原因とあいまって、来たるべきヨーロッパの運命を予告している。学問、芸術、哲学、そしてこの哲学が生みだす風潮は、やがてヨーロッパを人の住んでいない土地にするだろう。ヨーロッパは野獣の住むところになるだろう。といっても、それは現在の住民とそれほど変わった住民でもない。

　わたしはときどき、若い女性が自分の子を自分で育てたいなどといって小細工を弄《ろう》するのを見たことがある。そういう気まぐれはやめるようにと、人に言わせることをこころえている女だ。こういう女はたくみに夫や医者（七）や、とくに自分の母親に干渉させる。妻が自分で子どもを養育することに同意するような夫はわざわいだ。そういう夫は妻をやっかいばらいしようとしている人殺しだと言われるだろう。思慮ぶかい夫は、家庭の平和のために、父親としての愛情を犠牲にしなければならない。幸いなことに、田舎《いなか》にはあなたがたの奥さんよりも純粋な女性がいる。こういう女性の余暇がひたすらあなたがたのために捧げられるということになるなら、さらにしあわせなことだ。

女性の義務は疑うことができない。ところが人々は、女性がその義務を無視しているのに同調して、子どもを自分の乳で育てようと、他人の乳で育てようと、同じことではないかというようなことで議論をたたかわしている。この問題は医者がその審判者となるべきだが、女性の望みどおりに裁定されていることをわたしは知っている。それに、わたしとしても、そこなわれた母親の血をうけて生まれた子は、その血からさらにまたなにか新しい病気をうつされる心配があるというなら、そういう母親の乳を吸うより健康な乳母の乳を吸うほうがいいと考えるだろう。

しかし、問題をただ肉体的な面からのみ考えていいものだろうか。子どもは乳房と同じように母親の心づかいを必要としているのではないか。ほかの母親、あるいは獣《けもの》でも、母親がこばむ乳を子どもにあたえることはできよう。母親としての心づかいにはかわりになるものがない。自分の子のかわりに他人の子を育てる女は、よくない母親だ。それがどうしてよい乳母になることができよう。よい乳母になることができるとしても、それには長い月日がかかる。そのためには習慣が変じて自然とならなければならない。そして子どもは、乳母が母親の愛情をもつようになるまでに、ぞんざいにとりあつかわれて、百たびも死ぬような目にあわされるだろう。

乳母が母親の愛情をもつようになったばあいには、そこからまた別の不都合が生じる。

それを考えただけでも、敏感な女性なら自分の子を他人に養育させる気がしなくなるだろう。それは母の権利を分かち合わなければならない、いや、譲り渡さなければならないということ、子どもがほかの女を自分と同じように、あるいは自分以上に慕うのを見ること、子どもがほんとうの母親にたいして感じる愛情はお情けの愛情で、養母にたいして感じる愛情は義務となることがわかることだ。母としての心づかいが見られたところにこそ、息子の愛着が見られるべきではないか。

この不都合をなくす方法は、乳母をまったくの召使いとしてとりあつかうことによって、子どもに軽蔑《けいべつ》の念を起こさせることだ。乳母のつとめがすむと、子どもはひきとられる、あるいは、乳母はひまをだされる。不愉快な応対をされているうちに、乳母は乳飲み子に会いにくるのがいやになってしまう。何年かののちには子どもは乳母に会うこともなくなり、顔も忘れてしまう。乳母にとってかわって、自分の怠慢を残酷な行為によってつぐなったと考えている母親は、思いちがいをしているのだ。恩知らずの乳飲み子をやさしい息子にすることはできずに、そういう女性は子どもに恩知らずな行為を教えているのだ。その乳で自分を養ってくれた者と同様に、自分に生命をあたえてくれた者も、いつかは軽蔑することを教えているのだ。

有益な題目をいくらくりかえしてもむだで、がっかりするばかりだ、ということがなかったら、わたしはこの点をどれほど強調することだろう。これは人が考えているよりもはるかに多くのことに関係している。あらゆる人にその第一の義務をはたさせようとするなら、まず母親からはじめるがいい。あなたがたはそこから生じる変化にびっくりするだろう。なにもかもその最初の堕落からひきつづいて起こっている。道徳的な秩序はすべて失われる。天性はあらゆる人の心から消え去る。家の内部には昔のような生き生きした空気がなくなる。新しい家庭の感動すべき情景も夫の心をとらえることなく、他人の尊敬の念を呼び起こすこともなくなる。子どもと一緒にいない母親は尊敬されなくなる。家庭は休息の場でなくなる。血のつながりも習慣によってつよめられることもなくなる。父も母も、子どもも、兄弟姉妹もいなくなる。たがいによく知らない人間になる。そんな人たちがどうして愛し合うことができよう。みんな自分のことだけしか考えなくなる。家のなかがわびしい孤独の境のようなところにすぎなくなれば、どうしても外へ楽しみをさがしにいかなければならない。

ところが、母親がすすんで子どもを自分で育てることになれば、風儀はひとりでに改まり、自然の感情がすべての人の心によみがえってくる。国は人口がふえてくる。この最初の点が、この点だけがあらゆるものをふたたび結びつけることになる。家庭生活の魅力は悪習にたいする最良の解毒剤である。わずらわしく思われる子どもたちの騒ぎも愉快になってくる。父と母はますますたがいに離れがたく睦《むつ》み合うようになる。夫婦の絆《きずな》はいっそう固くなる。家庭が生き生きとしてにぎやかになれば、家事は妻のなによりも大切な仕事になり、夫のなによりも快い楽しみになる。こうして、ただ一つの欠点が改められることによって、やがて一般的な改革がもたらされ、自然はやがてそのすべての権利を回復する。ひとたび女性が母にかえれば、やがて男性はふたたび父となり、夫となる。

むだな説教。たとえ世間の快楽にあきたとしても、人々はけっしてこういう楽しみに帰ってくることはあるまい。女性は母になることをやめた。女性はもう母にはならないだろう。なろうともしないのだ。たとえなろうとしても、なかなかなれないだろう。反対の習慣ができあがっているこんにちでは、女性は自分の周囲にいるあらゆる女性の反対とたたかわなければなるまい。そういう女性は、自分で示したこともないし、従うことも欲しない手本に対抗するために一致団結しているのだ。

とはいえ、いまでもときどき、すぐれた天性にめぐまれた若い人があって、流行の権威と同性の非難にもかかわらず、自然が命じているやさしい義務を健気《けなげ》にもはたしている。それを実行する人にあたえられる幸福に心をひかれて、そういう人たちの数がふえていくことが望ましい。このうえなく単純な考察の結果と、これまでぜったいに例外を見たことがない観察にもとづいて、わたしはそういう尊敬すべき母たちに約束してもいい。夫からもたれるいつまでも変わらない深い愛着、子どもたちからそそがれるほんとうに子どもらしい愛情、世間の人からうける尊敬の念、なんの事故もなく、あとに病気を残すようなこともない安らかな出産、強壮な健康、そして、いずれは自分の娘たちの手本になり、よその娘たちの模範としてたたえられる喜び、そういうことを約束してもいい。

母がいなくなれば子もいなくなる。母と子の義務は相互的なものだから、一方で義務を怠れば、他方でも怠ることになる。子どもは母親を愛する義務があることを知るまえに母親を愛さなければならない。血肉の声も習慣と配慮によって強められなければ、はやくから消えてしまうし、愛情はいわば生まれるまえに死んでしまう。こうしてわたしたちは最初の一歩から自然の外に出る。

さらに反対の道から自然の外に出ることもある。それは母親としての配慮を怠りはしないが、極端に気をつかう女性のばあいである。そういう女性は子どもをだいじにしすぎて、弱さを感じさせないようにするためにますます弱くする。そして、子どもを自然の法則からまぬがれさせようとして、苦しいことを子どもから遠ざけ、すこしばかりの苦しみから一時まもってやることによって将来どれほどの事故と危険を子どもにもたらすることになるか、弱い子ども時代をいつまでもつづけさせて大人《おとな》になったときに苦労させるのは、どんなに残酷な心づかいであるかを考えないのだ。テティスは息子を不死身にするために、冥府の川《ステュクス》の水に漬《つ》けたと伝説は語っている。＊このたとえ話は美しく、その意味は明瞭《めいりょう》である。わたしがいま語っている残酷な母たちは、それと逆のことをしている。子どもに柔弱な習慣をつけることによって、苦しみに感じやすい人間にしようとしているのだ。あらゆる病気に気孔をひらいているのだ。子どもは、大きくなって、かならず病気に悩まされることになるだろう。＊

自然を観察するがいい。そして自然が示してくれる道を行くがいい。自然はたえず子どもに試練をあたえる。あらゆる試練によって子どもの体質をきたえる。苦痛とはどういうものかをはやくから子どもに教える。歯が生えるときは熱をだす。はげしい腹痛がけいれんを起こさせる。いつまでもとまらない咳《せき》がのどをつまらせる。虫に苦しめられる。多血症のために血液が腐敗する。さまざまな酵母が醱酵して、たちの悪いふきでものがでる。幼年時代の初期はずっと病気と危険の時期だといっていい。生まれる子どもの半分は八歳にならないで死ぬ。試練が終わると、子どもには力がついてくる。そして、自分の生命をもちいることができるようになると、生命の根はさらにしっかりしてくる。

これが自然の規則だ。なぜそれに逆らおうとするのか。あなたがたは自然を矯正するつもりで自然の仕事をぶちこわしているのがわからないのか。自然の配慮の結果をさまたげているのがわからないのか。自然が内部ですることを外部からするのは、危険を二重にすることだとあなたがたは考えている。ところがそれは逆に、危険をそれさせ、弱めることなのだ。経験の教えるところによれば、こまごま世話をしてやって育てた子どものほうが、そうでない子どもよりも死ぬ率がずっと大きい。子どもの力の限度を越えさえしなければ、力をつかわせたほうがつかわせないより危険が少ない。だから、いずれ耐えなければならない攻撃になれさせるがいい。不順な季節、風土、環境、飢え、渇《かわ》き、疲労にたいして、かれらの体を鍛練させるがいい。冥府《ステュクス》の川の水に漬けるがいい。体に習性がつくまでは、なんの危険もなしにどんな習性でもつけられる。しかし、ひとたび体が固まってくると、あらゆる変化は危険なものとなる。子どもは大人が耐えられないような変化にも耐える。子どもの線維はやわらかく、しなやかだから、苦もなく、あたえられた襞《ひだ》をとる。大人の線維は固くなっているから、強い力をくわえなければ、すでにあたえられている襞を変えることができない。だから子どもは生命と健康を危険にさらすことなしに、頑丈《がんじょう》な体にすることができる。それに、いくらか危険がともなうとしても、ためらってはなるまい。それは人生についてまわる危険なのだから、いちばん危険の少ないあいだに、それを経験させるほうがいいのではあるまいか。

子どもは年齢が進むにつれてその価値を増す。それ自体の価値にそれまでについやした心づかいの価値がくわわる。生命の損失ということのほかに、子どもには死という感情がつけくわわる。だから、なによりも未来のことを考えながら子どもの生命をまもるよう心がけなければならない。子どもが青年期に達しないうちに、青年期の病気に抵抗できるようにしてやらなければならない。生命は、それが役にたつときまで価値をましていくものならば、子どものときにすこしばかりの苦しみをまぬがれさせておいて、理性をはたらかせるようになったころに多くの苦しみをなめさせることになるのは、まったくばかげたことではないか。それが先生の教えることだろうか。

人間の運命はいつも苦しんでいることにある。自分をまもろうとする心づかいにも苦労がともなう。子どものころ肉体的な苦しみしか知らなかった人はしあわせだ。肉体の苦しみはほかの苦しみにくらべればはるかに残酷でも、つらくもないし、そのために生きることを断念するようなことはめったにない。痛風《つうふう》を苦にして自殺する人はいない。絶望に追い込むのは心の苦しみ以外にはないといっていい。わたしたちは子どもの状態をあわれむが、あわれむべきはむしろわたしたちの状態だ。わたしたちのもっとも大きな苦しみの原因はわたしたち自身のうちにある。

生まれるとき、子どもは叫び声をあげる。子どもの最初の時期は泣いてすごされる。

子どもをなだめようとして、人はゆすぶったり、あやしたりする。そうかと思えば、子どもを黙らせようとして、おどしたり、ぶったりする。わたしたちは子どもの気に入るようなことをするか、わたしたちの気に入るようなことを子どもにもとめるかする。子どもの気まぐれに従うか、わたしたちの気まぐれに子どもを従わせるかする。中間の道はない。子どもは命令するか、命令されなければならない。だから、子どもが最初にいだく観念は支配と服従の観念である。話すこともできないうちに子どもは命令する。行動することもできないうちに服従する。そしてときには、自分の過失を知ることもできないのに、いや、過失をおかすこともできないのに、罰をうける。こうしてはやくから幼い心のうちに情念をそそぎこみながら、人はそれを自然のせいにする。そして、骨を折って子どもを悪くしておきながら、子どもが悪いといって嘆く。

こんなふうに、子どもは女たちのあいだで、彼女たちの気まぐれと自分の気まぐれの犠牲になって、六、七年をすごす。そしていろんなことを教えられたのちに、つまり子どもに理解できないことばや、なんの役にもたたないことを覚えこまされたのちに、人為的に生じて情念によって天性が押し殺されたのちに、この人工的なものは教師の手にあずけられ、教師はもうすっかりつくられている人工的な芽を完全に伸ばすことになり、子どもにあらゆることを教えるが、自分を知ること、自分自身から利益をひきだすこと、生きて幸福になることだけは教えない。そして最後に、奴隷《どれい》であると同時に暴君であり、学問をつめこまれていると同時に常識をもたず、肉体も精神も同じように虚弱なこの子どもは、社会に投げだされて、その無能ぶり、傲慢《ごうまん》ぶり、そしてあらゆる悪癖《あくへき》をさらけだし、人間のみじめさと邪悪さを嘆かせることになる。嘆くのはまちがいだ。そういうものはわたしたちの気まぐれから生じた人間なのだ。自然の人間はそれとはちがったふうにつくられる。

だから、人間がその生来の形を保存することを望むなら、人間がこの世に生まれたときからそれを保護してやらなければならない。生まれたらすぐにかれをしっかりつかんで、大人にならないうちはけっして手放さないことだ。そうしなければとても成功はおぼつかない。ほんとうの乳母は母親であるが、同じように、ほんとうの教師は父親である。父と母とはその仕事の順序においても、教育方法においても完全に一致していなければならない。母親の手から子どもは父親の手に移らなければならない。世界でいちばん有能な先生によってよりも、分別のある平凡な父親によってこそ、子どもはりっぱに教育される。才能が熱意に代わる以上に、熱意は才能に代わることができるはずだ。

しかし、用事が、つとめが、義務が……。ああ、義務。たしかに、いちばん軽い義務は父としての義務なのだ(八)! 二人の結びつきから生まれたものを養育することを怠るような妻をもつ夫が子どもを教育することを怠るとしても、それは驚くにあたらない。家庭の情景以上に魅力のある画面はない。しかし、そこに一点一画でも欠ければ、すべてがみにくくなる。母は健康でないから乳母になることができないということになると、父には用事がたくさんあって、教師にはなれないということになる。家を離れて、寄宿舎や修道院や学院に散らばった子どもたちは、生家にたいする愛情をほかへ移すことになる。というより、なにものにも愛着をもたない習慣を生家にもちかえる。兄弟姉妹もろくに顔を覚えていない。お祝いかなにかあってみんなが集まるようなときには、たがいに行儀よくして、まるで他人のように挨拶《あいさつ》をする。両親のあいだが親密でなくなると、家庭のだんらんが生活に楽しさをもたらすこともなくなると、どうしてもそのかわりに悪い習慣をもちこまなければならない。すべてこうしたことのつながりがわからないほど頭の悪い人間がどこにいるのか。

子どもを生ませ養っている父親は、それだけでは自分のつとめの三分の一をはたしているにすぎない。かれは人類には人間をあたえなければならない。社会には社会的人間をあたえなければならない。国家には市民をあたえなければならない。この三重の債務をはたす能力がありながら、それをはたしていない人間はすべて罪人であり、半分しかはたさないばあいはおそらくいっそう重大な罪人である。父としての義務をはたすことができない人には父になる権利はない。貧困も仕事も世間への気がねも自分の子どもを自分で養い育てることをまぬがれさせる理由にはならない。読者よ、わたしのことばを信じていただきたい。愛情を感じながら、こういう神聖な義務を怠るような者にわたしは言っておく。その人は自分の過ちを考えて、長いあいだにがい涙を流さなければならないだろうし、けっしてなぐさめられることもないだろう*。

　しかし、忙しくてとても子どもにかまっていられないという富裕な人、家庭の父は、どうするか。かれはほかの人間に金を払って、自分にはやっかいな仕事をさせる。いやしい人間！　きみは金ずくで子どもにもう一人の父親をあたえようと思っているのか。思いちがいをしてはいけない。きみが子どもにあたえるのは、先生ともいえないものだ。それは下僕だ。その下僕はいずれもう一人の下僕を育てあげることになる。

　よい教師の資格についてはいろいろと議論がある。わたしがもとめる第一の資格、この一つの資格はほかにもたくさんの資格を必要としているのだが、それは金で買えない人間であることだ。金のためにということではできない職業、金のためにやるのではそれにふさわしい人間でなくなるような高尚な職業がある。軍人がそうだ。教師がそうだ。ではいったい、だれがわたしの子どもを教育してくれるのか。わたしがさっき言ったとおりだ。それはきみ自身だ。わたしにはできない。きみにはできない……では友人をつくるのだ。そのほかに道はない。

教師！　ああ、なんという崇高な人だろう……じっさい、人間をつくるには、自分が父親であるか、それとも人間以上の者でなければならない。そういう仕事をあなたがたは平気で、金でやとった人間にまかせようというのだ。

考えれば考えるほど新しい困難に気がつく。教師は生徒にふさわしく教育されていなければならない、召使いは主人にふさわしく仕込まれていなければならない。子どもに近づくすべての人は子どもにあたえてもいいような印象をうけとっていなければならない、ということになる。教育から教育へとさかのぼって、どこかわからないところまで行かなければならない。自分自身よい教育をうけなかった者によって、どうして子どもがよく教育されることがあろう。

そういうたぐいまれな人間をみつけることは不可能だろうか。わたしにはわからない。この堕落した時代にあって、人間の魂がまだどれほどの高さの徳にまで到達できるか、だれにわかっていよう。しかし、そういうすばらしい人間が発見されたと仮定しよう。その人がすることを見てこそ、それがどういう人であるかがわたしたちにわかる。あらかじめわかっていると思われることは、よい教師の資格が完全にわかっている父親は、教師などやとうまいと決心するだろう、ということだ。自分が教師になるよりもそういう教師をみつけるほうが、ずっと骨が折れるからだ。だから、友人をつくるつもりなら、自分で子どもを教育して、そういう者になるがいい。そうすれば、どこかほかにそういう人をさがしにいく必要はなくなるし、自然はすでにその仕事の半分をなしとげたことにもなる。

ある人、わたしはその人の身分を知ってるだけなのだが、その人はわたしに息子を教育してもらいたいといってよこした。たしかに、その人はわたしに大きな光栄をあたえてくれたのだが、わたしがことわったことを不満に思わないで、かえってわたしの慎重な態度を喜んでくれるべきだ。その人の申し込みを承知して、わたしがまちがった方法をとったなら、教育は失敗することになったろうが、成功したらもっとずっと悪いことになったろう。息子は自分の称号を否認し、君主になることを望まなくなったろうから。

わたしは教師というものの義務の重大さをよく感じているし、自分の無能力をよく知ってもいるから、どこから申し込みがあっても、けっしてそういう仕事をひきうけるつもりはない。友情のためにということさえ、わたしにとっては、新たな拒絶の理由となるにすぎない。この書物を読んだあとでは、そういう申し込みをしようと考える人はほとんどないだろうとわたしは考えている。かりにそんなことを考える人があるとしたら、よけいな骨折りはやめてくれるようにとお願いしたい。むかしこの職業を十分に経験したことがあるわたしは*、自分がそれにふさわしい人間でないことをよく承知しているし、たとえわたしの才能がそれに耐えうるとしても、わたしの状態はそういうことをわたしに免除してくれるだろう。わたしを十分に尊敬してくれないようにみえる人たち、わたしがまじめな人間であることを、ちゃんとした根拠があって決心していることを信じてくれない人たちに、ここで公けにこういう宣言をしなければならないと考えたのだ。

いっそう有益な仕事をすることができない状態にあるわたしは、とにかく、いっそう容易な仕事をこころみることにしたい。つまり、ほかの多くの人の例にならって、じっさいの仕事にはたずさわらないが、ペンをとることにする。そして、しなければならないことを実行するかわりに、それを述べてみることにする。

こういう企てにさいしては、著者は自分で実行する必要のない体系のなかにあぐらをかいて、実行できない多くのけっこうな教訓を平気でならべたて、著者が言ってることで実行できることも、細かい点や実例を欠いているので、その応用が示されていないかぎり、つかいものにならない、ということをわたしは知っている。

そこでわたしは、一人の架空の生徒を自分にあたえ、その教育にたずさわるにふさわしい年齢、健康状態、知識、そしてあらゆる才能を自分がもっているものと仮定し、その生徒を、生まれたときから、一人まえの人間になって自分自身のほかに指導する者を必要としなくなるまで導いていくことにした。この方法は自分の力をあやぶんでいる著者が幻想に迷いこむのをふせぐのに有効だと思われる。ふつうの方法から離れることになったら、生徒に自分の方法をためしてみればいいことになるので、子どもの進歩と人間の心の自然の歩みに従っているかどうか、かれにはすぐにわかってくる、あるいは、かれのかわりに読者にわかってくることになるからだ。

これが、困難にであうたびにわたしが実行しようとつとめたことだ。書物を無用に大きくしないために、わたしはだれでも真理だと感じることができる原則を述べるにとどめた。しかし、証明を必要とする規則については、それをすべてわたしのエミールかほかの例にあてはめ、ごく詳しい説明をこころみて、わたしが述べていることがどんなふうに実行されるかを示した。とにかく、こういう計画にわたしは従っていくことにした。それが成功したかどうかの判断は読者にまかせる。

そこで、最初のうちはエミールについてはほとんど語らないことになった。わたしの教育の最初の格率は既成のそれとは反対のものだが、それは一見すれば明瞭で、道理のわかる人なら承認しないわけにはいかないことだからだ。しかし、先へ進むにつれて、わたしの生徒はあなたがたの生徒とはちがったふうに導かれ、ふつうの子どもではなくなる。かれのためには特別の方法が必要になる。そうなるとかれはいままでよりもひんぱんに舞台にあらわれ、最後の段階に近づくと、わたしはひとときも目をはなさず、かれがなんと言おうともはやすこしもわたしを必要としなくなるまで、かれを見まもっている。

ここでわたしは、よい教師の資格についてはなにも語らない。わたしはそれを仮定し、わたし自身その資格を全部そなえているものと仮定する。この書物を読んでいくうちに、わたしが自分にどんなに多くのものをあたえているかがわかるだろう。

ただ注意しておきたいのは、一般の意見に反して、子どもの教師は若くなければならない、賢明な人であれば、できるだけ若いほうがいい、ということだ。できれば教師自身が子どもであれば、生徒の友だちになって一緒に遊びながら信頼をうることができれば、と思う。子どもと成熟した人間とのあいだにはあまり共通なものがないし、そんなに年齢の差があっては十分に固い結びつきはけっしてできあがらない。子どもはときに老人にこびることもあるが、けっして老人を愛することはない。*

人々は教師がすでにいちど教育にたずさわった人であることを望むかもしれない。それはむりな注文だ。同一の人間は一度だけしか教育にたずさわることができない。二度やらなければ成功しないというなら、どんな権利があって最初の教育をひきうけるのか。

経験が豊かになればいっそううまくやれるが、もうできなくなるだろう。一度この仕事をなんとかやりとげて、それがどんなに骨の折れることであるかを知った人は、もう一度そういうことをしようとは思わないだろう。また、一回目にうまくいかなかったとしたら、二回目もおぼつかないと考えられるだろう。

まったくのところ、一人の少年に四年間つきそっているのと、二十五年間かれを導いていくのとは、たいへんなちがいだ。あなたがたはすでにできあがった息子に教師をあてがう。わたしは生まれるまえに教師をつけたい。あなたがたの教師は五年ごとに生徒を変えることができる。わたしの教師は一人の生徒しかもたないことになる。あなたがたは教師と師傅《しふ》を区別する。これもばかげたことだ。あなたがたは弟子《でし》と生徒を区別するのだろうか。子どもに教える学問は一つしかない。それは人間の義務を教えることだ。この学問は単一の学問だ。そしてペルシャ人の教育についてクセノフォンがどんなことを言ってるとしても、*この学問は分割することができない。

それに、この学問の先生は教師ではなく、むしろ師傅と呼びたい。教えることよりも導くことが問題だからだ。かれは教訓をあたえるべきでなく、それをみいださせるべきだ。

こんなに念を入れて教師を選ばなければならないとしたら、教師にも生徒を選ぶことが許されよう。範例を示そうとするばあいにはなおさらのことだ。この選択は子どもの天分や性格を考えて行なうことはできない。それは仕事の終わりにならなければわからないし、わたしはまだ子どもが生まれないうちに仕事をひきうけるのだ。選択が許されるとしても、わたしはふつうの精神をもつ子どもしかひきうけまい。わたしはそういう子どもを自分の生徒と仮定する。ふつうの人間のほかには教育する必要はない。かれらの教育だけがかれらと同じような人間の教育の範例となるべきだ。そのほかの者はどんなふうにしても育っていく。

土地は人間の栽培に関係のないものではない。人間は温和な風土においてのみそのあらゆる可能性を発揮することができる。熱帯や寒帯の土地では不利なことは明白である。人間は木のようにある土地に植えられて、いつまでもそこにとどまっているものではない。そして、一方の極端から出発して他方の極端にいたる者は、まんなかから出発して同じ目的地に到達する者にくらべて二倍の道を行かなければならない。

気候の温和な国の住民があいついで熱帯と寒帯の国へ行くとしたら、その有利なことはさらにはっきりしている。かれは一つの極端から他の極端へ行く者と同じ状態におかれるとしても、その自然の体質から半分だけ少なく遠ざかることになるからだ。フランス人はギニアでもラポニアでも生活しているが、ニグロはトルネアではフランス人のように生活できないだろうし、サモエード人はベニンでは生活できないだろう。* さらに脳の組織も熱帯や寒帯の国ではそれほど完全ではないらしい。ニグロもラポン人もヨーロッパ人の感覚をもたない。だからわたしは、わたしの生徒が地球の住民であることを望むとしたら、温帯地方にもとめることにする。たとえば、ほかのどこよりも、フランスにもとめることにする。

北国では、人間はやせた土地で多くのものを消費している。南国では肥えた土地で少ないものを消費している。そこから新たなちがいが生じて、一方は勤勉な人間になり、他方は観照的な人間になる。こうしたちがいの似姿を社会は同一の場所で貧しい人と富裕な人とのあいだに示している。前者はやせた土地に住み、後者は肥えた土地に住んでいる。

貧乏人は教育する必要はない。その状態からうける教育は強制的なもので、ほかの教育をうけることができない。はんたいに、金持ちがその状態からうける教育は、その人にとっても社会にとっても、このうえなく不適当なものだ。それに、自然の教育は一人の人間をあらゆる人間の条件にふさわしいものにしなければならない。ところで、貧乏人を金持ちになるように教育するのは金持ちを貧乏人になるように教育するのにくらべて非常識なことだ。この二つの階級の人数を考えてみれば、金持ちになる者よりも貧乏人になる者のほうが多いからだ。だから、金持ちを生徒に選ぶことにしよう。わたしたちは少なくとも一人の人間をふやすことになるのは確実だ。一方、貧乏人は自分の力で人間になることができる。

同様の理由によって、エミールが名門の生まれであってもわたしは困らない。とにかく一人の犠牲者が偏見から救われることになる。

エミールはみなし子である。父と母があっても同じことだ。父母の義務をひきうけるわたしは父母の権利のすべてをうけつぐのだ。エミールは両親をうやまわなければならないが、わたしにだけ服従しなければならない。それがわたしの第一の、というより、ただ一つの条件である。

この条件に、その当然の結果として、わたしたちの同意がなければ、わたしたちはたがいに離れることはないという条件をつけくわえなければならない。これはだいじな条件だ。そしてわたしはさらに、生徒と教師は、その運命がいつも一体となっているくらいに、おたがいに別れられないものと考えるようになることを望みたい。先になると別れることがわかってくると、おたがいに他人になる時期が見えてくると、かれらはすでに他人なのだ。二人ともそれぞれの狭い世界にとじこもり、一緒にいなくなるときのことばかり考えて、一緒にいるのはいやいやながらということになる。弟子は先生をただ、子ども時代のしるしであり、やっかいなものであるかのように考える。先生は弟子をただ、はやく肩からおろしてしまいたい重荷のように考える。かれらはいずれも、おたがいにやっかいばらいをする時を待ちこがれる。そして二人のあいだにはほんとうの結びつきというものはまったく見られなくなるので、一方は監督を怠り、他方はいうことをよくきかない、ということになる。

ところが、かれらがおたがいに、一緒に生活しなければならないものと考えれば、おたがいに愛し合うことが必要になり、それだけでまた、おたがいに親しい存在になる。生徒は大人になったときには友人になる人に子どもの時代についていくことを恥じとしない。先生はいずれ実を結ぶことになる仕事に関心をもち、かれが生徒にあたえるよいものはすべて、老後にそなえて蓄積する資本となる。

あらかじめ結ばれるこの契約は順調な出産、強壮で健康なよくできた子どもを想定している。父には選択の権利はないし、神からあたえられる家族にえりごのみをする権利はない。子どもはみな同じようにかれの子どもである。どの子にも同じような配慮と愛情をもたなければならない。かたわであろうとなかろうと、虚弱でも丈夫でも、子どもはみな、それをあたえてくれる者にたいして責任をもたなければならない預かり物であって、結婚ということは夫婦のあいだに結ばれる契約であると同時に、自然と結ぶ契約でもある。

しかし、自然から命じられたことでない義務をひきうける者は、その義務をはたす手段をまえもって確保しなければならない。そうしなければ、その人は自分にできなかったことにも責任があることになる。病弱な生徒を預かる人は先生の職務を看護人の職務に変えてしまう。そういう人は生命の価値を増すためにもちいるべき時間をむだにして、なんの役にもたたない生命をまもる。長いあいだ保護してやったのに、いずれ息子が死ぬことになると、涙にくれた母親から非難される、というばかな目にあう。

その子が八十歳まで生きるとしても、わたしは病弱な子はひきうけないつもりだ。いつまでも自分にとっても他人にとってもなんの役にもたたず、自分の体をまもることばかり考えていて、体が魂の教育をさまたげる、そういう生徒はごめんだ。そういう生徒にむだな心づかいをそそいだところでどうにもならない。社会の損失を二倍にし、一人ですむところを、二人の人間をうばいさるだけのことではないか。わたしのかわりにだれかほかの人がそういう病人をひきうけるというなら、それもけっこうなことだし、そういう人の情けぶかい行為をみとめもしよう。しかし、わたしの才能はそういうところにはない。ひたすら死をまぬがれようと考えている人間に生きることを教えることはわたしにはできない。

肉体は魂に服従するためには頑丈でなければならない。よい召使いは丈夫でなければならない。不節制が情欲を刺激することをわたしは知っている。それはまた、やがては肉体を弱めることになる。苦行、断食も反対の原因によってしばしば同じような結果をまねく。肉体は弱ければ弱いほど命令する。強ければ強いほど服従する。あらゆる官能の情欲は弱い肉体のなかに宿る。弱い肉体は情欲を十分に満足させることができないのでますますいらだってくる。

虚弱な肉体は魂を弱める。そこで医学が権威をもつことになる。医学はそれが治療すると称するすべての病気よりも人間にとっていっそう有害な技術だ。わたしは医者がどんな病気をなおしてくれるのかは知らない。しかし、医者がひじょうに有害な病気をもたらすことを知っている。臆病、卑怯《ひきょう》、迷信、死にたいする恐怖などがそれだ。医者は肉体をなおしても、心を殺してしまう。かれらが死体を歩かせたところでなんの役にたつのか。わたしたちに必要なのは人間だ。人間が医者の手から出てくるのを見たことはない。

医学はこんにちたいへんはやっている。それも当然だ。それはひまで仕事のない人間のなぐさみごとなのだ。そういう人間はどうして時間をつぶしていいかわからないので、自分の体をまもるために時間をついやしている。不幸にして死なない者として生まれていたら、かれらはあらゆる生き物のなかでいちばんみじめな者になるだろう。けっして失う心配のない生命は、かれらにとってはなんの値うちもない。こういう人たちには医者が必要なのだ。医者はかれらをおどかして、なぐさめてくれる。そして、かれらが感じることのできるただ一つの喜び、まだ死なないという喜びを毎日あたえてくれる。

わたしはここで、医学のむなしさについてながながと述べるつもりはない。わたしの目的はただ、医学を精神的な面から考察することだ。それにしてもわたしは、医学の効用についても真理の探求についてと同じような詭弁《きべん》を人々が弄しているのをみとめないわけにはいかない。人々はいつも、病人は治療すればなおり、真理は探求すれば発見されると考えている。医者がほどこす治療の利益と医者が殺す多くの病人の死とを、発見されたある真理の効用とそれにともなう多くの誤謬《ごびゅう》がひきおこす害悪とを秤《はかり》にかけてみなければならないのに、それが人々にはわからないのだ。知識をあたえる学問と治癒をもたらす医学とは、よくない。たしかにたいへんけっこうなものだ。しかし、人をあざむく学問と人を殺す医学とはよくない。だから、それらを見わける方法を教えてもらいたい。これが問題のかんじんなところだ。真理を知らないでいられれば、わたしたちはけっして虚偽にあざむかれることはあるまい。自然に反して病気をなおそうなどと考えずにいられれば、わたしたちはけっして医者の手にかかって死ぬこともあるまい。この二つには手をださないのが賢明だ。そうすればあきらかに大きな利益がある。だからわたしは、医学がある人々にとっては役にたつことに異議を申したてないが、それは人類にとっては有害であると言っておく。

人はいつものように、わたしにこういうだろう。まちがいは医者にあるのであって、医学それ自体はまちがいのないものだ、と。けっこうだ。では、医者なしで医術をほどこしてもらいたい。医術と医者が一緒にやってくるかぎりは、医術の助けに希望をかけるよりも、もっともっと医者のまちがいを恐れなければなるまい。*

このいつわりの技術は肉体の病気よりも精神の病気のためにあるものだが、それは肉体にとっても精神にとっても役にたたない。それはわたしたちの病気をなおす以上に病気にたいする恐怖心をわたしたちにあたえる。死を遠ざけるよりも、まだその時が来ないうちに死を予感させる。寿命をのばすことはしないで、生命をすりへらす。たとえ寿命をのばすとしても、人類に害をもたらす。養生を命じることによってわたしたちを社会から遠ざけ、恐怖をあたえることによって義務を怠らせるからだ。わたしたちは危険を知ればこそ危険を恐れる。もっとも、自分は不死身であると信じている人はなにものも恐れない。危険にたいしてアキレウスを武装させることによって、詩人はかれの勇気を無意味なものとした。かれと同じような体をもっていたら、だれでもアキレウスになれたにちがいない。*

ほんとうに勇気のある人間をみつけたいと思ったら、医者のいないところ、病気の結果が知られていないところ、死ぬことをほとんど考えていない人々のなかに、それをさがすがいい。自然のままの人間はいつも苦しみに耐え、やすらかに死んでいく。処方をあたえる医者、教訓をあたえる哲学者、説教をする僧侶、そういう者が人間の心を卑屈にし、死をあきらめることができない人間にするのだ。

だから、そういう人々をいっさい必要としない生徒をあたえてもらいたい。でなければおことわりだ。わたしは自分の仕事を他人にじゃまされたくない。わたしひとりで生徒を教育したい。それができなければ、そういう仕事はしたくない。賢明なロックは、その生涯《しょうがい》のある時期を医学の研究にすごしたが、用心のためにも軽い病気のためにも、子どもにはけっして薬をあたえないようにと熱心にすすめている。わたしはそれ以上のことを言いたい。そして、自分のためにはけっして医者を呼ばないことにしているわたしは、エミールのためにもけっして医者を呼ばないことにするとはっきり言っておく。もっとも、かれの生命があきらかに危険状態にあるときは別だ。そのばあいには、医者もかれを殺す以上に悪いことをするはずはないからだ。

こうして医者を呼ぶことをおくらせることは医者の有利になるばかりだ、ということはわたしもよく知っている。子どもが死ねば、医者を呼ぶのがおそすぎたからだ、ということになる。危険状態を脱すれば、子どもを救ったのは医者だ、ということになる。それでもいい。医者は得意になるがいい。とにかく医者は、最後のどたん場にならなければ、呼ばないことにしよう。

病気をなおすことは知らなくても、子どもには、病気に耐えることを知ってもらいたい。この技術は医学に代わるものとなり、しばしばはるかによい結果をもたらす。これは自然の技術だ。動物は病気のとき、なにもいわずにがまんして、静かにしている。ところが、人間ほど病弱な動物はいない。病気が殺しもせず、時の力をかりるだけでなおったはずの人間を、忍耐の乏しさ、心配、不安、そしてなによりも薬が、どれほど殺してしまったことだろう。動物はわたしたちよりも自然に適応した生活をしているから、わたしたちほど病気にかかることはないのだ、と人はいうかもしれない。そのとおりだ。そういう生き方こそ、わたしが生徒にさせようと思っている生き方なのだ。そうすればかれは動物と同じような利益をうけることになる。

医学の領域でただ一つ有益な分野は衛生学だが、しかし衛生学は学問というよりもむしろ美徳というべきだ。節制と労働、この二つこそ人間にとってのほんとうの医者だ。労働は食欲を増し、節制はそれが過度になるのをふせぐ。

生命と健康にとってどんな養生法がいちばん有益かを知るには、いちばん健康に暮らしている民族、いちばん頑丈でいちばん長生きをする民族が、どんな養生法をまもっているかを知りさえすればいい。一般的な観察にもとづいて、薬をもちいることが人間をいっそう健康にしたり長生きさせたりすることはありえないとするなら、したがって、医学は有効なものでないとするなら、それは時間と人間と事物をまったくむだにすることになるから、有害なものだ。生命をまもるために時間をついやしていては、それだけ生命を楽しむ時間がむだになるから、そういう時間はへらすようにしなければならない。ところが、さらに、その時間を自分の身を苦しめるためにもちいることになると、それはなんにもならないというよりもっと悪い。それはマイナスだ。そして正確に計算するなら、わたしたちに残されている時間からそれだけ差し引かなければならない。医者にかからずに十年生きた人は、医者に悩まされながら三十年生きた人にくらべて、自分にとっても他人にとっても、よけい生きたことになる。どちらのばあいの経験もしたことがあるわたしには、だれよりもこういう結論をひきだす権利があると思っている。

強壮で健康な生徒でなければという理由は、そして、今後も子どもをそういう子どもにしておくための原則は以上のとおりだ。体質を強め健康を増すために手の労働と肉体の訓練が有効であることをながながと証明するようなことはしまい。それはだれにも異論のないことだ。長生きした人の例は、ほとんどすべて、もっともよく体を鍛え、もっともよく疲労と労働に耐えた人々のうちに見られる。(九) この唯一の目的のためにわたしがどんなことをするつもりかということについても、こまごまと説明はしまい。あとで見られるように、それはわたしが実行することに必然的に含まれるので、その方針がわかれば、別になにも説明する必要はない。

生命とともに欲望が生まれる。生まれたばかりの子どもには乳母が必要だ。母親がその義務をはたすことを承知するなら、それはけっこうなことだ。このばあいにはいろいろな注意を書いて渡すがいい。このばあいにはまずい一面もあって、教師をすこしばかり生徒から遠ざけることになるからだ。だが、子どもにたいする関心と、だいじな子どもを預けようとする人にたいする尊敬の念とが、母親に先生の意見に耳を傾けさせることになると信じていい。そして母親は、したいと思うことをすべて、だれよりもうまくやるだろうから、安心していていい。もし母親とは別の乳母が必要になるなら、まずよい乳母を選ぶことにしよう。

富裕な人たちの不幸の一つは、なにごとにおいても人にだまされることだ。かれらが人を見そこなうとしても、驚くにあたるまい。富が人を腐敗させるのだ。そして当然のむくいとして、金持ちは、かれらが知っているただ一つの手段の欠点にだれよりも先に気がつく。金持ちのところでは、かれらが自分ですることのほかはなにごともうまくいかない。ところが、かれらは自分ではほとんどなにもしない。乳母をさがすとしたら産科医に選ばせる。そこでどういうことになるか。いちばんいい乳母は、かならず、産科医にいちばんたくさん金をやった乳母ということになる。だからわたしは、エミールの乳母をきめるのに、産科医のところには相談しに行くまい。自分で気をつけて選ぶことにする。そういうことについては、わたしはたぶん藪医者《やぶいしゃ》のように滔々《とうとう》と論じはしないだろう。しかし、まちがいなく、誠意をもってことにあたるだろうし、わたしの熱意は藪医者の金銭欲ほどわたしをだますことにはなるまい。

この選択にはそれほど深い秘訣《ひけつ》があるわけではない。選択の基準はよく知られている。しかし、わたしはよく知らないが、乳の質と同様に、その時期にももうすこし注意をはらうべきではないか。新しい乳はごく淡泊である。それは生まれたばかりの子どもの腸に残っている固い胎便を排泄させるアペリチーフのようなものであるはずだ。母乳はだんだんに栄養のあるものになって、いっそうよく消化できるようになった子どもに、いっそう栄養のある乳を供給することになる。あらゆる動物の牝《めす》で、乳を飲む子が大きくなるにつれて、おのずから母乳の成分が変わってくるのは、たしかに理由のないことではない。

だから、生まれたばかりの子どもには、子どもを産んだばかりの乳母が必要ということになる。これはむずかしいことだ。それはわたしにもわかっている。しかし、ひとたび自然の秩序からはずれたことをすると、うまくことをはこぶには、すべてに困難がともなう。安易な方法はただ一つ、まずいやりかたをすることで、それがまただれでも選ぶやりかただ。

乳母は肉体と同様に心も健康でなければなるまい。情念の不調和は体液の不調和と同じように、乳を悪くすることがある。それに、物質的なことしか考えないと、ものの半面しか見ないことになる。乳がよくても、乳母は悪いことがある。よい性質は、よい体質と同じように、欠くことができない。性質の悪い女を乳母にすると、乳児の性質も悪くなるとは言わないが、乳児はそのために苦しむことになる、と言っておこう。乳児は乳母から乳とともに、熱意、忍耐、やさしい心づかい、清潔を必要とする世話をうけるのではないか。乳母がくいしん坊だったり、不節制だったりすると、やがて乳は悪くなってしまうだろう。投げやりな女だったり、興奮しやすい女だったりしたら、自分の身をまもることも不平を言うこともできないかわいそうな子どもは、そういう女の自由にされてどうなることだろう。どんなことだろうと、悪い人間はけっしてよいことに役にたたない。

さらに乳母の選択が重要になるのは、子どもは師傅とは別に教師をもつべきではないが、それと同じように、乳母とは別に養育係の女をもつべきではないからだ。それが古代人の習慣だった。古代人はわたしたちほど理屈っぽくないが、わたしたちよりずっと賢明だった。女の子を育てたあとで、乳母はその後もずっと子どもに付き添っていた。だから、古代の演劇では女の聴《き》き役はたいてい乳母だ。つぎつぎに多くのちがった人の手に渡される子どもがりっぱに育てられるというのは不可能なことだ。人が変わるたびに、子どもは心のなかで比較してみる。それはかならず養育にたずさわる者にたいする尊敬の念を失わせ、したがって子どもにたいするかれらの権威を失わせる。ひとたび子どもが自分より道理のわからない大人がいることを知ると、年齢のちがいから生じる権威はすべて失われ、教育は失敗する。子どもは父と母とのほかには目上の人を知らないでいたほうがいい。父と母がいなければ、乳母と教師のほかに知らないほうがいい。さらにいえば、二人のうち一人はよけいだ。しかし、二人に分かれることはさけがたい。そこで、この不都合をなくすためにできることは、子どもを養育する男女が完全に協力してことにあたり、二人の人がいても子どもにとっては一人の人しかいないのと同じようにすることだ。

乳母はいままでよりいくらか楽な生活をしなければならない。いままでよりいくらか栄養のある食物をとらなければならない。しかし、これまでの生活法をすっかり変えてしまってはいけない。急になにもかも変えるのは、たとえ悪い状態からよい状態に移るばあいでも、かならず健康に悪いからだ。それに、いままでの生活法で乳母は健康だった、あるいは健康になったのに、よい体をしていたのに、なんのために生活法を変えさせる必要があるのか。

農村の女は都会の女にくらべて、あまり肉を食わず、野菜をたくさん食べる。そして、この植物性の食事は、当人にとっても子どもにとっても、有害であるどころではなく、有益であるようにみえる。農村の女がブルジョワの子どもの乳母になると、ポトフ〔肉と野菜のシチュー〕をあたえられる。ポタージュと肉のブイヨンはいっそうよい乳糜《にゅうび》をつくり、乳の出をよくすると信じられているからだ。わたしはこの意見にはまったく反対だ。わたしとしては、そういう乳で育てられた子どもは、ほかの子どもにくらべて、いっそう腹痛や虫を起こしやすいことを教えてくれる事実を経験している。

これはそれほど驚くにあたらない。動物性の物質は腐敗すると虫がわくからだ。植物性の物質ではそういうことは起こらない。乳は動物の体のなかでできるものだが、植物性の物質である。〔一〇〕乳を分析してみればそれが証明される。乳は容易に酸に変化する。そして、動物性の物質のように揮発性アルカリの痕跡を示すことなく、植物と同じく体に欠くことのできない中性塩をあたえる。

草食性の動物の乳は肉食性の動物の乳よりもあまく健康にいい。それと均質な物質からつくられるので、その本来の性質をよく保存し、腐敗することが少ない。量を考えてみても、だれでも知ってるように、澱粉は肉よりも多くの血液をつくる。したがってまた、多量の乳を供給することになる。あまりはやくから離乳させない子ども、そして植物性の食餌だけで離乳させる子ども、乳母もまた植物性の食物だけをとっている子どもに、虫がわくとはわたしには信じられない。

植物性の食物はすぐに酸っぱくなる乳をあたえるということがあるかもしれない。しかしわたしは、酸っぱくなった乳が不健康な食物だとはぜんぜん考えない。植物性の食物だけをとっている民族はすべて、ひじょうに健康であるし、またわたしは、あの吸収剤などというものはまったくのまやかしものだと思っている。乳が適当でない体質の子どももある。そのばあいには吸収剤などもちいても飲ませることはできない。ほかの子どもは吸収剤などなくても乳を飲む。乳に粒ができたり、乳が固まったりするのを心配する人がある。これはばかげたことだ。乳はかならず胃のなかで固まることがわかっているからだ。固まるからこそ乳は十分に栄養のある食物となり、人間の子や動物の子を（一一）養うことができるのだ。固まらなければ体のなかを通過するだけで、栄養にはならない。

乳にいろいろのものを混ぜたり、いろいろな吸収剤をもちいたりするのはむだなことだ。乳を飲む子どもはチーズを消化することができる。例外なしにそうだ。胃は乳をよく固まらせるようにできている。だから小牛の胃で凝乳酵素がつくられる。

　そこでわたしは、乳母にいままでの食事を変えさせるようなことをしなくても、いままでのと同じものをもっと多量に、そして質のよいものをあたえれば十分だと思う。肉なしの料理が便秘を起こさせるのは食物の性質によるのではない。食物が不健康になるのはただ調理の仕方による。あなたがたの調理法を改めるがいい。ソースや揚げ油をもちいてはならない。バターも塩も乳製品も火を通してはいけない。水でゆでた野菜は熱いまま食卓にだしてから味つけするがいい。肉なしの料理は乳母に便秘を起こさせるどころか、多量のそして質のいい乳を供給することになる。（二三）植物性の食物のほうが子どもによいとみとめられているのに、動物性の食物のほうが乳母によいということがありえようか。これは矛盾したことだ。

　とくに人生の最初の時期において、空気は子どもの体質に影響をおよぼす。体じゅうの気孔から空気は繊細で柔らかな皮膚にしみこみ、生まれたばかりの体に強い影響をあたえ、将来も消えることのない刻印を残す。だからわたしは、農村の女を都会に連れてきて、家にとじこめ、そこで子どもを養育させることには反対だ。乳母が都市の悪い空気を吸うよりも子どもが田舎に行ってよい空気を吸うほうがいい。子どもは新しい母の生活状態をうけいれ、田舎の家に住み、教師も子どもについていくがいい。この教師は金でやとわれた人間ではないこと、子どもの父親の友人であることを読者は思い出されるだろう。しかし、そういう友人がいなかったら、いても田舎に移るのは容易でないとしたら、あなたがおっしゃることはなに一つ実行することができないとしたら、そのばあいはどうするか、と人はわたしに言うのだろうか。……それはすでに言っておいた。あなたがたがしていることはなにもしないことだ。それにはなにも忠告することはない。

人間はアリのように積み重なって生活するようにつくられていない。かれらが耕さなければならない大地の上に散らばって生きるようにつくられている。一つところに集まれば集まるほど、いよいよ人間は堕落する。弱い体も悪い心も、あまりにも多くの人が一つところに集まることによって生じるさけがたい結果だ。人間はあらゆる動物のなかで、群れをなして生活するのにいちばんふさわしくない動物だ。羊の群れのようにひしめきあっている人間はすべて、たちまちのうちに滅びてしまうだろう。人間の吐く息は、その仲間にたいして致命的である。これは比喩的な意味においてだけではなく、本来の意味においても真実だ。

都市は人類の堕落の淵《ふち》だ。数世代ののちにはそこに住む種族は滅びさるか、頽廃《たいはい》する。

それを新たによみがえらせる必要があるのだが、よみがえりをもたらすのはいつも田舎だ。だから、あなたがたの子どもを田舎へ送って、いわば自分で新しくよみがえらせるがいい。そして、あまりにも多くの人が集まっている場所の不健康な空気のなかで失うことになる生気を、ひろい田園でとりもどさせるがいい。田舎にいる妊婦はお産をするためにあわてて都市に帰ってくる。彼女たちはまったく反対のことをしなければならないのだ。とくに自分で子どもを育てたいと思っている人はそうだ。彼女たちは思ったほど後悔することはあるまい。そして、人類にとってははるかに自然な住家にあって、自然の義務に結びついた楽しみは、それに関係のない楽しみにたいする趣味をやがて忘れさせることになる。

生まれるとすぐに子どもを温かい湯で洗うが、そのばあい、ふつう、湯にぶどう酒を混ぜる。このぶどう酒をくわえることはほとんど必要ないことだと思う。自然は醗酵したものをなに一つ産出しないのだから、人工的な液体をもちいることが、自然によってつくられた者の生命に必要だとは考えられない。

同じ理由から、水を温めるという心づかいも、かならずそうしなければならないことではない。じっさい、多くの民族は生まれたばかりの子どもをなんのおかまいもなしに川や海で洗っている。しかし、わたしたちの子どもは、生まれるまえに柔弱な父親や母親のために弱くなっているから、この世に生まれたときにはすでにそこなわれた体質をもってくる。だから、それをなおすためにはじめからあらゆる試練をあたえるようなことをしてはならない。すこしずつ段階的に、その本来の強さを回復させることができるだけだ。だから、はじめは習慣に従っていて、すこしずつそこから離れていくようにしなければいけない。子どもの体をときどき洗ってやるがいい。子どもの不潔な体はそうする必要があることを示している。拭《ふ》くだけにしていると皮膚をいためる。しかし、子どもが強くなるにつれてしだいに湯の温度を下げていって、しまいには夏でも冬でも冷たい水で洗うがいい。凍った水でもかまわない。危険のないように、水の温度は長い期間にすこしずつ目だたないように下げる必要があるから、正確にはかるために温度計をもちいてもいい。

この水浴の習慣は、いちど決められたら、その後、中断すべきではないし、一生もちつづける必要がある。わたしは、清潔とか現在の健康とかの面からのみそう考えているのではなく、それは、筋肉に柔軟性をあたえ、さまざまな程度の暑さにも寒さにも、なんの努力もせず、なんの危険もなしに適応できるようにするのに有効なやりかただとも考えている。そのためには、大きくなるにしたがってすこしずつ、ときには耐えうるかぎりの熱い湯を、また、しばしば耐えうるかぎりの冷たい水を浴びられるように体をなれさせたいものだ。こうして、さまざまな温度の水になれたあとでは、水は空気にくらべて密度が高く、いっそう多くの点でわたしたちの体にふれ、いっそうつよくわたしたちを刺激する流体だから、空気の温度にたいしてはほとんどなにも感じないようになれるだろう。

子どもが母の胎内を出て呼吸しはじめたら、もっと狭くるしいもので子どもをくるむようなことをさせてはいけない。頭巾もバンドも産衣もいらない。衣服は、手足を自由に動かせるようにゆったりしたもので、子どもの運動をさまたげるほど重くても、空気の影響を感じるのをさまたげるほど厚くてもいけない(一三)。大きな揺《ゆ》り籠《かご》(一四)にいれ、そのなかで危険なしに勝手に動けるようにするがいい。力がついてきたら、部屋のなかをはいまわらせるがいい。小さな手足を自由にのばさせ、ひろげさせるがいい。子どもは一日一日と頑丈になってくるのが見られるだろう。その子を産衣にくるまった同じ年齢の子どもと比較してみるがいい。その成長ぶりのちがいにあなたがたはびっくりすることだろう(一五)。

乳母がうるさく反対するのを覚悟しなければならない。たえず見はっていなければならない子どもより、しっかり縛りつけておいた子どものほうが乳母にとっては骨が折れないからだ。それに、ゆったりした衣服をきせておくと、よごれがいっそう目だつ。たびたびきれいにしてやらなければならない。さらに、習慣というものは、ある国においては、あらゆる階級の国民からみて、ぜったいに反駁《はんばく》できない拠りどころとなる。

乳母と議論してはならない。命令して、することを見はっているがいい。そして、あなたがたがいいつけた世話をするのに、できるだけしやすいようにしてやることだ。あなたがたも一緒になって世話をやいてもいっこうさしつかえないではないか。ふつうの育てかたでは、体のことしか考えないから、子どもが生きていて、衰弱しなければ、そのほかのことはほとんど問題にならない。しかし、わたしのばあいは、教育は生命とともにはじまるのだから、生まれたとき、子どもはすでに弟子なのだ。教師の弟子ではない。自然の弟子だ。教師はただ、自然という首席の先生のもとで研究し、この先生の仕事がじゃまされないようにするだけだ。教師は乳児を見まもり、観察し、そのあとについて行き、子どもの悟性がおぼろげにあらわれはじめる時を注意ぶかく見はっている、新月のころになると回教徒が月の出を見はっているように。

わたしたちは学ぶ能力がある者として生まれる。しかし、生まれたばかりの時は、なにひとつ知らない。なにひとつ認識しない。不完全な、半ば形づくられた器官のうちにとじこめられている魂は、自己が存在するという意識さえもたない。生まれたばかりの子どもの運動や叫び声は純粋に機械的なもので、認識と意志を欠いている。

生まれたとき、子どもが一人まえの人間の身長と体力をもっていたと仮定しよう。ちょうど、パラスがゼウスの頭から生まれたように、*母の胎内からいわばすっかり武装して出てきたものとしよう。この大人とも子どもともつかないものは、完全に無能な人間であるにちがいない。自動人形か、身うごきもせずほとんどなにも感じない彫像のようなものにちがいない。かれにはなにも見えず、なにも聞こえず、人をみとめることもできず、見る必要のあるもののほうへ目をむけることもできないだろう。自分の外にある対象をなにひとつ知覚することができないばかりでなく、それをかれに知覚させる感覚器官になにひとつ伝えることもできないだろう。目に色も見えず、耳に音も聞こえず、触れる物体も体に感じることができず、自分が肉体をもっていることさえわからないだろう。手の触感は脳のなかにあることになる。あらゆる感覚はただ一つの点に集まることになる。かれはただ「感覚の中枢」に存在することになる。ただ一つの観念、つまり「自分」という観念をもつだけで、あらゆる感覚をそれに結びつけることになる。そしてこの観念、むしろこの感情が、ふつうの子どもにくらべて、かれが余計にもっているただ一つのものということになる。

　突然できあがったこの人間は、足で立ち上がることもできないだろう。均衡をたもって立っていられるようになるまでにはずいぶん時間がかかるにちがいない。いや、たぶん、立ち上がろうとこころみることさえしないだろう。そして、強くて頑丈なその大きな体は、石のようにそこにじっとしているか、それとも、小犬のようにはいまわっているにちがいない。

この人間は欲求を感じて不快になるだろうが、それがなにかよくわからず、それをみたす手段を考えつくこともないだろう。胃の筋肉と手足の筋肉とのあいだには直接的な交流はなく、したがって、周囲に食物があったとしても、それをつかむためにそのほうへ近よったり、手をのばしたりすることもしないだろう。そして、その体はすでに成長し、手足はすっかり発達し、したがって、子どものように落ち着かないでたえず体を動かしているということもないから、食物をもとめて動きだすまえに、飢えて死んでしまうかもしれない。わたしたちの知識が発達する順序と過程をすこしでも考察してみれば、経験から、あるいは仲間の者からなにか学びとるまえの人間の自然の無知と無能さの原始的な状態は、だいたいそんなものであることを否定することはできない。

だから、わたしたちのひとりひとりがふつうの程度の悟性に到達するための最初の出発点はわかっている、あるいは、知ることができる。しかし、もう一方の極をだれが知っていよう。人はその天分、趣味、要求、才能、熱意、そしてそれらを発揮できる機会に応じて、多かれ少なかれ進歩する。どんな哲学者にしろ、これが人間の到達できるぎりぎりのところだ、これ以上は進むことはできない、と言えるほど大胆な者がこれまでにあったことをわたしは知らない。わたしたちは本性からいってどういうものになれるのか、わたしたちにはわからない。ある人間とほかの人間とのあいだに存在しうる距離を測定した者はわたしたちのなかに一人もいない。それを考えても興奮しないほど低劣な人がいるだろうか。そしてときに、得意になってこんなことをつぶやかない者がいるだろうか。「わたしはもうどれほど進歩したことか。まだどれほど高いところへ行けることか。仲間の者がわたしよりもっと遠いところへ行けるというようなことがあるだろうか。」

わたしはくりかえして言おう。人間の教育は誕生とともにはじまる。話をするまえに、人の言うことを聞きわけるまえに、人間はすでに学びはじめている。経験は授業に先だつ。乳母の顔を見わけるときには、子どもはすでに多くのものを獲得している。生まれたときから到達したときまでの進歩をたどってみれば、どんな粗雑な人間の知識にもわたしたちは驚かされるだろう。人間の学問を二つの部分に分けてみるとしたら、一方はあらゆる人間に共通のもの、他方は学者に特有のものに分けてみるとしたら、後者は前者にくらべてほとんど言うにたりないものになるにちがいない。しかし、わたしたちは一般的な知識はほとんど計算にいれない。それは知らないうちに、理性の時期よりもまえに獲得されるからだ。それに、学識というものはその差によってみとめられるだけで、代数の方程式におけるように、共通の量は消えてしまうからだ。

動物でさえひじょうに多くのものを獲得する。動物には感官がある。そのもちいかたを学ばなければならない。動物は欲求を感じる。それをみたすことを学ばなければならない。食べたり、歩いたり、飛んだりすることを学ばなければならない。四足獣は生まれたときから足で立っているが、だからといってそのまま歩けるものではない。歩きはじめるのを見ていると、まだ自信のない試みであることがわかる。籠から逃げだしたカナリヤは飛ぶことができない。まだ飛んだことがないからだ。動くもの、感官をもつものにとって、いっさいは教育によってあたえられる。植物が漸進的な運動を行なうものなら、感覚をもち、知識を獲得する必要がある。そうでなければ、すべての種はやがて死に絶えてしまう。

子どもが最初に感じる感覚は、純粋に感情的なものだ。子どもは快、不快をみとめるにすぎない。歩くことも、物をつかむこともできないかれらは、長い時間をかけて、すこしずつ、かれら自身の外にある物体を示してくれる表象的感覚を形づくる。しかし、それらの物体がひろがり、いわばかれらの目から遠ざかっていき、大きさや形が見えてくるまでに、効果的な感覚のくりかえしが子どもを習慣の力に従わせることになる。見ていると、かれらの目はたえず光りの方向にむけられ、光りが横からくると、知らず知らずのうちにその方向にばかりむくようになる。だから注意して、顔を光りのほうへむけてやらなければならない。そうしないとやぶにらみになる、つまり、斜めに物を見つめる習慣が生じてくるおそれがある。それからまた、はやくから暗闇《くらやみ》になれさせなければいけない。そうしないと、暗いところにおかれるとすぐに泣いたり叫んだりする。食事と睡眠の時間をあまり正確にきめておくと、一定の時間ののちにそれが必要になる。やがては欲求がもはや必要から生じないで、習慣から生じることになる。というより、自然の欲求のほかに習慣による新しい欲求が生じてくる。そんなことにならないようにしなければいけない。

子どもにつけさせてもいいただ一つの習慣は、どんな習慣にもなじまないということだ。一方の腕でばかり抱いてやってはいけない。一方の手ばかり出させるようにしてはいけない。一方の手ばかりつかわせてはいけない。同じ時刻に食べたり、眠ったり、行動したりしたくなるようにしてはならない。昼も夜もひとりでいられないようにしてはならない。体に自然の習性をたもたせることによって、いつでも自分で自分を支配するように、ひとたび意志をもつにいたったなら、なにごとも自分の意志でするようにしてやることによって、はやくから自由の時代と力の使用を準備させることだ。

ものを見わけるようになったら、子どもに見せるものを選択する必要がある。当然のことながら、目あたらしいものはなんでも人間の興味をそそる。人間は自分を弱い者と感じているので、自分の知らないものをなんでもこわがる。なんにも気にせずに未知のものを見る習慣はそういう恐怖心を失わせる。クモの巣ひとつ見られない清潔な家で育てられた子どもは、クモをこわがり、大人になってからもまだ恐れているようなことがよくある。わたしは、男でも女でも子どもでも、クモをこわがるような農村の人にであったことはない。

いったい、なぜ教育を、子どもが話したり、聞いたりするまえからはじめないのだろう。なにを見せるかということによってさえ、子どもは臆病になったり、勇敢になったりするのだ。わたしは、子どもを新しいもの、みにくい動物、いやらしい動物、奇怪な動物を見ることになれさせたい。だが、これは、はやくから、すこしずつやることで、そうすれば、やがて子どもはそういうものになれ、ほかの人がそれをいじるのを見ているうちに、しまいには自分でもいじってみるようになる。子どものころにガマやヘビやザリガニを見ても驚かなければ、大きくなってからはどんな動物を見ても恐怖を感じることはあるまい。どんなに恐ろしいものだろうと、それを毎日のように見ている者には恐ろしくなくなる。

子どもはみんな仮面をこわがる。わたしはまずエミールに愉快な顔の仮面を見せてやる。それから、だれかがエミールのまえでその仮面をかぶってみる。わたしは笑いだす。みんなも笑う。すると子どももほかの者と同じように笑う。すこしずつ、わたしはそれほど愉快でない仮面にかれをなれさせる。そして最後に、恐ろしい顔になれさせる。順序を追ってうまくやれば、子どもは最後の仮面を見てもこわがらないで、最初と同じように笑うだろう。そうなれば、仮面を見ておびえる心配はなくなる。

アンドロマケーとヘクトールの別れの場面で＊、幼いアステュアナックスが父親の兜《かぶと》のうえに揺らいでいる羽根飾りにおびえて、父とは知らずに、泣き声をあげ、乳母の胸にすがりつくと、母は涙にくれながらも微笑をさそわれる。そういう子どもの恐怖心を静めるにはどうすればいいか。まさにヘクトールがしたように、兜をぬいで子どもをなでてやるのだ。もっと平和な時だったら、それだけですませるべきでない。兜に手をやって、羽根飾りをいじり、子どもにもいじらせるのだ。さらに乳母は、兜をとりあげて、笑いながら自分でかぶってみるがいい。女の手でヘクトールの武具にふれるようなことをしてもかまわないということであればだが。

エミールを銃の音になれさせるとしたら、まずピストルの口火を燃やしてみる。あのパッと燃えあがって消える炎が、稲妻のようなものが、かれを喜ばせる。火薬の量をまして同じことをくりかえす。すこしずつ、おくりをもちいないで、ピストルに小量の弾薬をこめる。それから、もっと大量の弾薬をこめる。そのあとで、銃の音、花火の音、大砲の音、このうえなく恐ろしい爆発音になれさせる。

子どもはめったに雷をこわがらないという事実をわたしは見ている。ものすごい雷鳴がしてじっさいに聴覚を傷つけるようなばあいは別だが、そうでなければ雷にたいする恐れは、それが人を傷つけ殺すばあいがあることを子どもが教えられているからにほかならない。理性がかれらに恐怖心を感じさせるようになったら、習慣によって安心させるようにするがいい。慎重に、すこしずつ順を追ってやれば、大人でも子どもでもあらゆることにたいして大胆にすることができる。

人生のはじめのころには、記憶力と想像力はまだ活発にはたらかないから、子どもは現実に感官を刺激するものにしか注意をはらわない。感覚は知識のもとになる材料だから、適当な順序でそれを子どもにあたえてやることは、将来、同じ順序で悟性にそれを供給するように記憶を準備させることになる。しかし、子どもは感覚にしか注意をはらわないから、はじめはその感覚とそれをひきおこすものとの関係を十分明確に示してやるだけでいい。子どもはすべてのものにふれ、すべてのものを手にとろうとする。そういう落ち着きのなさに逆らってはならない。それは子どもにきわめて必要な学習法を暗示している。そういうふうにして子どもは物体の熱さ、冷たさ、固さ、柔らかさ、重さ、軽さを感じることを学び、それらの大きさ、形、そしてあらゆる感覚的な性質を判断することを学ぶのだ。つまり、見たり、さわったり、聞いたりして（二六）、とくに視覚を触覚とくらべ、指で感じる感覚を目ではかることによって、学ぶのだ。

わたしたちがわたしたちとは別のものがあることを学ぶのは、運動によってにほかならない。また、わたしたちが空間の観念を獲得するのは、わたしたち自身の運動によってにほかならない。子どもが、すぐそばにあるものでも、百歩さきにあるものでも、差別なしに手をだして、それをつかもうとするのは、空間の観念をもたないからだ。子どもがそういうことをするのは、支配欲のしるしのようにみえる。物にこっちへこいと命じたり、人にそれをもってくるように命じたりする、命令のようにみえる。しかし、それは全然ちがう。それはただ、子どもがまず頭脳において見、ついで目で見る物体が、いま手の先に見え、そして子どもには、手の届くかぎりの空間しか考えられないからだ。だから、ときどき子どもを動かしてやるようにするがいい。一つの場所から他の場所へ移動させ、場所の変化を感じさせ、距離について考えることを学ばせるがいい。距離ということがわかるようになったら、そのときは方法を変えなければならない。そしてあなたがたの好きなようにだけ子どもを動かすがいい。子どもが望むように動かしてはいけない。子どもが感覚によってあざむかれないようになると、その努力の原因が変わってくるからだ。この変化は注目にあたいするもので、説明を必要とする。

欲求をみたすために他人の助けが必要なばあい、その欲求から生じる不快の念はいろいろなしるしで表現される。そこで、子どもは叫ぶ、泣いてばかりいる。それも当然のことだ。子どもの感覚はすべて感情的なものだから、それが快い感覚であるなら、子どもは黙って楽しんでいる。苦しいときは、子どもはその言語でそれを告げ、助けをもとめる。ところで、目を覚ましているあいだは、子どもは無関心な状態でいることはほとんどない。子どもは眠っているか、それとも、なにかに刺激されている。

わたしたちの言語はすべて技術によってつくられたものだ。あらゆる人間に共通の自然の言語というものがあるかどうかについて、人々は長いあいだ研究してきた。たしかにそれはある。それは子どもが話をすることができるようになるまえに語っている言語だ。この言語は音節によってあらわされないが、抑揚があり、音色があって、聞きわけられる。わたしたちの言語をもちいることによって、わたしたちはそれを捨て、やがて完全に忘れてしまったのだ。子どもを研究しよう。そうすればやがてわたしたちは子どもからふたたびその言語を学ぶことになる。この言語を学ぶうえに乳母はわたしたちの先生になる。乳母は乳飲み子の言ってることをすべて理解している。乳母は子どもに返事したり、ひじょうに長いあいだ子どもと会話したりする。そして、乳母はことばを発音するが、そのことばはまったく無用なのだ。子どもが聞きわけるのはことばの意味ではなく、それにともなう抑揚なのだ。

声による言語のほかに、それにおとらず力づよい、身ぶりによる言語がある。この身ぶりは子どもの弱い手であらわされるのではない。それは子どもの顔にあらわれる。まだよくととのっていない容貌がもうどんなに豊かな表情を示すことか、それは驚くばかりだ。その顔つきは、一瞬一瞬に、考えられないほどのはやさで変わる。微笑が、欲望が、恐怖が、稲妻のようにあらわれては消える。そのたびにまるでちがった顔を見るような気がする。子どもは、たしかに、顔の筋肉がわたしたちのより動きやすいのだ。これに反して、子どもの目はどんよりして、ほとんどなにも語らない。肉体的な要求しかもたない時期にあるかれらの表現方法は当然そうあるべきだ。感覚の表現は顔面に見られ、感情の表現はまなざしに見られる。

人間の最初の状態は欠乏と弱さの状態だから、その最初の声は不満と泣きごとだ。子どもは欲求を感じてもそれをみたすことができず、叫び声をあげて他人の助けをもとめる。腹がすき、喉《のど》がかわけば泣く。寒すぎても暑すぎても泣く。身を動かしたいのにじっとしておかれると泣く。ねむたいのに動かされると泣く。かれの気にいらない状態にあればあるほど、それを変えてもらいたいとしきりにせがむ。子どもはただ一つの言語しかもたない。いわば、ただ一種類の不快しか感じないからだ。その器官がまだ未完成の状態にある子どもは、さまざまな印象を区別することができない。悪いことはすべてかれのうちに苦痛という感覚を生みだすにすぎない。

この泣き声を人々はそれほど注意にあたいするものとは思っていないのだが、ここから、人間の、かれの周囲にあるすべてのものにたいする最初の関係が生じてくる。ここに社会の秩序を形づくる長い鎖の最初の輪がつくられる。

子どもは、泣くとき、思うようにならないのだ。なにか欲求を感じているのだが、それをみたすことができないのだ。人々はしらべ、その欲求を知ろうとし、わかると、それをみたしてやる。なんであるかわからないと、あるいは、みたしてやれないと、子どもは泣きつづけ、人々はやりきれなくなる。そこで子どもを黙らせようとしてあやしたり、眠らせようとして揺すってやったり、歌をうたってやったりする。それでも泣きやまないと、じれったくなって、子どもをおどかす。らんぼうな乳母はときに子どもをぶったりする。人生へのかどでにさいして、なんという奇妙な教訓。

そういうやっかいな、泣き虫の子どもの一人が、そんなふうに乳母にぶたれたのを見たことがあるが、わたしはそれをけっして忘れることはあるまい。子どもはピタっと泣きやんだ。この子はおびえたのだ、とわたしは思った。わたしは考えた、こいつはいずれ卑屈な人間になるやつだ、手きびしくやっつけられなければ、いうことをきかないやつなんだ、と。わたしはまちがっていた。かわいそうにその子は、怒りに喉をつまらせていたのだ。息もできないくらいになっていたのだ。見ていると、顔は紫色に変わった。一瞬間ののち、はげしい叫び声をあげた。その年ごろの子どもが感じることのできる恨み、怒り、絶望のあらゆるしるしが、その声にふくまれていた。そうして泣き叫んでいるうちに死んでしまうのではないかとわたしは心配になった。かりに、正、不正の感情が人間の心にはじめから存在することにわたしが疑問をもっていたとしても、この子の例だけで、その疑問はぬぐいさられたにちがいない。この子の手のうえに、偶然、まっ赤に燃えた炭火が落ちてきたとしても、それほどひどくぶったわけではないが、明らかに害をくわえようとする意図をもってあたえられたあの平手打ちほど耐えがたいものではなかったにちがいない、とわたしは確信している。

興奮、恨み、怒りを感じやすい、子どものこうした性質は極度に手心を必要とする。子どもの病気は大部分けいれん性のものだが、それは成人よりも頭が比較的大きく、神経系がひろがっているので、子どもの神経はいっそう刺激されやすいからだ、とベールハーヴェ*は考えている。子どもをからかったり、いらだたせたり、じれったがらせたりする召使いはできるだけ注意して子どもから遠ざけるがいい。そういう召使いは空気や季節があたえる害より百倍も危険で、いまわしい影響をおよぼす。子どもは、ただ事物にだけ抵抗をみいだし、けっして人々の意志に抵抗をみいだすことがなければ、反抗的にも怒りやすくもならず、いっそう健康に身をたもつことになる。これは、いっそう自由で、束縛されることの少ない民衆の子どもが、人々がもっとよく育てようとしながら、たえずその意志に逆らおうとしている子どもにくらべて、一般的にいって、虚弱でなく、いっそう丈夫であることの理由の一つだ。しかし、子どもの言いなりになることと子どもに逆らわないこととのあいだには大きなちがいがあることをいつも念頭におく必要がある。

子どもの最初の泣き声は願いである。気をつけていないと、それはやがて命令になる。はじめは助けてもらっているが、しまいには自分に仕えさせることになる。こうしてかれら自身の弱さから、はじめは自分はほかのものに依存しているという感情が生まれるのだが、つづいて権力と支配の観念が生まれてくる。しかし、この観念は、子どもの必要からよりも、わたしたちのしてやることから生じてくるのであって、ここにその直接の原因は自然のうちにあるのではない道徳的な結果があらわれてくる。そこで、この最初の時期から、身ぶりをさせ叫び声をあげさせるかくれた意図を見ぬく必要があることがよくわかる。

子どもがなにも言わずに力をこめて手をさしのばすときには、かれはものにふれようとしているのだ。かれには距離がわからないからだ。かれは思いちがいをしているのだ。しかし、泣き叫びながら手をだすときは、もう距離について思いちがいをしているのではなく、そのものにこっちへくるように、あるいはそれをもってくるように命令しているのだ。第一の場合には、ゆっくりと一歩ずつ、そのもののほうへかれを連れていくがいい。第二の場合には、かれの言うことがわかるふりさえしないことだ。いっそう泣き叫んだら、なおさら耳を傾けないことだ。子どもは人々の主人ではないのだから、人々に命令しないように、また、ものはかれの言うことが聞こえないのだから、ものにも命令しないように、はやくから習慣をつけさせる必要がある。だから、子どもがなにか見ているもので、あなたがたがあたえてもいいと思っているものをほしがったら、それを子どものところにもってくるより、子どもをそこへ連れていったほうがいい。そういうやりかたから、子どもは年齢にふさわしい結論をひきだす。その結論をかれに暗示する方法はほかにない。

サン・ピエール師*は大人を大きな子どもと呼んだ。逆に子どもを小さな大人と呼ぶこともできよう。こういう文句は警句としては真理をふくんでいる。原理としては説明を必要とする。しかし、ホッブス*が悪人を強壮な子どもと呼んだとき、かれはまったく矛盾したことを言っていたのだ。悪はすべて弱さから生まれる。子どもが悪くなるのは、その子が弱いからにほかならない。強くすれば善良になる。なんでもできる者はけっして悪いことをしない。全能の神のあらゆる属性のなかで、善なるものであるということは、それなしには神というものをとうてい考えることのできない属性である。二つの根元的なものをみとめたあらゆる民族は、かならず悪を善より劣るものとみなしている。そうでなければ、かれらは不条理な仮定をしたことになる。あとで出てくる「サヴォワの助任司祭の信仰告白*」を参照していただきたい。

理性だけがわたしたちに善悪を知ることを教える。わたしたちに善を好ませ悪を憎ませる良心は、理性から独立したものであるが、理性なしには発達しえない。理性の時期がくるまでは、わたしたちは善悪を知らずに善いことをしたり悪いことをしたりする。だから、わたしたちの行動には道徳性がない。ただ、わたしたちに関係のある他人の行動についてそれを感じることがあるだけだ。子どもは目にはいるものをなにもかもぶちこわそうとする。手の届くところにあるものをなにもかも折ったり割ったりする。石をつかむように小鳥をつかみ、自分がなにをしているのかも知らずに、それをしめころす。なぜそんなことをするのか。まず哲学は、生まれつきの悪ということで説明しようとする。人間の傲慢、支配欲、自尊心、邪悪さなどでそれを説明しようとする。それに、と哲学はつけくわえて言うかもしれない、自分が無力であることを感じている子どもは、とかく暴力行為を好み、それによって自分の力をたしかめようとするのだ、と。しかし、円を描く人生の道を歩んでふたたび幼年時代の無力に連れもどされ、弱々しく衰えた老人を見るがいい。老人はじっと静かにしているばかりでなく、さらに身のまわりのすべてのものが静かにしていることを望む。ちょっとした変化もかれの心をみだし、不安にする。かれはいっさいのものが静けさをたもつことを望む。本来の原因が変わらないとしたら、同じ情念と結びついた同じ無力な状態が二つの時期においてどうしてそんなにちがった結果を生むことになるのか。そして、その原因のちがいは両者の肉体的な状態のほかに、どこにもとめることができよう。活動の根源はどちらにも共通のものなのだが、一方においては発展しつつあり、他方においては消滅しつつあるのだ。一方は形成されつつあり、他方は破壊されつつある。一方は生にむかい、他方は死にむかっている。衰えていく活動力は老人の心のなかに集中する。子どもの心には活動力があふれ、外へひろがっていく。子どもはいわば、まわりにあるすべてのものに生命をあたえることができるくらいに自分が生命にみちていることを感じる。なにかつくろうとこわそうと、それはどちらでもいい。ただ、事物の状態を変えればいいので、変えることはすべて行動なのだ。こわす傾向のほうがつよいように見えるとしても、それは性質が悪いからではない。ものをつくる作業はいつも時間がかかるが、こわす作業は手っとりばやいので、子どもの活発な性質にいっそうむいているからだ。

自然をつくった者は、子どもにそういう活動源をあたえると同時に、それがあまり有害なものとならないように注意をはらい、子どもにあまり大きな力をあたえないで活動させている。しかし、子どもは、自分のまわりにいる人を心のままに動かすことができる道具のように考えるようになると、こういう道具を好きなようにもちいて、自分の無力をおぎなう。こうなると、子どもは扱いにくくなり、暴君になり、命令的で、意地悪で、手がつけられなくなる。この進化は生まれながらの支配欲によるものではなく、この進化が子どもに支配欲をあたえるのだ。他人の手で行動するというのは、さらに、舌を動かしさえすれば世界を動かすことができるというのは、どんなに愉快なことであるかを知るには、それほど長い経験を必要としない。

成長するにしたがって人間は力を獲得する。もっと落ち着きができて、騒々しくもなくなる。反省力もついてくる。魂と肉体はいわば均衡状態におかれて、自然は自己保存に必要な運動だけをわたしたちにもとめるようになる。しかし、命令したいという欲望は、それを生じさせた必要とともに消え去るものではない。支配は自尊心を呼び覚まし、それに媚《こ》び、さらに習慣が自尊心をつよめる。こうして気まぐれが必要に代わり、こうして偏見と臆見が最初の根をおろす。

ひとたび原則がわかれば、わたしたちはどこで自然の道からはずれたかをはっきりと知ることができる。そこで、自然の道にとどまるにはどうしなければならないかを見ることにしよう。

子どもはよけいな力をもっているどころではない。自然がもとめることをみたすのに十分な力さえもたないのだ。だから、自然によってあたえられたすべての力、子どもが濫用することのできない力を、十分にもちいさせなければならない。第一の格率。

肉体的な必要に属するあらゆることで、子どもを助け、知性においても力においても子どもに欠けているものをおぎなってやらなければならない。第二の格率。

子どもを助けてやるばあいには、じっさいに必要なことだけにかぎって、気まぐれや、理由のない欲望にたいしてはなにもあたえないようにすること。気まぐれは自然から生ずるものではないから、人がそれを生じさせないかぎり、子どもがそれになやまされることはないのだ。第三の格率。

子どものことばと身ぶりを注意ぶかく研究して、いつわることのできない年齢にある子どものうちに、直接に自然から生ずるものと臆見から生じるものとを見わけなければならない。第四の格率。

これらの規則の精神は、子どもにほんとうの自由をあたえ、支配力をあたえず、できるだけものごとを自分でさせ、他人になにかもとめないようにさせることにある。こうすればはやくから欲望を自分の力の限度にとどめることにならされ、自分の力では得られないものの欠乏を感じなくてもすむようになる。

これは、したがって、子どもの体や手足を完全に自由にしてやらなければならないということの新たな、そしてきわめて重要な、理由ともなる。ただ、自由にしておくといっても、高いところから落ちる危険がないように、子どもを傷つけるようなものをけっしてもたせないように、気をつけなければいけない。

手足を自由にされている子どもは、産衣に包まれている子どもほど泣かないことは確実である。肉体的な必要しか知らない者は苦しいときにしか泣かない。そして、これはたいへんいいことだ。子どもが助けを必要としているときには、すぐにそれがわかり、それが可能ならば、一刻の猶予もなく助けてやれるからだ。しかし、助けてやれないばあいには、子どもをなだめようとしてきげんをとるようなことをしないで、落ち着いているがいい。ちやほやしたところで腹痛はなおらない。ところが、子どもは、どうすればきげんをとってもらえるかを覚えてしまうだろう。そして、いちど自分の意のままに人をつかうことを覚えると、子どもは主人になり、なにもかもだめになる。

運動をさまたげられることが少なければ、子どもは泣くことも少ない。子どもの泣き声に悩まされることが少なければ、黙らせようとして気をもむことも少なくなる。おどかされたりきげんをとられたりすることが少なくなれば、子どもは臆病にも、強情《ごうじょう》にもならず、いっそうよく自然の状態にとどまることになる。子どもが脱腸になるのは、泣かせっぱなしにしておくからではなく、なだめようとしてやきもきするからだ。わたしの経験からいえば、全然ほうっておかれた子どものほうがそうでない子どもより脱腸になることが少ない。だからといって、わたしは、子どもはほうっておけ、などと言うつもりは全然ない。はんたいに、子どもによく注意していて、泣き声によって子どもがもとめているものを知らされることにならないようにする必要がある。しかしまた、すじのとおらない世話をしてやることもよくないと思う。泣けばいろいろといいことがあるとわかってきたばあい、どうして子どもは泣かずにいられよう。静かにしていることがどんなにみんなにありがたがられるかを教えられると、子どもはそうかんたんには静かにしていないようになる。しまいにはその沈黙をひじょうに高価に売りつけようとするので、どうにも手が出なくなる。そうなると、いくら泣いてもききめがないので、子どもは力をつかいはたし、つかれて泣きやんでしまう。

体をしばられてもいず、病気でもないのに、そして、なんの不足もないのに、子どもが長いあいだ泣いているのは、習慣と強情で泣いているにすぎない。それは自然のせいではなく、乳母のせいだ。うるさいのにがまんすることができない乳母は、なおさら子どもを泣き虫にする。きょう子どもを黙らせれば、あしたはもっとひどく泣かせることになるのがわからないのだ。

そういう習慣をなおす方法、あるいはそれを予防する方法は、ただ一つ、ぜんぜん気にしないことだ。むだな骨折りはだれもしたくない。子どもだってそれは同じだ。子どものすることはしつこい。しかしあなたがたが、子どもががんこである以上に忍耐づよくすれば、子どもはいやになって、二度とそういうことはしない。こうして子どもを泣かせずにすむようになり、苦しみに耐えられないとき以外には、涙をこぼさないようにさせることができる。

それからもう一つ、子どもが気まぐれや強情のために泣くばあい、それをやめさせる確実な方法は、泣くことも忘れるようななにかおもしろい目だったことで気を変えさせることだ。多くの乳母はそういうやりかたをよくこころえているが、これはうまくやればひじょうに有効である。しかし、子どもの気をまぎらせようとする意図に子どもが気がつかないこと、相手が自分のことを考えていることを知らずに子どもがおもしろがること、これがひじょうにだいじな点だ。ところがこの点では、すべての乳母は不器用である。

子どもは、例外なしに、あまりにもはやく離乳させられる。離乳させなければならない時期は歯が生えてくることでわかるが、歯が生えるときには一般につらい痛みを感じる。機械的な本能によって、そのとき子どもはひんぱんに、手にもっているものをなんでも口へもっていって噛《か》もうとする。人々はなにか固いもの、たとえば象牙《ぞうげ》とか狼《おおかみ》の歯とかをおしゃぶりとして子どもにあたえ、その操作を助けようとする。これはまちがいだと思う。そういう固いものを歯ぐきにあてると、歯ぐきを柔らかくするどころか、かえって固くし、歯が生えてくるときいっそう激しい痛みを感じさせる。なにごとにおいても本能を見習うことにしよう。わたしたちは、小犬が、歯の生えかかったときに、石や鉄や骨を口にあてているのを見たことはない。小犬は木や皮やぼろきれなど、柔らかいもの、容易に噛めるもの、歯の痕《あと》がつくものを口にあてる。

こんにちではもう、なにごとにおいても簡素にすることができない。子どもの身のまわりにあるものでさえそうだ。金や銀の鈴、さんご、水晶の切り子細工、さまざまな種類の高価なおしゃぶり、有害無用な装飾品ばかりだ。そんなものはなに一ついらない。鈴もおしゃぶりもいらない。果実と葉がついた木の小枝、なかに種子がはいっていてざらざら音がするケシの実《み》、子どもがしゃぶったり、噛んだりすることができる甘草《かんぞう》の根、そういうものはあの豪華ながらくたと同様に子どもを喜ばせるし、生まれたときからぜいたくになれさせるという不都合なことにならなくてすむだろう。

ブーイ〔小麦粉を牛乳で煮たかゆ〕がそれほど健康によい食物でないことはすでに一般に知られている。煮た乳となまの小麦粉はたくさんの粒をつくり、わたしたちの胃に適当でない。ブーイでは小麦粉はパンほどよく火を加えられていない。そのうえ醱酵していない。パンがゆやおもゆのほうが好ましいと思われる。どうしてもブーイにしなければというなら、あらかじめ小麦粉をすこし炒《い》っておいたほうがいい。わたしの国ではそうして炒った小麦粉で、たいへんおいしくて体にもよいスープをつくる。肉のブイヨン、ポタージュもそう栄養のない食物だから、できるだけつかわないようにしなければならない。子どもはまずものを噛むことになれる必要がある。それは歯が生えるのを容易にするまちがいのない方法だ。そして、食物をのみこむようになると、食物に混じった唾《だ》液《えき》が消化を容易にする。

そこでわたしはまず、子どもに果物を乾燥したもの、パンの固いところをあたえて噛ませることにしたい。固い小さな棒形のパン、あるいはピエモンテ地方でグリスと呼んでいるパンのような棒形のビスケットをおもちゃのかわりにやることにしよう。口のなかでそういうパンを柔らかくしているうちに、しまいにいくらかそれをのみくだすようになる。そのうちに歯がすっかり生えてきて、ほとんど気がつかないうちに離乳させられることになる。農民は一般にひじょうに丈夫な胃袋をもっているが、離乳させるときには右のようなことのほかに別になにもしない。

子どもは生まれたときから、人が話をしているのを聞いている。人は、子どもがまだ相手の言ってることがわからないうちから子どもに話しかけるばかりでなく、聞いた声をまねすることもできないうちから話しかける。まだにぶい子どもの器官は、すこしずつ、聞かされる音をまねることができるだけで、その音もはじめはわたしたちの耳に聞こえるほどはっきりとかれらの耳につたわるかどうかも確実ではない。歌や、たいへん愉快な、変化のある調子で、乳母が子どもをあやすことにわたしは反対しない。しかし、乳母の言うことばの調子だけしかわからない子どもに、なんにもならないことをいろいろ言って、子どもをたえずうるさがらせるのはいけない。子どもには最初、やさしい、はっきりした音声をたまに聞かせ、同じことをしばしばくりかえし、またその音声があらわすことばはすぐに子どもに見せられる感覚的な対象にだけ関連することばであるようにしたいものだ。わたしたちが意味もわからないことばで容易に満足する困ったくせは、人が考えているよりもずっとはやい時期にはじまる。生徒は教室で先生のわけのわからない駄弁に耳を傾けている。それは、産衣にくるまれていたころに乳母のおしゃべりを聞いていたのと同じことだ。言われてることをなに一つ理解できないように育てるというのは、まことに有益な教育法だとわたしには思われる。

言語の形成と子どもの最初のことばという問題を考えようとすると、じつに多くの考えが生まれてくる。しかし、いずれにしても、子どもはいつも同じようなやりかたで話すことを学ぶのであって、ここではあらゆる哲学的考察はまったく無用である。

最初、子どもはいわばその年齢にふさわしい文法を知っている。その統辞法はわたしたちの文法にくらべてはるかに一般的な規則をもっている。よく注意してみると、子どもがどんなに正確にある種の類似に従っているかに驚かされるだろう。それは、たいへんよくないことだ、とも言えようが、ひじょうに規則的なもので、それが耳ざわりなのは、聞きづらいためか、あるいは一般の習慣がそれを許さないからであるにすぎない。*わたしは最近、一人の子がMon《モン》 père《ペール》, irai-je-t-y《イレ ジュティー》?〔「おとうさま、ぼく、そこへ行きましょうか」〕と言ったために、父親から、かわいそうに、ひどくしかられたのを見たことがある。ところで、よくわかるように、その子は文法学者よりずっとよく類似にしたがっていたのだ。かれはvas-y《ヴァジー》〔そこへ行きなさい〕と言われているのだから、なぜirai-je-t-y《イレ ジュティー》?と言ってはいけないことがあろう。さらに、その子がirai-je-y《イレ ジュイー》とかy《イー》 irai-je《イレ ジュ》とか言わないで、どんなにうまく母音の連続をさけているかに注意するがいい。わたしたちが、どうしていいかわからないyという限定副詞を右の文章から除くようなまずいことをしているのに、かわいそうな子どもに過ちがあると言えようか。一般の習慣に反するそういった細かいまちがいをすべて、いちいちしつこく子どもになおしてやろうとするのは、やりきれない衒学《げんがく》趣味であり、まったくよけいなお世話でもある。そういうことは、時がたつにつれて子どもがかならず自分でなおすようになる。子どものまえではいつも正確に話すがいい。だれよりもあなたがたと一緒にいるのが子どもには楽しいということになるようにするがいい。そうすれば、子どものことばはあなたがたのことばを手本にして、知らず知らずのうちに正しくなるのだから、あなたがたはなにも注意してやる必要はない。

しかし、それよりももっと重大な誤りは、そして、それにおとらずふせぐことの困難な誤りは、子どもがひとりでに話せるようにならないのではないかと心配しているかのように、やっきになって子どもになにか話させようとすることだ。こういう考えのないせっかちなやりかたは、もとめていることとまったく逆の結果をもたらす。そのためにかえって子どもはなかなか話せるようにならず、混乱したことしか言えないようになる。子どもの言うことにいつもあまり気をつかっていると、子どもははっきりとなにか言う必要がなくなる。そしてかれらはほとんど口をひらかなくなるので、多くの者はそのために一生発音上の欠陥とあいまいな話しかたをする習慣をもちつづけ、かれらの言ってることはほとんど意味がわからなくなる。

わたしは長いあいだ農民のあいだで暮らしたことがあるが、男でも女でも、女の子でも男の子でも、喉《のど》の奥で発音するのをかつて聞いたことがない。どうしてそうなのか。農民たちの器官はわたしたちのとはちがったふうにつくられているのだろうか。そんなことはない。ただ、かれらはちがったふうに訓練されているのだ。わたしの部屋の窓のむこうには広い土地があって、そこに近所の子どもが集まって遊んでいる。わたしのいるところからかなり離れているのだが、かれらの言ってることはなんでもはっきりと聞きわけられる。それを聞きながらわたしはしばしばこの著作のための有益なメモをとっている。毎日のようにわたしの耳はかれらの年齢について、わたしに思いちがいをさせる。わたしには十歳の子どもの声が聞こえる。顔をあげてみると、三つか四つくらいの身の丈《たけ》と顔つきだ。こういう経験はわたしだけのことではない。わたしを訪《たず》ねてくる都会の人にきいてみても、みんなわたしと同じような錯覚におちいっている。

こういう錯覚を起こさせる原因は、都会の子どもは、五つか六つになるまで、部屋のなかにいて付き添いの女に見まもられながら育てられるので、自分の言うことをわかってもらうためには、口をもぐもぐさせるだけでたりるからだ。口を動かしさえすれば、相手は一生懸命になって聞いてくれる。子どもがはっきりと言えないことばを人は口授してくれる。そして、子どもの言うことをいつも注意ぶかく聞いているうちに、たえず子どものまわりにいる同じ人たちは、子どもが言ったことではなく、言おうとしたことの意味がわかるようになる。

田舎では事情はまったくちがう。農夫の妻は子どもにつききっているわけではない。子どもは母親にわかってもらう必要のあることを、はっきりと大きな声で言うことを学ばなければならない。野良《のら》にでれば、父親からも母親からも、ほかの子どもからも遠く離れて散らばった子どもたちは、自分の言うことが遠いところにいる人にも聞こえるように、聞いてもらいたい人からどのくらい離れてるかによって声の大きさを加減するように、訓練されなければならない。こうしてこそ、ほんとうに発音を学べるのであって、注意ぶかく聞いている付き添いの女の耳もとでいくつかの母音をどもりながら言うのでは発音は学べない。だから、農夫の子どもになにかたずねてみると、恥ずかしがって返事ができないこともあるが、返事をするときははっきりとなにか言う。ところが、都会の子どものばあいには女中が通訳をつとめなければならない。通訳がいなければ、口のなかでもぐもぐ言ってることはなに一つわからない。(二七)

大きくなると、男の子は学校で、女の子は修道院で、そういう欠点を改めることになるかもしれない。じっさい、そういう子どもは、男の子でも女の子でも、いつまでも父親の家で育てられた子どもにくらべれば、一般的にいって、ずっとはっきりした口のききかたをする。しかし、かれらが農民のようなはっきりした発音を学ぶことをいつまでもさまたげているのは、たくさんのことを暗記したり、学んだことを大声で暗誦《あんしょう》したりする必要があることだ。勉強しながら、かれらは書きなぐったり、いいかげんに、不正確に発音したりする習慣を身につける。暗誦することはさらに悪い。努力して語句を考えたり、音節を長くひきのばしたりする。記憶がおぼつかないと、ことばもよどみがちにならざるをえない。こうして悪い発音のしかたを覚えたり、もちつづけたりする。あとでみるように、わたしのエミールはけっしてそういう欠陥をもたないだろう。あるいは、とにかく、同じ原因によってそういう欠陥をもつことにはならないだろう。

民衆や田舎者は別の極端におちいること、たいてい必要以上に大きな声で話すこと、あまりにも正確に発音するために、強く荒っぽい発音法になること、あまりにも抑揚がありすぎること、用語の選択を誤ること、そういうことはわたしもみとめる。

しかし、第一に、この極端は、もう一つの極端にくらべて、それほど悪いことではないと思われる。話すことの第一の法則は自分の言うことをわからせることにあるので、人々がおかすもっとも大きな過ちは話していることがわからないということだからだ。話に抑揚のないことを自慢するのは、その美しさと力づよさを欠くことを自慢することだ。抑揚は話の生命である。それは話に感情と真実味をあたえる。抑揚はことばよりもいつわることが少ない。だからこそ上品に育てられた人々は抑揚をひじょうに恐れているのだろう。なんでも同じ調子でいう習慣から、相手が気がつかないように人をからかう習慣が生まれたのだ。抑揚をつけることをやめると、そのかわりに、流行によっていろいろと変わる、こっけいな、気どった発音のしかたがもちいられる。それはとくに宮廷の若い人たちのあいだにみとめられる。そういう気どった話しかたや態度が、一般的にいって、フランス人をほかの国民にとってとっつきにくい不愉快な人間にしている。話に抑揚をつけるかわりに、フランス人は節《ふし》をつけているのだ。これはフランス人に好意を感じさせるものとはならない。

子どもがもつことになりはしないかと人々がひじょうに恐れている言語についての小さな欠点はすべて、なんにも気にすることはない。それはごくかんたんにふせげるし、なおすこともできる。しかし、子どもの話を聞きとれないもの、あいまいなもの、おずおずしたものにしたり、話をするときの態度をたえず批評したり、ことばにいちいちけちをつけたりすることによって生じさせた欠陥はけっしてなおすことができない。いつも女性の部屋にいて話すことを学んだ男子は、部隊の先頭に立って自分の意志を徹底させることはできないだろうし、暴動にさいして民衆に命令するというようなこともできないだろう。子どもにはまず男性に話しかけることを教えるがいい。そうすれば、必要なばあいには、女性にもちゃんと話ができるようになるだろう。

まったく田舎ふうの田園で育てられたあなたがたの子どもはよく透る声をもつことになるだろう。都会の子どものどもりがちな、あいまいな話しかたを覚えることはないだろう。村人のことばづかいや調子を覚えこむこともないだろう。覚えたとしても、生まれたときから子どもと一緒に暮らしている先生、日々にいっそう専心して子どもと暮らしている先生が、その正しい言語によって、村人の言語の印象をさまたげたり、うちけしたりすることになれば、子どもは容易にそれを忘れてしまうだろう。エミールはわたしが話せるかぎりの純粋なフランス語を話すだろう。しかし、エミールは、わたしよりいっそうはっきりと話し、はるかにうまく発音するだろう。

話をしようとする子どもは理解できることばだけを聞かなければならない。発音できることばだけを言わなければならない。そのためにはらう努力は子どもに同じ音節をくりかえさせ、それをいっそうはっきりと発音する練習になる。子どもがなにかわけのわからないことを言いはじめたら、かれの言うことをわかろうとしてやたらに気をもむことはない。いつでも人にわかってもらおうとするのは、これもまた一種の権力である。子どもは権力などふるうべきではない。よく注意して必要なものをみたしてやればそれでいい。必要でないものは子どものほうからあなたがたにわからせるようにしなければならない。はやくから子どもに話をさせるようなことはなおさらしてはいけない。話をする必要を感じるようになれば、子どもはけっこうひとりでに話せるようになるだろう。

なるほど、ひじょうにおくれて話すようになる子どもは、けっしてほかの子どものようにはっきりと話さないことがみとめられている。しかし、おそく話しはじめたから器官が発達しないのではない。逆に、不十分な器官をもって生まれたからおそく話しはじめるのだ。そうでなければ、ほかの子どもよりおそく話すようになるわけはない。その子は話をする機会が少なかったのではないか、人々が話をさせなかったのではないか。それは逆だ。人々はそのおくれに気がつくと、不安を感じ、はやくから話しはじめた子どものばあいよりもいっそうやっきになって話をさせようとする。ところがこのまちがったせっかちなやりかたは、子どもの話をあいまいにする大きな原因となるのであって、そんなに急ぎさえしなければ、子どもは十分ひまをかけて、もっと完全な話しかたができるようになるのだ。

はやくから話をさせられる子どもは、はっきりと発音することを学ぶひまも、人々がしゃべらせることを十分に理解するひまもない。そんなことをするかわりに、子どもをひとりでほうっておけば、子どもはまず、もっとも発音しやすい音節を練習する。そして、すこしずつ、その身ぶりによって人にわかるなんらかの意味をそれに含ませ、あなたがたのことばをうけいれるまえに、かれらのことばをあなたがたにつたえる。そうすれば、子どもはあなたがたのことばの意味がわかったのちにはじめてそれをうけいれることになる。あなたがたのことばをはやくからつかうようにせかされなければ、子どもはまず、そのことばにどんな意味があたえられているかをよく観察する。その意味がはっきりとわかってから、あなたがたのことばをとりいれる。

時期が来ないのに、子どもにいそいで話をさせようとすることから生じるもっとも大きな弊害は、子どもにしてやる最初の話や子どもが語る最初のことばが、子どもにとってなんの意味もないものになるということではなく、わたしたちの意味とはちがった意味をそのことばがもつことになり、しかもわたしたちがそれに気がつかないでいるということだ。そこで、たいへん正確な返事をしてるようにみえながら、子どもはわたしたちを理解せず、わたしたちも子どもを理解しないで話をしていることになる。一般的にいって、こういうあいまいさからわたしたちはときどき子どもの言うことに驚かされるのだ。そのことばにわたしたちがあたえている観念を子どもはそれに結びつけていないのだ。子どもにとってことばがもっているほんとうの意味にわたしたちが注意をはらわないこと、これが子どもの最初のまちがいの原因になるものと思われる。そしてこういうまちがいは、子どもがそれを改めてからも、一生のあいだかれらの考えかたに影響をおよぼす。わたしは今後も一度ならず、例をあげてこのことを説明する機会をもつだろう。

したがって、子どもの語彙《ごい》はできるだけ少なくするがいい。観念よりも多くのことばを知っているというのは、考えられることよりも多くのことがしゃべれるというのは、ひじょうに大きな不都合である。都会の人にくらべて一般に農民がいっそう正しい精神の持ち主である理由の一つは、かれらの語彙がかぎられていることにあると思う。かれらはそれほど多くの観念をもってはいないが、それらの観念をひじょうによく比較することができる。

子どもの初期の発達は、すべてがほとんど同時に行なわれる。子どもは話すこと、食べること、歩くことを、ほとんど同じ時期に学ぶ。これが正確にいって人生の最初の時期だ。それまではかれは母親の胎内にあったとき以上のなにものでもない。感情ももたず、観念ももたない。わずかに感覚があるだけだ。かれは自分が存在しているということさえ感じていない。

かれは生きている。しかし、自分が生きていることを知らない。*

第二編

ここで人生の第二期にはいる。そして本来の意味では、ここで幼年時代《アンファンス》は終わっている。〔ラテン語では〕「幼年《インファンス》」と「少年《プエル》」とは同義語ではなく、前者は後者のうちに含まれ、「話すことができない者」を意味している。だから、ワレリウス・マクシムス*には「話すことができない少年《プエールム・インファンテム》」ということばがみいだされる。しかし、わたしはフランス語の慣習にしたがって、別の名称で呼ばれる時期までは同じことば〔子ども時代《アンファンス》〕をもちいることにする。

ものを言いはじめると子どもは泣くことが少なくなる。これは自然の進歩だ。一つの言語が他の言語に代わったわけだ。ことばをもちいて苦しいと言えるようになったら、なぜ泣き声をあげてそれを知らせる必要があろう。もっとも、苦痛があまりにも激しくて、ことばでは言いあらわせないばあいは別だ。この時期になってもまだ子どもが泣いてばかりいるとしたら、それは子どもの周囲にいる人たちの罪だ。エミールは、ひとたび「痛い」と言えるようになったら、よほど激しい苦痛を感じないかぎり泣くようなことはあるまい。

子どもが弱くて感じやすく、生まれつきなんでもないことにもすぐ泣くようだったとしても、その泣き声がなんの役にもたたず、なんの得にもならないようにすることによって、わたしはやがてその涙のもとをとめてしまう。子どもが泣いているあいだはわたしは子どものそばへ近よらない。泣きやんだらすぐにそばへ行ってやる。やがて、かれがわたしを呼ぶ方法は、泣きやむか、それともせいぜい一度だけ叫び声をあげることになるだろう。いろいろなしるしの目に見える効果によってこそ、子どもはそのしるしの意味を判断する。子どもにとってはそれ以外の約束はない。どんなに痛い目にあっても、子どもはひとりでいるときには、だれかに聞いてもらえるというあてがなければ、めったに泣くものではない。

子どもがころんだり、頭にこぶをこしらえたり、鼻血をだしたり、指を切ったりしても、わたしはあわてて子どものそばにかけよるようなことはしないで、少なくともしばらくのあいだは、落ち着いていて体を動かさない。災難は起こってしまったのだ。子どもはその必然に耐えなければならない。いくらわたしがあわてても、それは子どもをいっそうおびえさせ、感受性を刺激するだけのことだろう。じつのところ、けがをしたばあい、苦しみをあたえるのは、その傷であるよりも、むしろ恐れなのだ。わたしはとにかく、そうした苦しみだけはなおしてやる。わたしがその傷をどう考えているかを見て、子どもはそれを判断することは確実だからだ。わたしが心配してかけよって、なぐさめたりあわれんだりしたら、かれはもう自分はだめだと考えるだろう。わたしが冷静にかまえていれば、子どももやがて冷静な態度をとりもどし、痛みがなくなれば、もうなおったものと考えるだろう。この時期においてこそ、人は勇気をもつことを最初に学びとり、すこしばかりの苦しみを恐れずに耐えしのんで、やがてはもっと大きな苦しみに耐えることを学びとる。

わたしはエミールがけがをしないように注意するようなことはしまい。かえってかれが一度もけがをせず、苦痛というものを知らずに成長するとしたら、これはたいへん困ったことだと思うだろう。苦しむこと、それはかれがなによりもまず学ばなければならないことであり、それを知ることこそ将来もっとも必要になることなのだ。子どもの体が小さくて弱いのは、そうした重要な教訓を危険をともなうことなしに学びとるためにほかならないのではないか。子どもは高いところから落ちても足を折るようなことはない。棒にぶつかっても腕をくじくようなことはない。刃物をつかんでもそれを固く握りしめて深い傷を負うようなことはない。自由にほうっておかれた子どもが、傷ついて死んだり、かたわになったり、大けがをしたりした例はないのではないかと思う。高いところにおきざりにするような無謀なことをしたり、火の燃えているところにひとりきりでおいたり、手の届くところに危険な道具をおきっぱなしにしたりするばあいは論外だ。子どもを苦しめないためにあらゆるもので武装しようとして、かれのまわりに寄せ集めるおびただしい道具についてはなんと言ったらいいのか。そういう子どもは大きくなると、勇気もなく経験もなく、たえず苦しい目にあわされて、針で突っつかれても死ぬのではないかと思い、一滴の血を見ても気絶してしまう。

教育上の衒学的な妄想にとりつかれているわたしたちは、子どもが自分ひとりでずっとよく学べることを教えようとばかり考えて、わたしたちだけが教えることのできることを忘れている。子どもに歩くことを教えようと骨を折ることぐらいばかげたことがあろうか。乳母の怠慢のために、大きくなっても歩くことができない子ども、そんな子どもがどこにいるのか。はんたいに、妙な歩きかたを教えられたために一生妙な歩きかたをしている人がどれほどいることか。

エミールは、けがをさせないための特別の帽子も、歩行をたすける道具の類も手引きのひももあたえられないだろう。あるいはとにかく、かれが一方の足を他方の足のまえに出すことができるようになったら、舗装したところでだけささえてやることにする。そして、そういうところはできるだけいそいで通りすぎる。(一八)部屋のよごれた空気のなかにじっとすわらせておくようなことはしないで、まいにち野原のまんなかに連れていってやることにしよう。そこで走りまわって遊ばせることにしよう。一日に百回ころんでもいい。それはけっこうなことだ。それだけはやく起きあがることを学ぶことになる。快適な自由は多くの傷をつぐなうものとなる。わたしの生徒はしょっちゅうけがをするだろう。それでもいつも快活でいるだろう。あなたがたの生徒はそれほどけがをしないかもしれないが、いつも意志をさまたげられ、いつも束縛され、いつも悲しげな顔をしている。そういう生徒のほうがいいかどうか、わたしには疑問だ。

さらにもう一つの進歩が子どもにとって泣くことをそれほど必要にしなくなる。それは力がついてくることだ。自分ひとりで多くのことができるようになると、子どもはいままでのように他人の助けをもとめる必要がなくなる。力とともにそれを正しくもちいることを可能にする知識も発達する。この第二の段階において、正確にいって個人の生活がはじまる。ここで人は自分自身を意識することになる。記憶があらゆる瞬間における自分の存在の同一性という感情を拡大する。かれはほんとうに一個の同一の人間となり、したがってすでに幸福あるいは不幸の感情をもつことができる。だから、これからはかれを一個の精神的存在と考える必要がある。

人はふつう、人生の期間をできるだけ長く考え、あらゆる時期において、その期間の限界まで生きられる可能性があると考えているのだが、それぞれの個人の人生の長さほど不確定なものはない。その長い期間の限界にまで到達する人はきわめて少ない。人生のいちばん大きな危険は初期の時代にある。生まれた時からの隔たりが少なければ少ないほど、生きられる希望も少ない。生まれてくる子どものうち、せいぜい半分だけが青年期に到達する。だから、あなたがたの生徒も大人の年齢まで生きられないかもしれない。

そこで、不確実な未来のために現在を犠牲にする残酷な教育をどう考えたらいいのか。子どもにあらゆる束縛をくわえ、遠い将来におそらくは子どもが楽しむこともできない、わけのわからない幸福というものを準備するために、まず子どもをみじめな者にする、そういう教育をどう考えたらいいのか。たとえ、そういう教育が目的においては道理にかなったものだとしても、たえがたい束縛をうけ、徒刑囚のように、たえず苦しい勉強をさせられ、しかも、そうした苦労がいつか有益になるという保証もない、かわいそうな子どもを見て、どうして憤慨せずにいられよう。快活な時代は涙とこらしめとおどかしと奴隷状態のうちにすごされる。あわれな者は、自分のためだといって苦しめられる。人々には、かれらが招きよせている死が、そうしたみじめな状態にある子どもにやがておそいかかろうとしている死が見えないのだ。父親あるいは教師の不条理な知恵の犠牲となって死んだ子どもはどれほどあるかわからない。かれらが子どもにあたえた苦しみから得られるただ一つの利益は、子どもがかれらの残酷な知恵からのがれられるのをしあわせと考えて、苦しみしか知ることができなかった人生を、名残り惜しいとも思わずに死んでいけることだ。

人間よ、人間的であれ。それがあなたがたの第一の義務だ。あらゆる階級の人にたいして、あらゆる年齢の人にたいして、人間に無縁でないすべてのものにたいして、人間的であれ。人間愛のないところにあなたがたにとってどんな知恵があるのか。子どもを愛するがいい。子どもの遊びを、楽しみを、その好ましい本能を、好意をもって見まもるのだ。口もとにはたえず微笑がただよい、いつもなごやかな心を失わないあの年ごろを、ときに名残り惜しく思いかえさない者があろうか。どうしてあなたがたは、あの純真な幼い者たちがたちまちに過ぎさる短い時を楽しむことをさまたげ、かれらがむだにつかうはずがない貴重な財産をつかうのをさまたげようとするのか。あなたがたにとってはふたたび帰ってこない時代、子どもたちにとっても二度とない時代、すぐに終わってしまうあの最初の時代を、なぜ、にがく苦しいことでいっぱいにしようとするのか。父親たちよ、死があなたがたの子どもを待ちかまえている時を、あなたがたは知っているのか。自然がかれらにあたえている短い時をうばいさって、あとでくやむようなことをしてはならない。子どもが生きる喜びを感じることができるようになったら、できるだけ人生を楽しませるがいい。いつ神に呼ばれても、人生を味わうこともなく死んでいくことにならないようにするがいい。

異議を申したてる多くの人の声が聞こえてくる。あのいつわりの知恵の叫びが遠くから聞こえてくる。わたしたちをたえずわたしたちの外へ追いだし、いつも現在を無とみなして、進むにしたがって遠くへ去って行く未来を休むひまもなく追い求め、わたしたちを今いないところに移すことによって、けっして到達しないところに移す、あのいつわりの知恵。

あなたがたはわたしにこたえる。それは人間の悪い傾向を矯正する時期だ。子どもの時代においてこそ、苦しみを感じることがもっとも少ない時代においてこそ、その苦しみを多くして理性の時期にそれをまぬがれさせる必要があるのだ、と。しかし、そういう仕事がすべてあなたがたの手で自由にできるとだれが保証しているのか。子どもの弱い精神を悩ますそのすばらしい教育のすべてが、将来有益なものとはならずに、かえって有害になる、というようなことにならないとだれが保証しているのか。あなたがたがやたらに子どもにあたえる悲しみによって、なにか子どもが得をするということをだれが保証しているのか。子どもの力に耐えられる以上の苦しみをなぜあたえるのか。現在の苦しみが将来の助けになるという保証もないのに、なぜそんなことをするのか。さらに、あなたがたがなおしてやるという悪い傾向は、自然から生じるよりもむしろあなたがたのまちがった心づかいから生じているのではないことを、どんなふうに証明してくれるのか。わざわいなる先見の明。それは一人の人間をいつかしあわせにしてやれるというおぼつかない希望にもとづいて、現実にみじめなものにしているのだ。もし、こういう凡俗な理屈屋が放縦と自由を混同し、子どもを幸福にすることと甘やかすこととを混同しているなら、それを区別することを教えてやることにしよう。

とりとめもないことを追っかけまわさないようにするために、人間の条件にふさわしいことを忘れないようにしよう。人類は万物の秩序のうちにその地位をしめている。子どもは人間生活の秩序のうちにその地位をしめている。人間を人間として考え、子どもを子どもとして考えなければならない。それぞれの者にその地位をあたえ、かれらをそこに密着させて考え、人間の情念を人間の構造にしたがって秩序づけること、これが人間の幸福のためにわたしたちにできることのすべてだ。そのほかのことは外部の原因に依存していて、わたしたちの力ではどうすることもできない。

絶対的な幸福とか不幸とかいうことはわたしたちは知らない。この世ではすべてのものが入り混じった状態にある。純粋な感情というものは味わうことができない。人は同じ状態に一瞬間しかとどまることができない。わたしたちの心の動きは、肉体が変化するのと同じように、たえざる流れのうちにある。よいことと悪いことはわたしたちすべてに共通にあるのだが、ただその程度がちがう。もっとも幸福な人とはもっとも苦しみを味わうことの少ない人のことだ。もっとも不幸な人とはもっとも喜びを感じることの少ない人のことだ。苦しみはかならず楽しみよりも多くある。これはあらゆる人にとって共通のちがいだ。この世における人間の幸福はしたがって消極的な状態にすぎない。それは人が味わう苦しみの最小量によって計られるべきだ。

苦しみの感情にはいつもそれからのがれたいという欲望がともなう。喜びの観念にはかならずそれを楽しみたいという欲望がともなう。いっさいの欲望は欠乏を前提とする。そして、欠乏の感情にはかならず苦しみがともなう。だから、わたしたちの欲望と能力とのあいだの不均衡のうちにこそ、わたしたちの不幸がある。その能力が欲望とひとしい状態にある者は完全に幸福といえるだろう。

そこで、人間の知恵、つまり、ほんとうの幸福への道はどこにあるか。それはわたしたちの欲望をへらすことにあるとはいえない。欲望がわたしたちの能力にくらべて少なければ、わたしたちの能力の一部はなにもすることがなくなり、わたしたちはわたしたちの存在を完全な状態において楽しむことができないからだ。それはまた、わたしたちの能力を大きくすることでもない。同時にもっと大きな割り合いで欲望が大きくなれば、そのためにわたしたちは不幸になるばかりだからだ。それはただ、能力をこえた余分の欲望をなくし、力と意志とを完全にひとしい状態におくことにある。そうすることによってはじめて、いっさいの力は活動状態にあり、しかも心は平静にたもたれ、人は調和のとれた状態に自分をみいだすことができる。

すべてを最善のものとしてつくる自然は、はじめ人間をこういうふうにつくったのだ。自然は直接的には自己保存に必要な欲望とそれをみたすのに十分な能力だけを人間にあたえている。そのほかの能力はすべて、予備として人間の心の奥底にとっておき、必要に応じてそれらをのばさせる。この本源的な状態においてのみ、力と欲望の均衡がみいだされ、人間は不幸にならないのだ。潜在的な能力が活動しはじめると、あらゆる能力のなかでももっとも活発な想像力がめざめ、ほかのものに先行することになる。想像力こそ、よいことであれ、悪いことであれ、わたしたちにとって可能なことの限界をひろげ、したがって、欲望を満足させることができるという期待によって欲望を刺激し、大きくしていくのだ。ところが、はじめはつい指の先にあるように見えたものは、追いついていけないはやさで逃げて行ってしまう。捕えたと思うと姿を変えて、わたしたちのはるかかなたにあらわれる。すでに通ってきた国はもはや目にはいらず、わたしたちはそれになんの価値もあたえない。これから行くことになっている国はたえず大きくなり、ひろがっていく。こうしてわたしたちは疲れはて、目的地に着くことができない。そして、楽しみを味わえば味わうほど、幸福はわたしたちから遠く離れていく。

はんたいに、自然の状態の近くにとどまっていればいるほど、人間の能力と欲望の差はちぢまり、したがって幸福から離れることが少なくなる。あらゆるものを欠いているように見えるときに人間はいちばんみじめなのではない。不幸はものをもたないことにあるのではなく、それを感じさせる欲望のうちにあるのだ。

現実の世界には限界がある。想像の世界は無限だ。前者を大きくすることはできないのだから、後者を小さくすることにしよう。わたしたちをほんとうに不幸にする苦しみはすべて、この二つの世界の大きさのちがいから生まれるからだ。力、健康、自分はよき者であるという信念、これらを除けば、この世でよいものとされているものはすべて人々の臆見のうちにある。肉体の痛みと良心の悩みとを除けば、わたしたちの不幸はすべて想像から生まれる。その原則はありふれたことだ、と人は言うかもしれない。そのとおりだが、それを実地に適用するのはありふれたことではない。そしてここで問題になるのは実践だけなのだ。

人間は弱いものであるというとき、それはなにを意味するか。弱さということばは一つの関係を、それが適用される者のある関係を示している。必要以上の力をもつものは昆虫、虫けらでも強い存在だ。力を超えた欲望をもつものは象、ライオンでも、征服者、英雄でも、たとえ神であろうと、弱い存在だ。自分の本性を見そこなった反逆の天使は、自分の本性にしたがって平和に暮らしている幸福な人間よりも弱い存在だった。あるがままで満足している人はきわめて強い人間だ。人間以上のものになろうとする人はきわめて弱い人間になる。だから能力を大きくすることによって、実力を大きくすることができるなどと考えてはならない。能力以上に高慢心が大きくなれば、それは逆に力を弱めることになる。わたしたちの世界の広さを測って、そのまんなかにとどまることにしよう。クモが巣のまんなかにいるように。そうすればわたしたちはいつも満ち足りて、自分の弱さを嘆くこともなかろう。わたしたちは弱さを感じるようなことはないだろうから。

すべての動物は自己保存にちょうど必要なだけの能力をもっている。人間だけがよけいな能力をもっている。このよけいなものが人間をみじめなものにする道具になっているというのは、じつに奇妙なことではないか。あらゆる国において、人間の腕はその生活に必要なものより多くのものを産み出す。賢明に、その余分のものをないものと考えるなら、人間はいつも必要なものをもっていることになるだろう。けっしてよけいなものをもたないことになるからだ。ファヴォリヌス＊は言っていた、大きな欲望は大きな財産から生まれる、と。そこで、しばしば、自分に欠けているものを手に入れるいちばんいい方法は、自分がもっているものを捨てることだ、ということになる。わたしたちの幸福をもっと大きくしようと、たえず心を苦しめることによって、わたしたちは幸福を不幸に変えてしまうのだ。ただ生きることだけを願っている人は、だれでも幸福に生きることができよう。したがってその人は善良な人として生きるだろう。悪人になることがかれにとってどんな利益があるのか。

もし、わたしたちが死なないものとして生まれているとしたら、わたしたちはひじょうにみじめな存在となるにちがいない。死ぬのはつらい。たしかにそのとおりだ。しかし、この世にいつまでも生きているわけではないこと、もっとよい生活がこの世の苦しみを終わらせてくれることを期待するのは楽しいことだ。地上で永遠の生命をあたえられたとしても、だれが(二九)そういう悲しい贈り物をうけとる気になれよう。運命のきびしさと人間の不正にたいして、どんな救いの道が、どんな希望が、どんな慰めが、わたしたちに残されることになるのか。先のことはなんにも考えない無知な人間はほとんど人生の価値を知らず、人生を捨てることをそれほど恐れない。聡明な人間はもっと大きな価値のあるものにたいして目をひらき、この世のものを捨ててそれを手に入れようとする。

ただなま半可《はんか》な知識といつわりの知恵だけが、わたしたちの視野を死にまでひろげながら、それを超《こ》えたものを見ず、死をわたしたちの最悪の不幸とみなしている。死の必然は賢明な人間にとっては人生の苦しみに耐える一つの理由となるにすぎない。一度は生命を失うことが確実でなかったら、それを失うまいと努力するのはあまりにもつらいことになるだろう。

わたしたちの精神的な苦しみはすべて臆見のうちにある。ただ一つ罪悪ということは別だが、これはわたしたちの意志に依存している。肉体の苦しみは克服されるか、あるいはわたしたちを征服する。時あるいは死はわたしたちの病気をなおす薬となる。しかしわたしたちは、苦しみに耐えることができなければ、なおさら苦しまなければならない。そして、わたしたちは病気に耐える苦しみよりも多くの苦しみを病気をなおそうとして自分にあたえている。自然に従って生きよ、忍耐づよくあれ。そして医者どもを追いはらうことだ。きみは死をまぬがれることはできない。しかしきみは死を一度経験するだけだ。ところが医者どもは、きみの混乱した想像のうちに毎日のように死を呼びさまし、かれらのいつわりの技術はきみの生命をのばすことなく、それを楽しむことをさまたげる。この技術が人間にどんないつわりのない恩恵をあたえたか。わたしはくりかえしそうたずねたい。なるほど、かれらがなおした病人のうち幾人かはかれらがいなければ死んでいたかもしれない。しかし、かれらが殺した数百万の人は生きていたことだろう。分別のある人よ、こういうクジに賭けてはならない。それにはあまりにもはずれが多い。苦しんでいるがいい、死ぬか、なおるかするがいい。しかし、なによりも、最後の瞬間まで生きるのだ。

人間がつくりあげるものはすべて愚劣と矛盾だらけだ。わたしたちは生命がその価値を失ってくるにつれて、よけいそれに気をつかうようになる。老人は若者以上に生命を惜しむ。かれらはやがて人生を楽しむつもりで準備したものを失いたくないのだ。六十歳になってもまだ生きたともいえないのに死ぬのはじっさいつらいことだ。人間は自己保存ということにつよい執着をもっと考えられているが、それはほんとうだ。しかし、わたしたちが感じているこの執着は、大部分、人間のつくりだしたものであることを人は知らない。もともと人間は、自分の身をまもる手段があるあいだだけ身をまもろうとあせるのだ。そういう手段がなくなれば、人間は落ち着いて、いたずらに身を苦しめることもなく死んでいく。あきらめという第一の法則は自然からわたしたちにあたえられる。未開人は動物と同じように、死にたいしてそれほど抵抗することなく、ほとんど苦しみをうったえずに死をうけいれる。この法則が失われると、理性によって別の法則がつくられる。しかし、理性からこの法則をひきだせる人は少ない。そしてこの人為的なあきらめは自然からあたえられるものにくらべて、けっして完全なものとはなりえない。

　先見の明。たえずわたしたちをわたしたちの外にひっぱりだして、しばしば、わたしたちが到達することができないところにおく先見の明、これがわたしたちのあらゆる不幸のほんとうの源だ。人間のようなかりそめの存在が、めったにやってこない遠い未来にたえず目をやって、確実にある現在を無視するとは、なんという妄想だろう。これは時とともにたえず大きくなっていくので、なおさら忌まわしい妄想だ。こうして老人は、いつも疑いぶかい目をもって先のほうを見わたし、物を惜しみ、百年あとでありあまるものをもたないでいるより、こんにち必要なものをなしですませようとする。こうしてわたしたちは、あらゆることを考え、あらゆるものにしがみつく。時、所、人間、事物、いまあるもののすべて、これからあるもののすべてがわたしたちひとりひとりに必要となる。わたしたち個人はわたしたち自身のほんの一部にすぎなくなる。すべての人がいわば地球ぜんたいにひろがって、そのひろい表面のぜんたいに関心をもつことになる。わたしたちの苦しみの種がふえ、あらゆる点にひろがって、どこをついても傷つけられることになるとしても、それは驚くにはあたらない。自分で一度も見たことのない国を失って嘆いている君主がどれほどいることか。インドに手をつけるとたちまちパリで泣きごとを言う商人がどれほどいることか。*

人間をそんなふうにかれら自身から遠いところへ連れていくのは、自然だろうか。あらゆる人が他人から自分の運命を教えられ、ときには当人が最後に知らされ、ある者はどういうことかぜんぜん知らずに、あるいは幸福にあるいはみじめに死んでいくのは、自然のせいだろうか。潑剌《はつらつ》として、快活で、丈夫で、ぴんぴんしている人間がいる。その様子を見ていると、うれしくなってくる。そのまなざしは満足感を、幸福感を示している。かれは幸福の姿そのものだ。そこへ郵便で手紙がとどく。その幸福な人は手紙を見る。かれに宛てた手紙だ。封を切ってそれを読む。たちまち顔色が変わる。青くなる。かれは気を失って倒れる。意識をとりもどすと、涙を流し、泣きさわぐ。深いため息をつき、髪をかきむしる。はげしい叫び声をあげてあたりの空気をふるわせる。ひどいけいれんを起こしたらしい。愚かな人よ、その紙きれがきみにどんな苦痛をあたえたというのだ。手足を折ったとでもいうのか。どんな罪をおかさせたのか。とにかく、いま見られるような状態にきみを追い込むことになったのは、きみ自身のなにをその紙きれが変えてしまったためなのか。

手紙がどこかへいってしまったとしたら、だれか情けぶかい人がそれを火にくべてしまったとしたら、幸福でもあり不幸でもあるその人の運命はどうなったか。それは奇妙な問題になると思う。かれの不幸は現実のものだ、とあなたがたは言うだろう。よろしい。だが、かれはそれを感じていなかったのだ。では、どういう状態にいたのか。かれの幸福は架空のものだったのだ。なるほど。健康、快活な気分、快適な生活、満足感、それらはもはや幻想にすぎない。わたしたちはわたしたちがいるところにはもはや存在せず、わたしたちがいないところにだけ存在する。そこにわたしたちが生きているものが残っていさえすれば、それほど死を恐れる必要があろうか。*

ああ、人間よ、きみの存在をきみの内部にとじこめるのだ。そうすればきみは不幸ではなくなるだろう。自然が万物の鎖のなかできみにあたえている地位にとどまるのだ。なにものもきみをそこから抜けださせはしないだろう。必然のきびしい掟《おきて》に反抗してはならない。必然に逆らおうとして、天からあたえられた力をつかいはたしてはいけない。天はその力を、きみの存在を拡大するためにあたえたのではなく、ただ天が欲するがままに、また欲するかぎりにおいて、きみの存在を維持するためにあたえているのだ。きみの自由、きみの能力は、きみの自然の力の限度において発揮されるもので、それ以上におよぶものではない。そのほかのことはすべて、奴隷状態、幻想、見せかけにすぎない。人々を支配するということさえ、それが臆見にもとづくものなら、卑屈なことだ。きみが偏見によって支配する人々の偏見にきみは依存することになるからだ。きみの好きなように人々を導くには、人々の好きなようにきみを導いていかなければならない。

人々が考えかたを変えただけで、必然的にきみは行動の仕方を変えなければならない。きみに近づく人々は、きみが支配していると思っている人民の意見を支配することをこころえていさえすればいい。あるいは、きみを支配しているお気に入りの意見、あるいはきみの家族の者の意見、またはきみ自身の意見を変えることをこころえていさえすればいい。大臣、廷臣、僧侶、兵士、下僕、道化、そして子どもまでが、たとえきみがテミストクレスのような天才であろうと（二〇）、軍隊にとりまかれたきみ自身を子どものようにひっぱりまわすことができるのだ。どんなことをしたところで、きみの現実の権力はきみの現実の能力以上におよぶものではない。他人の目で見なければならなくなると、他人の意志で欲しなければならない。国民はみなわしの臣下だ、ときみは誇らしげに言う。よかろう。しかし、きみはなんだ。きみの大臣たちの家来だ。そしてきみの大臣たちは、かれら自身なにものだ。かれらの下役の、かれらの情婦の家来だ。かれらの下僕の下僕だ。すべてを握り、すべてを奪い取ったあとで、金をばらまくがいい。砲列をしき、絞首台をたて、車責めの処刑台をたてるがいい。法律を発布し、命令を出し、スパイや兵隊や死刑執行人の数をふやし、牢獄をふやし、鉄鎖をつくらせるがいい。くだらない、あわれな男たちよ、そういうものがなんの役にたつというのか。そのためにきみたちはもっとよく臣下に仕えられ、金を盗まれることが少なくなり、だまされることも少なくなり、もっと絶対的な君主になれるわけでもない。わしは欲する、ときみたちはたえず言いつづけるだろう。しかもきみたちは、いつも、他人が望むことを行なうことになる。

自分の意志どおりにことを行なうことができるのは、なにかするのに自分の手に他人の手をつぎたす必要のない人だけだ。そこで、あらゆるよいもののなかで、いちばんよいものは権力ではなく、自由であるということになる。ほんとうに自由な人間は自分ができることだけを欲し、自分の気に入ったことをする。これがわたしの根本的な格率だ。ただこれを子どもに適用することが問題なのであって、教育の規則はすべてそこから導かれてくる。

社会は人間をいっそう無力なものにした。社会は自分の力にたいする人間の権利を奪いさるばかりではなく、なによりも、人間にとってその力を不十分なものにするからだ。だからこそ、人間の欲望はその弱さとともに増大するのであって、大人にくらべたばあいの子どもの弱さもそれにもとづいている。大人が強い存在であり、子どもが弱い存在であるのは、前者が後者よりも絶対的な力をいっそう多くもっているからではなく、前者はもともと自分で自分の用をたすことができるのに、後者にはそれができないからだ。だから大人にはいっそう多くの意志があり、子どもはいっそう多くの気まぐれを起こすことになる。気まぐれということばを、わたしは、ほんとうに必要でないすべての欲望、他人の助けをまたなければ満足させることができない欲望を意味するものと解する。

この弱さの状態の理由についてはすでに述べた。自然は父親と母親の愛着によってそれをおぎなってくれる。しかしその愛着には、行き過ぎや欠陥や濫用がありうる。社会状態に生きている父母は、まだその時期でもないのに、子どもをそういう状態に移す。子どもが必要とするよりも多くの欲望を子どもにあたえることによって、両親は子どもの弱さを軽減しないで、かえってそれを助長する。かれらは自然がもとめてもいないものを子どもにもとめ、子どもが自分の意志を行なうためにもちいるべきすこしばかりの力をかれらの意志に従わせ、子どもの弱さとかれらの愛着からやむなくされている相互的な依存状態を、どちらの側から見ても隷属状態に変えることによって、子どもの弱さをさらに助長しているのだ。

賢明な人は自分のおかれた場所にとどまっていることができる。しかし子どもは自分の場所を知らないから、そこにとどまっていることができない。子どもはそのおかれた場所から抜けでる無数の出口をわたしたちのあいだにみいだす。そこで、子どもをその場所にとどめておくのは子どもを監督する人の仕事だが、これはやさしい仕事ではない。子どもは獣であっても成人した人間であってもならない。子どもでなければならない。子どもは自分の弱さを感じなければならないが、それに苦しんではならない。他人に依存していなければならないが、服従してはならない。もとめなければならないが、命令してはいけない。子どもが他の人々に監督されているのは、かれがさまざまの必要をもつからにほかならない。そして、子どもにとって有用なもの、かれの身をまもるうえに役だつもの、あるいは有害なものを、子どもよりも他の人々のほうがよく知っているからだ。だれにも、父親にさえも、子どもにとってなんの役にもたたないことを子どもに命令する権利はない。

人間の偏見と教育がわたしたちの自然の傾向を変質させないうちは、子どもの幸福も大人の幸福もその自由を行使することにある。しかし、子どもにあっては、この自由はかれの弱さによって制限をうけている。自分で自分の用をたせるなら、その欲することを行なう人はだれでも幸福だ。それが自然状態に生きている大人のばあいだ。その欲望が力の限度を超えているのに、欲することを行なう者はだれも幸福とはいえない。それがやはり自然状態にある子どものばあいだ。子どもは自然状態にあっても不完全な自由しか行使することができない。それは社会状態にある大人が行使する自由と同じようなものだ。いまではわたしたちはみな他人なしにすませることはできない。この点では、わたしたちはふたたび無力でみじめな人間になっている。わたしたちは大人になるためにつくられていた。法律と社会はわたしたちをふたたび子どもの状態に投げ込んでしまったのだ。金持ちも貴族も王侯もみんな子どもだ。かれらは、そのみじめな状態をなぐさめてやろうと人々が一生懸命になっているのを見て、それを種に子どもじみた虚栄心をいだき、人々がいろいろと世話をやいてくれるので、すっかり得意になっているのだが、かれらがほんとうの大人なら、人々はそんな世話をやきはしないのだ。

この考察は重要なことであって、これは社会制度のあらゆる矛盾を解明する助けになる。依存状態には二つの種類がある。一つは事物への依存で、これは自然にもとづいている。もう一つは人間への依存で、これは社会にもとづいている。事物への依存はなんら道徳性をもたないのであって、(三一)自由をさまたげることなく、悪を生みだすことはない。人間への依存は、無秩序なものとして、あらゆる悪を生みだし、これによって支配者と奴隷はたがいに相手を堕落させる。社会におけるこういう悪に対抗するなんらかの方法があるとするなら、それは人間のかわりに法をおき、一般意志に現実的な力をあたえ、それをあらゆる個別意志の行為のうえにおくことだ。諸国民の法律が、自然の法則と同じように、どんな人間の力でも屈服させることができない不屈な力をもつことができるなら、そのばあいには、人間への依存はふたたび事物への依存に変わることになる。国家のうちで自然状態のあらゆる利益が社会状態の利益に結びつけられることになる。人間を悪からまぬがれさせる自由に、人間を美徳へと高める道徳性を結びつけることになる。

子どもをただ事物への依存状態にとどめておくことだ。そうすれば、教育の進行において自然の秩序に従ったことになる。子どもの無分別な意志にたいしては物理的な障害だけをあたえるがいい。あるいは行動そのものから生じる罰だけをあたえるがいい。そうすれば、子どもは機会のあるごとにそれを思い出す。悪いことをしようとするのをとめたりしないで、それをさまたげるだけでいい。経験、あるいは無力であること、それだけが掟に代わるべきだ。ほしがるからといって、なにかあたえてはならない。必要なばあいにこそあたえるべきだ。子どもは行動するとき、服従するとはどういうことかを知ってはならない。子どものためになにかしてやるとき、子どもは支配するとはどういうことかを知ってはならない。子どもは自分の行動においても、あなたがたの行動においても、ひとしく自由を感じなければならない。命令するためにではなく、自由であるために必要なだけの力、それが欠けているばあいにはおぎなってやるがいい。あなたがたの助けをいわば謙虚な態度でうけいれて、そういう助けなしですませられる時を、自分で自分のことができるようになる時を、待ち望ませるようにするがいい。

自然は体を強くし成長させるためにいろいろな手段をもちいるが、それに逆らうようなことはけっしてすべきではない。子どもが外へ行きたいというのに家にいるように強制したり、じっとしていたいというのに出ていかせるようなことをしてはならない。子どもの意志がわたしたちの過失によってそこなわれていなければ、子どもはなにごとも無用なことを欲することはない。子どもは思うままに跳《と》びはね、駆《か》けまわり、大声をあげなければならない。かれらのあらゆる運動は強くなろうとする体の構造の必要から生まれているのだ。しかし、子どもが自分ではできないこと、他の人々が子どものためにしてやらなければならないことを望むばあいには、警戒しなければならない。そのばあいには、ほんとうに必要とするもの、自然の必要と、あらわれはじめた気まぐれによる欲望、あるいはすでに語ったような生命の過剰から生じるにすぎない欲望とを注意ぶかく見わけることが必要だ。

子どもがあれこれとものをほしがって泣くばあいにはどうしなければならないか、ということについてはすでに述べた。ただ、つけくわえておきたいことは、子どもがことばでほしいものを言えるようになったら、それをはやく手に入れるために、あるいはことわられても要求をとおそうとして、泣き声をまじえてたのむばあいには、きっぱりと拒絶しなければならないということだ。もし必要が子どもに語らせているなら、その必要を知らなければならない。そしてもとめていることをすぐにしてやらなければならない。しかし、涙に負けてなにかあたえることは、子どもにさらに涙を流させることになり、あなたがたの善意に疑いをもたせ、好意によってよりもうるさくなってあなたがたは意志を動かされるのだと考えさせる。あなたがたを親切だと考えなくなると、やがて子どもはたちが悪くなる。あなたがたが弱いと考えるようになると、子どもはやがてしつっこくなる。拒絶したくないものは、いつも最初からあたえる必要がある。やたらに拒絶してはいけない。しかし、いったん拒絶したら、けっしてそれを取り消してはいけない。

とくに子どもには礼節にかなったくだらないことばを教えないように気をつけることだ。それは必要に応じて周囲のすべての者を自分の意志に従わせ、好きなものを即座に手に入れる魔法のことばとして役にたつことになる。金持ちの家のもったいぶった教育では、子どもはかならず鄭重《ていちょう》なことばで命令するようになり、だれもことわることができないことばをもちいるように仕込まれる。金持ちの子どもは懇願するような調子や言いかたを知らない。かれらはなにか命令するときと同じような調子で、あるいはもっとひどい傲慢な調子でなにかたのむ。そのほうが確実に人々にききいれてもらえると思っているのだ。すぐにわかることだが、かれらの口から出る、「どうぞ」ということばは、「どうあっても」という意味であり、それから、「お願いします」は、「命令します」という意味になる。すばらしい礼節。それはかれらにとってはことばの意味を変えてしまうことにすぎず、命令的な口調でしか話せないことになるにすぎない。わたしとしては、エミールが傲慢になるくらいならむしろ粗野になったほうがいいと思っているから、「お願いします」と言って命令するよりは、「こうしなさい」と言ってたのむほうがよっぽどましだと思う。わたしにとって大切なのはかれがつかうことばではなく、そのことばにあたえている意味だ。

きびしくしすぎるということもあるが、やさしくしすぎるということもある。どちらも同じようにさけなければならない。子どもが苦しんでいるのをほうっておけば、健康、生命を危険にさらすことになる。子どもを現実に不幸にすることになる。あまりにも用心しすぎて、なんでも不快なことはさけさせようとすれば、将来に大きな不幸をもたらすことになる。子どもは弱くなり、感じやすくなる。いずれにしてもいつかは帰って行かなければならない人間の状態の外へ出すことになる。自然からくるなんらかの不幸をまぬがれさせようとして、自然がもたらさない不幸をつくりだすことになる。あなたはこう言うだろう。けっして来ないかもしれない遠い将来のことを考えて子どもの幸福を犠牲にしている、とわたしが非難した悪い父親たちと同じようなことにわたしは落ちこんでいる、と。

そんなことはない。わたしが生徒にあたえる自由は、生徒を苦しませているすこしばかりの苦しみを十分つぐなうことになるからだ。わたしは腕白小僧《わんぱくこぞう》たちが雪のうえで遊んでいるのをながめている。皮膚は紫色になり、こごえて、ほとんど指を動かすこともできない。火に温まりに行こうと思えばすぐ行けるのに、そうしようともしない。それを強制すれば、子どもは寒さのきびしさを感じるよりも、百倍もひどい束縛のきびしさを感じることになる。だから、あなたがたはいったいなにが不服なのか。子どもが進んでがまんしようとしている苦しみをあたえているにすぎないわたしが、子どもを不幸にすることになるのだろうか。子どもを自由にさせておくことによって、現在わたしは子どもを幸福にしているのだ。子どもが耐え忍ばなければならない苦しみにたいしてかれを強くすることによって、わたしは将来の幸福を準備しているのだ。子どもがわたしの生徒になるか、あなたがたの生徒になるか、どちらかを選ばなければならないとしたら、かれがすこしでもためらうようなことがあると、あなたがたは考えているのだろうか。

人間の本質からはずれたところにほんとうの幸福があるなどと考えられようか。人類につきまとうあらゆる苦しみを人間にまぬがれさせようとするのは、人間の本質からはずれたことではないか。そのとおりだとわたしは考える。大きな幸福を知るためには小さな苦しみを経験しなければならない。それが人間の本性だ。体の調子がよすぎると精神的なものは腐敗する。苦しみを味わうことがない人間は、人間愛から生まれる感動も快い同情の喜びも知ることはあるまい。そういう人間の心はなにものにも動かされず、かれは人づきあいのいい人間になることができず、仲間にたいして怪物のようなものになるだろう。

子どもを不幸にするいちばん確実な方法はなにか、それをあなたがたは知っているだろうか。それはいつでもなんでも手に入れられるようにしてやることだ。すぐに望みがかなえられるので、子どもの欲望はたえず大きくなって、おそかれはやかれ、やがてはあなたがたの無力のために、どうしても拒絶しなければならなくなる。ところが、そういう拒絶になれていない子どもは、ほしいものが手にはいらないということより、拒絶されたことをいっそうつらく考えることになる。かれはまず、あなたがたがもっているステッキがほしいという。つぎには時計がほしいという。こんどは飛んでいる鳥がほしいという。光っている星がほしいという。見るものはなんでもほしいという。神でないのに、どうしてそういう子どもを満足させることができよう。

自分の力でなんとかなるものはすべて自分のものだと考えるのは、人間にとって自然の傾向だ。この意味ではホッブスの原則はある点まで真実だ。わたしたちの欲望とともに、それを満足させる手段を大きくしていけば、人はみなあらゆるものの支配者になるだろう。だから、ほしいといえばなんでも手にはいる子どもは、自分を宇宙の所有者と考えるようになる。かれはあらゆる人間を自分の奴隷とみなす。そして最後に相手がなにかことわらなければならなくなると、自分は命令しさえすればなんでもできると信じているかれは、その拒絶を反逆行為と考える。道理を考えることのできない年齢にある子どもに言って聞かせるいっさいの理由は、子どもの考えでは、口実にすぎない。かれはあらゆる人のうちに悪意をみとめる。これは不正だという考えが、かれの天性をゆがめる。かれはすべての人に憎しみをもち、いくらきげんをとってもうけつけず、あらゆる反対にたいして腹を立てる。

そんなふうに、怒りに支配され、このうえなく激しい情念にさいなまれている子どもが幸福であるなどとどうして考えられよう。そんな子が幸福だとは、とんでもない。それは専制君主だ。だれよりもいやしい奴隷であるとともに、だれよりもみじめな人間だ。そんなふうに育てられた子どもたちをわたしは見たことがあるが、かれらは、肩のひと突きで家を倒せと言ったり、教会の塔のてっぺんに見える風見の鶏をくれと言ったり、行進する連隊をとめて、もっと太鼓の音を聞かせろ、と言ったりして、すぐに言うとおりにしないと、かんだかい声でわめきちらし、もうだれの言うことにも耳をかさないというふうだった。みんながいくら一生懸命になってきげんをとってもだめで、なんでもすぐに手にはいるために、欲望はますます強くなり、不可能なことを言いはって、けっきょく、どちらをむいても反対と障害と苦悩をみいだすにすぎなかった。たえずどなりたて、いきりたち、あばれまわって、泣いたり、不平をいったりして毎日をすごしていた。そういう子どもたちが恵まれた人間といえるだろうか。弱さと支配欲が結びつけば狂気と不幸を生みだすにすぎない。甘やかされた二人の子どものうち一人は机をたたき、もう一人は海の水をむちで打たせる。いくら打ったり、たたいたりしたところで、かれらは満足して生きることはできない。

そういう支配と圧制の観念が子どものときからかれらを不幸にしているとしたら、かれらが大きくなって、他人との交渉がひろがり、ひんぱんになったばあいには、いったいどうなるか。すべての人が自分のまえに頭を下げるのを見なれてきたかれらにとっては、世間に顔を出して、すべての人に抵抗を感じ、自分が思いのままに動かすつもりでいた宇宙の重みに自分がおしつぶされているのを見るとき、それはなんという驚きだろう。

かれらの生意気な態度、子どもじみた虚栄心は、苦悩と軽蔑と嘲笑をまねくばかりだ。かれらは水を飲むように辱《はずか》しめを飲みこむ。苦しい試練はやがて、いままで自分の地位も力も知らなかったことをかれらに教えることになる。なに一つできないかれらは、もうなんにもできないのだと考えるようになる。これまで知らなかったいろいろな障害がかれらをがっかりさせ、多くの人の軽蔑がかれらを卑屈にする。かれらは卑怯者、臆病者、下劣な者となり、いままで不相応にもちあげられていただけに、こんどは必要以下の低いところに投げ込まれてしまう。

本来の規則にかえることにしよう。自然は子どもを人から愛され、助けられる者としてつくった。しかし、自然はかれらを服従され、恐れられる者としてつくったのだろうか。自然はかれらにいかめしい風采、きびしいまなざし、荒々しい、人をおびやかすような声をあたえて、人に恐れられる者にしているだろうか。ライオンのほえる声が動物たちをおびやかし、動物たちはライオンの恐ろしいたてがみを見てふるえあがる、ということはわたしにもわかる。しかし、世にもふさわしくない、いとうべく笑うべき光景があるとするなら、それは、長官を先頭に礼服姿の一団の役人が、産衣をきた子どものまえにひれふして、大げさなことばをならべたて、相手は返事もせずにわめき、口からよだれをたらしている、といった光景だ。

子どもそのものを考えてみると、世の中に子どもくらい弱くて、みじめで、周囲にあるすべてのものの自由になるものはない。子どもくらい同情と看護と保護を必要とするものはない。子どもがやさしい顔だちと人の心を動かす様子をしているのは、かれに近づくすべての者に、かれの弱さに関心をもたせ、すぐにかれを助けてやろうという気持ちを起こさせるためではなかろうか。だから、いばっていきりたち、まわりにいるすべての者に命令し、かれを破滅させるにはただほうっておけばいい人々にたいして生意気にも主人づらをしている子どもを見ること以上に腹だたしい、自然の秩序に反したことがあるだろうか。

他方、幼い時代の無力な状態は子どもをさまざまな仕方でしばりつけているのだから、そういう隷属状態にわたしたちの気まぐれによるものをつけくわえて、子どもが濫用することのできない自由、奪ったところで、子どもにとってもわたしたちにとってもほとんどなんにもならない自由を奪いさるのは、残酷なことだということがわからない者があろうか。高慢な子どもくらい笑うべきものはないが、おずおずした子どもくらいあわれみにあたいするものもない。理性の時期とともに社会による束縛がはじまるというのに、なぜそのまえに個人的な束縛をくわえる必要があるのか。自然がわたしたちにあたえていない束縛を、せめて生涯のある時期にはまぬがれさせてやろうではないか。そして子どもに自然の自由を行使させようではないか。それは少なくともしばらくのあいだ、奴隷状態にある人が身につけることになるいろいろな不徳から、子どもを遠ざけることになる。きびしい教育者、子どもの言いなりになる父親は、いずれもそのばからしい反論をもってやってくるがいい。そしてかれらの方法を誇るまえに一度は自然の方法を学ぶがいいのだ。

実際的なことにもどる。子どもがなにかもとめるからといってそれを手に入れさせてはならないこと、必要としているからこそあたえなければならないこと（三三）、服従することによってではなく、ただ必然によってなにごとかをなすべきこと、それはすでに語ったとおりだ。そこで、服従するとか命令するとかいうことばは、子どもの語彙《ごい》からとりのぞかれることになる。義務とか義理とかいうことばはなおさらのことだ。はんたいに、力、必然、無力、拘束などのことばは、子どもの語彙のなかで重要な地位をしめるべきだ。理性の時期がくるまでは、道徳的存在とか、社会関係とかいう観念はけっしてもつことはできない。だから、そういう観念を言いあらわすことばをもちいるのはできるだけさけなければならない。子どもがはじめそういうことばに誤った観念を結びつけると、それを消しさることができない、あるいは、やがてできなくなるからだ。子どもの頭にはいりこんだ最初のまちがった観念は、かれのうちにあって、誤りと不徳の萌芽となる。この最初の第一歩にこそとくに注意をはらわなければならない。感覚的な事物にだけ刺激されているあいだは、子どものすべての観念が感覚にとどまるようにするがいい。子どもがかれの周囲のどちらをむいても物理的な世界だけが見えるようにするがいい。そうしなければ、子どもはあなたがたの言うことにまったく耳をかたむけないだろう、それとも、あなたがたが話す道徳的な世界について、一生ぬぐいさることができない幻想的な観念をつくりあげるだろう、ということは確実だと思っていい。

子どもと議論すること、これはロックの重要な格率だった。これはこんにちではひじょうに流行している。しかしながら、その結果は、それを信用させるにふさわしいものとは思えないようだ。そして、わたしには、人といろいろ議論をしてきた子どもくらい愚かしい者はないようにみえる。人間のあらゆる能力のなかで、いわばほかのあらゆる能力を複合したものにほかならない理性は、もっとも困難な道を通って、そしてもっともおそく発達するものだ。しかも人は、それをもちいてほかの能力を発達させようとしている。すぐれた教育の傑作は理性的な人間をつくりあげることだ。しかも人は、理性によって子どもを教育しようとしている。それは終わりにあるものからはじめることだ。つくらなければならないものを道具につかおうとすることだ。子どもが道理を聞きわけるものなら、かれらを教育する必要はない。しかも人は、子どもがごく幼いときから、かれらの理解しないことばを語ることによって、なにごともことばですませる習慣をつけさせ、人が言うことをすべて検討させ、自分を先生と同じようにかしこい人間と考えさせ、議論ずきな反抗児になるようにしつけているのだ。そして、合理的な動機によって子どもにもとめようとしていることはすべて、そこにかならず結びつけなければならない羨望の念、恐怖心、あるいは虚栄心という動機によってしか得られないのだ。

人々が子どもにたいして行なっている、あるいは行なうことができるあらゆる道徳教育はほぼつぎのような公式に要約することができる。

先生　そういうことをしてはいけない。
子ども　なぜこういうことをしてはいけないのですか。
先生　それは悪いことだから。
子ども　悪いこと。どういうことが悪いことなのですか。
先生　とめられていることです。
子ども　とめられていることをすると、どんな悪いことがあるのですか。
先生　あなたはいうことをきかなかったために罰をうける。
子ども　ぼくは人にわからないようにします。
先生　だれかがあなたを見はっているでしょう。
子ども　ぼくはかくれてするでしょう。
先生　あなたはたずねられるでしょう。
子ども　ぼくはうそをつきます。
先生　うそをついてはいけない。

子ども　なぜうそをついてはいけないのですか。

先生　それは悪いことだから。……

これはさけがたい循環だ。この外へ出れば、あなたがたの言うことは子どもにはもうわからないだろう。これはまことに有益な教訓ではないか。この対話のかわりに、人はどんなことをもちだせるか。ぜひそれを知りたいものだ。ロックその人さえひどく当惑させられたにちがいない。善と悪を知ること、人間の義務の理由をさとること、それは子どもにできることではない。

自然は子どもが大人になるまえに子どもであることを望んでいる。この順序をひっくりかえそうとすると、成熟してもいない、味わいもない、そしてすぐに腐ってしまう速成の果実を結ばせることになる。わたしたちは若い博士と老いこんだ子どもをあたえられることになる。子どもには特有のものの見方、考え方、感じ方がある。そのかわりにわたしたちの流儀を押しつけることくらい無分別なことはない。そしてわたしは、十歳の子どもに判断力があるなら、身の丈も五尺ぐらいあっていいのではないかと思う。じっさい、そんな年ごろの子どもに理性がなんの役にたつというのか。理性は力のブレーキとなるものだが、子どもはそういうブレーキを必要としていない。

あなたがたは子どもに服従の義務をなっとくさせようとして、いわゆる説得に、力とおどしを、あるいはもっと悪いことに、ごきげんとりと約束をつけくわえる。そこで、利益にひきよせられるか力に強制されて、子どもは道理をなっとくしたようなふりをする。服従か反抗があなたがたにわかれば、服従は自分の得になり、反抗は損になることを、子どもはよく知っている。ところが、あなたがたは子どもにいやなことばかり要求するし、他人の意志によってなにかするのはいつもつらいことだから、子どもは、自分の思ったとおりにするときには、いつも隠れてやり、いうことをきかないことが人に知られなければいいのだと考える。しかし、それがわかると、もっと悪いことにならないように、すぐに悪いことをしたことをみとめようとする。義務の理由はかれらの年ごろには考えられないから、かれらに心からそれを感じさせることはどんな人にもとてもできない。しかし、罰をうけはしないかという心配、赦《ゆる》しが得られるという希望、うるさくきかれること、どう答えていいかわからない当惑が、子どもに問いつめられたことをすべてうちあけさせる。そして、人は子どもを説得したと思っているのだが、子どもはただ、やりきれなくなったり、おじけがついてしまったりしただけの話だ。

それでどういうことになるか。第一に、あなたがたは、子どもにわかりもしない義務を押しつけることによって、あなたがたの圧制にたいして不愉快な思いをさせ、あなたがたを愛さなくなるようにしているのだ。褒美《ほうび》をせしめるために、あるいは罰をまぬがれるために、ごまかしたり、うそをついたりすることを教えることになるのだ。さらに、ひそかな動機をいつも見せかけの動機でかくして、たえずあなたがたをだまし、かれらのほんとうの性格を知ることをさまたげ、機会あるごとにあなたがたやほかの人にむなしいことばで返事をする手段をあなたがた自身があたえることになるのだ。法律というものは、良心にとっては義務的なものだが、大人にたいしてやはり拘束をくわえている、とあなたがたは言うかもしれない。そのとおりだ。しかし、そういう大人は教育によってそこなわれた子どもにほかならないのではないか。それこそまさに防止しなければならないことだ。子どもにたいしては力を、大人にたいしては道理をもちいるがいい。それが自然の秩序だ。賢者は法律を必要としない。

　生徒をその年齢に応じてとりあつかうがいい。まずかれをその場所において、そこにしっかりとどめておき、そこから抜けだせないようにすることだ。そうすれば、知恵とはどういうものかを知るまえに、子どもはもっとも重要な知恵の教えを実行することになる。生徒にはぜったいになにも命令してはいけない。どんなことでもぜったいにいけない。あなたがたはかれにたいしてなんらかの権威をもつと思っていることを子どもに考えさせてもいけない。生徒にはただ、かれが弱い者であること、そしてあなたがたが強い者であることをわからせるがいい。かれの状態とあなたがたの状態とによってかれが必然的にあなたがたに依存していることをわからせるがいい。それを知らせ、それを教え、それをわからせるがいい。かれの頭上には、自然が人間にくわえるきびしい束縛が、必然の重い軛《くびき》が課せられていること、あらゆる有限な存在はそれに頭をたれなければならないことを、はやくからさとらせるがいい。その必然を事物のうちにみいださせるがいい。けっして人間の気まぐれ(三三)のうちに見させてはならない。かれをおしとどめるブレーキは力であって、権威であってはならない。してはならないことを禁じてはいけない。なんの説明もしないで、議論もしないで、それをするのをさまたげるがいい。かれにあたえるものは、懇願されなくても、嘆願されなくても、なによりも無条件で、最初にくれと言われたときにあたえるがいい。こころよくあたえるがいい。ことわるときは遺憾な面持ちでことわるがいい。しかし、ことわったらぜったいにそれを取り消さないことだ。どんなにせがまれても心を動かされてはいけない。「だめ」といったら、このことばは鉄の扉《とびら》であってもらいたい。それにたいして子どもは、五回か六回、力をつかいはたしたあげくにはもうそれを打ち破ろうとはしなくなるだろう。

　そういうふうにすれば、ほしいものがもらえないときでも、忍耐づよく、むらがなく、あきらめのいい、落ち着いた子どもにすることができる。人間の本性は事物からくる必然にはじっと耐えることができるが、他人の悪意にたいしてはがまんできないのだ。

「もうないから」ということばは、それにたいして子どもがけっして反抗したことがない返事だ。もっとも、それはうそだと子どもが考えるばあいは別だ。それにまた、こういうときには中間の道はない。子どもにはぜんぜんなにも要求しないか、それとも子どもをはじめから完全に押さえつけるか、いずれかにしなければならない。いちばん悪い教育は子どもを自分の意志とあなたがたの意志とのあいだに動揺させ、あなたがたと子どもと、たがいに勝とうとして、たえず言い争いをすることだ。そんなことをするくらいなら、子どもがいつも勝っているほうがはるかにましだと思う。

まことに奇妙なことに、子どもを教育しようと考えて以来、人は子どもを導いていくために、競争心、嫉妬心、羨望の念、虚栄心、貪欲、卑屈な恐怖心、といったようなものばかり道具につかおうと考えてきたのだが、そういう情念はいずれもこのうえなく危険なもので、たちまちに醱酵し、体ができあがらないうちにもう心を腐敗させることになる。子どもの頭のなかにつぎこもうとする先ばしった教訓の一つ一つはかれらの心の奥底に悪の種をうえつける。無分別な教育者は、なにかすばらしいことをしているつもりで、善とはどういうことであるかを教えようとして子どもを悪者にしている。そのあとでかれらはわたしたちにむかっておごそかな口調で言う。「人間とはこうしたものだ。」そのとおり、きみたちがつくりあげた人間はそうしたものなのだ。

人はあらゆる手段をもちいるが、ただ一つだけはもちいない。しかもこれだけが成功に導くものなのだ。それはよく規制された自由だ。可能なことと不可能なことについての法則だけで子どもを思うままに導いていくことができないなら、子どもを教育しようなどと考えてはならない。可能なことと不可能なこととの範囲はどちらも子どもにはわかってはいないから、子どもを中心にして思うままにそれをひろげたり、ちぢめたりできる。わたしたちは子どもを束縛し、押しやり、ひきとめる。ただ、必然の絆《きずな》をもちいてそうするのであって、子どもがそれにたいして不平を言えないようにする。事物の力だけで子どもを柔軟に、そして従順にして、子どものうちにどんな悪も芽ばえさせないようにする。なんの結果ももたらさないかぎりは、けっして情念は刺激されることはないからだ。

ことばによってどんな種類の教訓も生徒にあたえてはならない。生徒は経験だけから教訓をうけるべきだ。どんな罰もくわえてはならない、生徒は過ちをおかすとはどういうことか知らないのだから。けっしてあやまらせようとしてはならない、生徒はあなたがたを侮辱するようなことはできないのだから。その行動にはいかなる道徳性もないのだから、生徒は罰をうけたり、しかられたりするような、道徳的に悪いことはなに一つすることができない。

わたしにはもうよくわかる。恐れをなした読者は、そういう子どもをわたしたちのまわりにいる子どもとくらべて考えてみるだろう。それは読者の思いちがいだ。あなたたたが生徒にくわえているたえまない拘束は、活発な生徒の心をいらだたせる。あなたがたがいるところでは拘束されているだけに、そこからのがれると生徒はいっそうひどくさわぎたて、それができるばあいには、どうしてもくわえられているきびしい束縛の埋め合わせをしなければならない。都会の二人の生徒は村ぜんたいの子どもよりもっとひどく村を荒らしまわることだろう。りっぱな家の子どもと農夫の子どもを同じ部屋に閉じこめてみるがいい。農夫の子どもがまだじっとしているうちに、りっぱな家の子どもはなにもかもひっくりかえし、ぶちこわしてしまうだろう。なぜか。しばらくのあいだあたえられた放任状態を、一方はいそいで濫用しようとするが、もう一方の子どもは、いつも自分が自由であることを知っているので、いそいでその自由をもちいるようなことはけっしてしない。そのほかに理由は考えられない。しかも農村の子どもも、たいていは甘やかされたり、意志をさまたげられたりしていて、わたしがこうあってほしいと考えている状態からははるかに遠いところにあるのだ。

自然からくる最初の衝動はつねに正しいということを疑いえない格率として示しておく。人間の心には生まれつきの不正というものは存在しない。そこにみいだされる悪はすべて、どういうふうにして、どんな道を通ってはいりこんだか、説明することができる。人間にとって自然な唯一の情念は自分にたいする愛、つまり、ひろい意味における自尊心だ。この自尊心は、それ自体においては、あるいは、わたしたちにかんするかぎりは、よいもの、有益なものだ。そしてそれは、必然的に他人と関係のあるものではないから、この点においてはもともと利害のないものだ。それを適用するとき、そして、なにものかと関係が生ずるときにはじめて、それはよいものともなり、悪いものともなる。自尊心を導くもの、つまり理性が発達するまでは、子どもは、だから、人に見られているからといって、聞かれているからといって、一言でいえば、他人との関係を考えてなにかしないようにすることが大切だ。ただ自然がかれにもとめることをしなければならない。そうすればかれのすることはすべてよいことになる。

かれはけっして害をおよぼすようなことはしないだろう、自分の身を傷つけることもないだろう、手の届くところに高価な家具があってもたぶんこわさないだろう、などとわたしは言うつもりはない。かれは多くの悪いことをするかもしれないが、悪いことをしたことにはならないだろう。悪い行為というものは害をあたえようという意図によるのであって、かれはけっしてそういう意図をもたないからだ。もし一度でもそういう意図をもつことになったら、万事はそれでおしまいだ。かれはほとんど救いようのない悪者になるだろう。

けちんぼの目から見れば悪いことも、理性から見ればそうでないことがある。子どもに完全な自由をあたえて騒がせておくときには、大きな損害になるようなものはすべて子どもから遠ざけ、すぐこわれるようなもの、貴重なものはなに一つ手の届くところにおかないようにしたほうがいい。子どもの部屋には粗末で頑丈な家具を入れておくがいい。鏡や陶器や豪華な品物はおかないことだ。わたしのエミールはどうかといえば、わたしはかれを田舎で育てるが、かれの部屋には農夫の部屋に見られるものとちがったものはなにもないだろう。ほんの短いあいだしかそこにいないのに、いろいろと部屋を飾りたててもしかたがない。しかし、これはわたしの思いちがいだ。エミールは自分の手で部屋を飾るだろう。なんで飾るのか。それはやがてわかるだろう。

もしも、いくら用心しても、子どもがなにか乱雑にしたり、必要なものをこわしたりすることになっても、あなたがたの怠慢を子どものせいにして罰してはいけない。しかってはいけない。子どもに叱責のことばを一言も聞かせないようにすることだ。あなたがたにいやな思いをさせたということさえ子どもに気づかせてはいけない。まるで家具がひとりでにこわれたかのようにふるまうのだ。とにかく、あなたがたがなにも言わずにいることができるなら、ひじょうに多くのことを成しとげたと信じていい。

ここでわたしは教育ぜんたいのもっとも重大な、もっとも有益な規則を述べることができようか。それは時をかせぐことではなく、時を失うことだ。一般の読者よ、わたしの逆説を許していただきたい。深く考えてみると、逆説を言わなければならない。そしてあなたがたがなんと言おうとも、わたしは偏見にとらわれた人間であるよりは、逆説を好む人間でありたい。人生のもっとも危険な期間は生まれたときから十二歳までの時期だ。それは誤謬と不徳が芽ばえる時期で、しかもそれを絶滅させる手段をもたない時期だ。そして、その手段が手にはいったときには、悪はすでに深い根を張って、もはやそれを抜きさることができない。子どもが乳飲み子からいっぺんに理性の時期に到達するものなら、人々があたえている教育もかれらにふさわしいものとなるかもしれない。しかし、自然の歩みによって、かれらにはまったく逆の教育が必要なのだ。魂がその全能力を獲得するにいたるまでは、子どもはその魂によってなにかしないようにすることが必要なのだろう。子どもの魂があなたがたのさしだす光りをみとめることは不可能なのだ。それはまだ盲目なのであって、どんないい目をもっている者にもまだ理性がぼんやりとしか示さない道を、ひろい観念の野を通って、たどっているのだ。

初期の教育はだから純粋に消極的でなければならない。それは美徳や真理を教えることではなく、心を不徳から、精神を誤謬からまもってやることにある。あなたがたがなに一つしないで、なに一つさせないでいられるなら、あなたがたの生徒を、右手と左手を区別することも知らせずに、健康で頑丈な体にして十二歳まで導いていけるなら、あなたがたの授業の第一歩からかれの悟性の目はひらけて理性の光りを見るだろう。なんらの偏見ももたず、なんらの習性ももたないかれは、あなたがたの授業の効果をさまたげるようなものをなに一つもたないだろう。やがてかれはあなたがたに導かれて、人間のなかでこのうえなく賢明な者になるだろう。こうして、はじめにはなにもしないことによって、あなたがたはすばらしい教育をほどこしたことになるだろう。

一般に行なわれていることとまさに反対のことをするがいい。たいていのばあいよいことをすることになるだろう。人は子どもを子どもにしようとはせず、博士にしようとしているので、父親や先生は、しかったり、矯正したり、文句を言ったり、きげんをとったり、おどかしたり、約束したり、教えたり、道理を説いて聞かせたりすることを、どんなにはやくはじめてもはやすぎないと考えている。もっとうまくやることだ。合理的にやることだ。そして生徒とは議論しないことだ。とくに生徒がいやがることを承知させようとして道理を説いて聞かせるようなことはしないことだ。そんなふうに不愉快なことに道理をもちだすのは、それをやりきれないものにして、まだ道理を理解することができない精神に、はやくからそれを信用できないものと考えさせるにすぎない。肉体を、器官を、感官を、力を訓練させるがいい。しかし、魂はできるだけ長いあいだなにもさせずにおくがいい。いろいろな考えを評価する判断力が生まれるまえのあらゆる考えを恐れなければならない。外部からの印象を押しとどめ、さえぎらなければならない。そして悪が生まれてくるのをふせごうとして、はやく善を育てようといそいではいけない。理性が光りをあたえなければ、善もけっして善とはならないからだ。あらゆるおくれは利益となると考えるがいい。なにも失うことなしに目標に進むのはひじょうに大きな得をしたことになる。子どものうちに子どもの時期を成熟させるがいい。それにまた、子どもになにか教訓が必要になったとしても、あしたまで延ばしても危険がないなら、きょう教訓をあたえるようなことはさしひかえるがいい。

この方法の有利なことを確認させるもう一つの考慮は、子どもの特殊な天分にたいする考慮であって、子どもにどんな道徳教育がふさわしいかを知るためには、その天分を十分に知る必要がある。精神にはそれぞれ固有の形式があって、それに応じて導かれる必要がある。そしてあたえられる教育の成功には、ほかの形式ではなく、その固有の形式によって生徒が導かれることが大切だ。慎重な人は長い時間をかけて自然を洞察しなければならない。最初のことばを語るまえに十分に生徒を観察しなければならない。まず、生徒の性格の芽ばえを完全に自由に伸ばさせることだ。そのすべてをはっきりと見るために、どんなことでも強制してはいけない。この自由の時はかれにとってむだにすごされたものと考えられようか。まったく反対だ。それはもっともよくもちいられた時になるだろう。そうしてこそあなたがたはもっと貴重な時に一瞬間もむだにしないことを教えられるのだ。ところが、なにをすべきかを知るまえに、はじめから行動に移るとすれば、行きあたりばったりに行動することになる。どうしても思いちがいをすることになるので、あともどりしなければならなくなる。はやく目的に到達しようなどと考えなかったばあいよりずっと目的から遠ざかることになる。だから、なに一つ失うまいとしてたくさんのものを失うことになるけちんぼのようなことはしまい。最初の時期には時を犠牲にしてもっと進んだ時期になっていっそう多くの時をとりもどすがいい。賢明な医者はちょっと診察しただけで、深く考えもせずに、処方をあたえるようなことはしない。はじめに病人の体質を見きわめなければ、なに一つすすめるようなことはしない。治療をはじめるのはおそくても、かれは病人を回復させる。ところが、やたらにいそぐ医者は病人を殺してしまう。

しかし、こんなふうに、子どもをまるで無感覚な存在のように、自動人形のように育てるには、かれをどこにおいたらいいのか。月の世界に、人が住んでいない島に閉じこめるのか。あらゆる人間から遠ざけておくのか。子どもはたえずこの世界で他人の情念のあらわれや実例をみることになるではないか。かれと同じ年ごろのほかの子どもをけっして見てはならないのか。父母に、隣人に、乳母や付き添いの女や、従僕に、さらに先生にも会ってはならないのか。先生といえども結局は天使ではないのだ。

この異論は強固な異論である。しかし、わたしは自然の教育というものがやさしい仕事であるなどと言っただろうか。ああ、人間よ、あなたがたがすべてのよいことをむずかしくしてしまったからといって、それがわたしの責任だろうか。わたしはそういう困難を感じている。それを承知している。おそらくそれは克服できない困難だろう。それにしても、それに対抗しようと努力するなら、ある点まで対抗できることは確実だ。わたしは人々が設定しなければならない目標を示す。わたしは、そこに到達できるだろうとは言わないが、いっそうそれに近づいた者がいちばん成功したことになるだろう、と言っておく。

一人の人間をつくることをあえてくわだてるには、その人自身が人間として完成していなければならない、ということを忘れないでいただきたい。考えていることの実例を自分のうちにみいださなければならない。子どもがまだなにも知識をもっていないあいだは、子どもに近づくすべての者に、最初に子どもが見てもいいものだけを見させるようにすることができる。あなたがたをすべての人から尊敬されるようにすることだ。まず人から愛されてみんながあなたの気に入るようにしようという気にならせることだ。子どものまわりにいるすべての人の先生になれなければ、子どもの先生になることはできない。そして、そういう権威は、美徳にたいする尊敬の念にもとづくのでなければ、けっして十分とはいえない。財布の底をはたいて、金をばらまくことが問題なのではない。金銭が人を愛させることになった例をわたしはこれまで見たことがない。けちんぼだったり、不人情だったりしてはいけない。助けてやれる貧乏人をあわれむだけではいけない。しかし、いくら金庫をひらいてもむだだ。心をひらかなければ相手の心もいつまでも閉ざされている。あなたがたの時間を、心づかいを、愛情を、あなたがた自身を、あたえなければならない。どんなことをしたところで、あなたがたの金はあなたがた自身ではないことを、人はいつも知っているのだ。どんなものをくれてやるよりももっと効果のある、そして現実的にいっそう有益な関心と好意のあらわしかたがある。どれほど多くの不幸な人や病人は、施し物よりもなぐさめを必要としていることか。金よりも保護を必要としているどれほど多くのしいたげられた人がいることか。けんかしている人を仲直りさせるがいい。訴訟を未然にふせぐがいい。子どもにその務めを行なわせ、父親に寛大な心をもたせるがいい。幸福な結婚をすすめるがいい。人の心を傷つけるようなことはやめさせるがいい。正しい裁きをあたえられず、権力者に苦しめられている弱い者のために、あなたがたの生徒の父母の信用を惜しみなくもちいさせるがいい。自分は不幸な者の味方であると声高く宣言するがいい。正しく、人間的で、情けぶかくあれ。施し物をあたえるだけではなく、人々をいつくしむがいい。慈悲ぶかい行為は金よりも多くの苦しみをやわらげる。ほかの人たちを愛するがいい。そうすればほかの人たちもあなたがたを愛するだろう。かれらの役にたつことをするがいい。そうすればかれらもあなたがたの役にたつことをしてくれるだろう。かれらの兄弟になるがいい。そうすればかれらはあなたがたの子どもになるだろう。

これもまた、エミールを田舎で、いやしい下僕たちのいないところで、育てたいと思っている理由の一つだ。そういう下僕たちはかれらの主人のつぎに席を占める人間のくずだ。子どもにとって誘惑の多い、そして伝染病のようにうつされる恐れのある、まやかしものでおおわれている都会のけがらわしい風習から遠く離れていることにしよう。一方、農民の悪習は、それを飾りたてるものもなく、生地のままあらわれているから、それをまねする気にもなれないので、心をひかれるどころか、いや気がさしてくる。

村では、教師は子どもに見せたいと思うものをはるかに自由にすることができる。教師の評判やことばや範例は、都会ではもつことができない権威をもつことになる。すべての人に役にたつ人間として、人々はみなあらそってかれに好意を示し、かれに尊敬されることを願い、人々は教師がじっさいにこうあってほしいと思われるような者として弟子のまえにあらわれることになる。そして悪い習慣をなおせないとしても、人々は目に立つようなことはさしひかえることになる。こういうことがわたしたちの目的を達成するために必要なことのすべてだ。

あなたがた自身の過ちを他人のせいにするのはやめるがいい。子どもが目にする悪いことは、あなたがたが教える悪いことほど子どもを堕落させることはない。たえず説教したり、道学者めいたことを言ったり、学者ぶったりしていると、よいことだと思って子どもにあたえる一つの観念にたいして、同時に二十もの別のよくない観念をあたえることになる。あなたがたの頭のなかにあることばかり考えていて、子どもの頭に生みだされる結果がわからないことになる。たえず子どもたちを悩ましているあなたがたの長ったらしいおしゃべりのなかに、子どもがまちがえてつかんでいることばは一つもないとあなたがたは考えているのだろうか。子どもは自分の流儀であなたがたのらちもない説明を解釈しているのではないか、そこから自分の能力にふさわしい体系をつくる材料をみつけだし、それでなにかの機会にあなたがたに反対することになるのではないか、というようなことをあなたがたは考えているのだろうか。

いろいろなことを教えこまれたお人よしの子どもの言うことを聞いてみるがいい。その子にしゃべらせ、質問させ、勝手に無茶なことを言わせてみるがいい。あなたがたの議論が子どもの頭のなかでとることになった奇怪な形にあなたがたはびっくりすることだろう。かれはなにもかも混同し、ひっくりかえし、あなたがたをいらいらさせ、ときには思いがけない反対をもちだしてあなたがたをがっかりさせるだろう。あなたがたは沈黙するか、子どもを沈黙させるかしなければならなくなるだろう。そして子どもは、しゃべることのたいへん好きな人間がそうして黙ってしまったばあい、どう考えることだろう。そんなふうにして子どもが勝利を得ることになったら、おまけにそれに気がついたとしたら、教育はおしまいだ。そうなったら、なにもかもおしまいで、子どもはもはや学ぼうとはせず、あなたがたを反駁《はんばく》しようとするだろう。

熱心な教師たちよ、単純であれ、慎重であれ、ひかえめであれ。相手の行動をさまたげるばあいを除いてけっしていそいで行動してはいけない。わたしはたえずくりかえして言いたいのだが、悪い教育をあたえることにならないように、よい教育をできるだけおそくあたえるがいい。自然が人間の最初の楽園にしたこの地上で、無邪気な者に善と悪との知識をあたえようとして、誘惑者の役割りを演じることになるのを恐れるがいい。子どもが外で実例によって教えられるのをさまたげることができないとしたら、そういう実例が子どもにふさわしい姿で精神にとどめられるようにする、それだけに心をもちいるがいい。

激しい情念はその場にいあわせる子どもに大きな影響をおよぼす。それはひじょうにはっきりと外にあらわされ、子どもはそれに心をうたれ、注意をはらわずにはいられないからだ。とくに怒りは、興奮状態にあるばあい、たいへんな騒ぎをひきおこすので、近くにいる者はそれに気づかないでいることは不可能だ。それは教育者にとってすばらしい演説を試みる機会ではないかなどと考えてはいけない。すばらしい演説、とんでもない。そんなものはぜんぜん無用だ。一言もいってはいけない。子どもを連れてくるがいい。その光景に目を見はって、子どもはかならずわけをたずねるだろう。答えはかんたんにするがいい。それはかれの感覚にうったえるもの自体からひきだされる。まっ赤な顔、きらきら光る目、相手をおどかす身ぶりを見、どなる声を聞く。肉体が安らかな状態にないことを示すあらゆるしるし。子どもには、落ち着いた態度で、別になんのふしぎもないといった調子で、こう言うがいい。このきのどくな人は、病気なのだ。熱でふるえているのだ。こう言えばあなたがたは子どもに、病気とその結果について、一、二、三のことばである観念をあたえてやる機会をもつことになる。それもまた、自然に生じること、必然の絆の一つであって、子どもは自分もまたそれにしばられていることを感じなければならないのだ。

そういう観念はいつわりのものではないので、それにもとづいて子どもははやくから激しい情念にとらえられるのを病気とみなし、それにある種の嫌悪を覚えずにはいないのではないか。そして、こういう観念は適当にあたえられれば、退屈な道徳のお説教と同じくらい有益な結果を生みだすことにはならないと考えられようか。しかし、そういう観念の将来における結果をみていただきたい。そういうふうにすれば、あなたがたは、やむをえないばあい、反抗的な子どもを病気にかかったものとしてとりあつかうことを許される。かれを部屋に閉じこめ、必要とあればベッドにねかせ、安静状態をたもたせ、子どもが自分でも芽ばえてきた悪い傾向におびえ、それをいまわしいもの、恐ろしいものと考えるようにさせ、子どもを矯正するためにおそらくやむをえずとることになったきびしい態度を、こらしめとは考えさせないようにすることができる。かりにあなたがた自身がなにかに興奮して、あなたがたの仕事に必要な冷静さとおだやかな態度を失うことになったばあいにも、そういう過ちを子どもにかくそうとはしないことだ。率直にやさしい非難をこめて、子どもにこう言ってやるがいい。あなたはわたしを病気にしたのです、と。

さらに、子どもにあたえられた単純な観念が生みだすあらゆる幼稚な考えかたをけっしてかれのいるまえで指摘したり、かれにわかるような調子で話したりしないことが必要だ。いちど不謹慎な大笑いをすれば、六カ月間の仕事を台なしにし、一生のあいだつぐなうことができない傷を残すことになりかねない。子どもの先生になるためには自分自身の支配者になれなければならないということをいくらくりかえしても十分とはいえない。二人のかみさんがけんかの花を咲かせているとき、幼いエミールが、よけい怒りくるっている女のほうへ歩みよって、同情にたえないといった調子で、こんなことを言う。「おばさん、あなたは病気なんですね。ほんとうにおきのどくなことです。」こういった情景をわたしは思い浮かべる。そうした思いがけないことばはかならずその場にいあわせた人々に、おそらくは二人の当事者にも、ある効果をあたえずにはおかないだろう。笑いもせず、しかりもせず、ほめもせず、わたしは、エミールがそのことばの効果に気がつくまえに、あるいはとにかくそれについて考えるまえに、むりにでもかれをその場から連れ去り、いそいでほかのことでかれの心をまぎらせ、できるだけはやくそのことを忘れさせることにする。

わたしの計画はあらゆる細部にたちいることではなく、ただ、一般的な格率を述べ、むずかしいばあいに実例を示すことにある。社会の内部にあっては十二歳になるまで人間対人間の関係について、また人間の行動の道徳性についてなんらかの観念をあたえることなしに子どもを育てることは不可能だとわたしは考える。ただ、そういう必要な観念をできるだけおそく子どもにあたえるように気をつけることだ。そして、それがどうしてもさけられなくなったときにも、さしあたって必要なことだけにかぎり、ただ、子どもが自分をあらゆるものの主人であるなどと考えないように、悪いことも知らずにやたらに他人に害をくわえることがないようにすることだ。なかにはおとなしい落ち着いた子もあって、そういう子はいつまでもなにも知らないままにしておいても危険はないが、なかにはまた激しい性質の子があって、はやくから狂暴な性格をあらわすから、そういう子ははやくから大人にしてやる必要がある。でなければ、かれらをしばりつけておかなければならなくなる。

わたしたちの第一の義務はわたしたちにたいする義務だ。わたしたちの原始的な感情はわたしたち自身に集中する。わたしたちの自然の動きはすべて、まず自己保存と自分の快適な生活に結びつく。そこで最初の正義感は、わたしたちがなすべき正義からではなく、わたしたちにたいしてなされるべき正義から生まれる。だから、子どもにまずかれらの義務について語り、かれらの権利について語らず、必要なこととは正反対のこと、子どもが理解できないこと、そしてかれらが関心をもつことができないことを最初に話すというのも、一般に行なわれている教育の矛盾の一つだ。

そこでわたしは、右に想定したような子どもの一人を導いていくとしたなら、こう考えるだろう。子どもというものは、人ではなく物（二四）を攻撃するのであって、やがてかれは、経験によって、年齢においても力においても自分より上にある者をだれでも尊敬することを学ぶ。しかし事物は自分で身をまもることはしない。そこで、子どもにあたえなければならない最初の観念は、自由の観念よりもむしろ所有の観念であるが、所有の観念をもつことができるためには、子どもが自分でなにかを所有していなければならない。衣類や家具やおもちゃを例にとりあげるのは、なんの意味もない。そういうものを子どもは自由にしているわけだが、なぜ、どうしてそれらを手に入れたのか、子どもは知らないからだ。人がくれたからもっているのだ、と言ったところで、たいしたことはわからない。あたえるためにはもっていなければならず、したがって、子どもが所有するまえに所有ということがあるのだが、説明しようとするのは所有ということの原理なのだ。それに、あたえるということは一つの約束ごとであるが、子どもにはまだ約束ごととはどういうことかわからないのだ。（二五）読者よ、お願いする、よく注意していただきたい。この例においても、他の無数の例においてもみられるように、人は子どもの能力ではなんの意味ももたないことばをかれらの頭におしこんで、しかもかれらを十分によく教育したと信じているのだ。

　そこで所有ということの起源にさかのぼることが問題となる。そこから最初の観念が生じてくるはずだからだ。子どもは、田舎で生活しているので、田園の仕事についてすでにいくらか知識をもっていることになるだろう。そのためには目とひまがあればたりるのだが、子どもにはそのどちらもある。創造し、模倣し、生産し、力と活動のしるしを示すことは、あらゆる年齢の人の望むところだし、とくに子どもの望むところだ。畑をたがやし種をまく、野菜がのび成長する、そういうことを二度と見ないうちに、子どもは自分でも畑仕事をやってみたくなるだろう。

すでにきめた原則にしたがって、わたしは子どもの望むことに反対しない。それどころかわたしはそれをすすめてやる。わたしは子どもと同じ趣味をもち、一緒に仕事をする。それもかれを喜ばせるためにではなく、自分の楽しみのためにだ。とにかく子どもはそう信じている。わたしはかれの作男になる。かれに力がついてくるまでのあいだ、わたしはかれに代わって畑をたがやす。かれはそこにそら豆を植えて、その土地を占有する。そしてこの占有はたしかに、ヌニェス・バルボア*が南の海の海岸に国旗をうちたててスペイン王の名において南アメリカを占有したときの占有行為よりもいっそう神聖で尊敬すべきものだ。

わたしたちは毎日そら豆に水をやりにくる。そら豆がのびてくるのを見てうれしくてたまらない。わたしは、これはあなたに所属するものです、と言ってかれの喜びをさらに大きくする。またそのとき、この所属するということばを説明して、わたしは、かれがそこに時間を、労働を、労苦を、要するにかれの体をついやしたこと、その土地にはかれ自身に属するなにものかがあるのであって、相手がだれであろうとかれは断固としてそれを要求できる、それは、ちょうど、かれがいやがるのにひきとめようとする他人の手から自分の腕をひきぬくことができるのと同じことである、ということをわからせる。

ある朝、かれは如露《じょろ》を手にしていそいそとやってくる。おお、なんという光景！　なんといういたましい光景！　そら豆はみんなひきぬかれている、畑はめちゃめちゃに掘りかえされている。その場所さえわからなくなっている。ああ、わたしの仕事、わたしがつくったもの、楽しみにしていたわたしの心づかいと汗の結果はどうなってしまったのか。だれがわたしの財産を奪いさったのか。だれがわたしのそら豆を取ってしまったのか。幼い心は憤激する。不正にたいする最初の感情がそこに悲しみと恨みをそそぎこむ。涙がとめどなく流れてくる。悲嘆にくれた子どもはうめき叫んで空気を振動させる。わたしはかれの苦しみと怒りに同情する。いろいろとしらべ、たずね、追求してみる。ようやく、そういうことをした犯人は園丁だということがわかる。そこで園丁を連れてこさせる。

ところがわたしたちはまるでけんとうちがいをしていたことになる。なんで苦情を言われているのかを知った園丁は、わたしたちよりもっと大きな声で苦情を述べはじめる。なんですって、みなさん、あなたがたこそこんなふうにわたしのつくったものを台なしにしてしまったんですよ。わたしはそこにマルタのメロンをまいておいたのです。わたしはその種を貴重な品としてもらったので、実がなったら、あなたがたにごちそうするつもりでいたんです。ところが、こんなふうに、あなたがたは、つまらないそら豆なんか植えるために、もうすっかり芽を出していた、かけがえのないわたしのメロンをだめにしてしまったんです。あなたがたはわたしにつぐなうことのできない損害をあたえ、それに、あなたがたもおいしいメロンを食べる楽しみを自分でなくしてしまったんですよ。

ジャン・ジャック　きのどくなロベールさん、ゆるしてくださいよ。あなたはそこにあなたの労働を、労苦をそそいだ。わたしたちがあなたのつくったものを台なしにするというようなまちがったことをしたことは十分にみとめます。しかし、わたしたちはあなたのためにあらためてマルタのメロンの種をとりよせることにしましょう。そして、わたしたちは、これからは、だれかほかの人がわたしたちよりまえに手をつけたかどうかたしかめずに畑をたがやすようなことはしないことにします。

ロベール　ああ、けっこうですよ、だんなさま。そんならあなたがたはじっとしていればいいんですよ。たがやしてない土地なんてもうほとんどありませんからね。わたしはおやじが手がけた土地をたがやしているんです。みんなもやっぱりそうしているので、あなたがたがごらんになる土地はみんな、もうずっとまえからあいてはいないんです。

エミール　ロベールさん、じゃ、ときどきメロンの種がだめにされることがあるんですか。

ロベール　かんべんしてくださいよ、坊っちゃん。あなたのようなぼんやりものの若様なんてそうしょっちゅういるもんじゃありませんからね。だれも隣りの人の畑に手を出す者はありませんよ。だれでもみんな他人の労働に尊敬をはらいます、自分の労働も確実に保証されるようにね。

エミール　でも、ぼくには畑がない。

ロベール　それがわたしになんの関係があるんです？　もし、あなたがわたしの畑を荒らすようなことをするなら、わたしはこれからもう畑を歩かせませんよ。なぜって、おわかりでしょう、わたしはむだな骨折りはしたくありませんからね。

ジャン・ジャック　ロベールさんにこんな相談をもちかけることはできないかしら。ロベールさんはわたしたち、わたしの小さい友だちとわたしに畑の隅をすこしばかり耕作することを許してくれる、できたものの半分はロベールさんにあげるという条件で、といったようなことを。

ロベール　それは無条件でおゆずりします。ただ、覚えておいてくださいよ、もしわたしのメロンに手をふれたら、わたしはあなたがたのそら豆をほじくりかえすことにしますからね。

子どもに原始的な観念をのみこませる方法についてのこのようなこころみには、所有の観念がおのずから労働による最初の占有者の権利にさかのぼるみちすじが明らかに見られる。これは明確、単純で、しかもすべて子どもの能力で理解できることだ。そこから所有権と交換ということにいたるには、ただ一歩すすめばいいが、そのあとは説明をうちきらなければならない。

さらに、ここでわたしが二ページで書いた説明は、実行するばあいにはおそらく一年の仕事になるだろう、ということがわかる。道徳的な観念をたどるにはできるだけゆっくりと進まなければならないし、一歩ごとにできるだけ確実に足を踏みしめなければならないからだ。若い教師たちよ、わたしはお願いする。この範例をよく考えて、あらゆることにおいてあなたがたの教訓がことばによってではなく、行動によって示されなければならないということを忘れないでいただきたい。子どもは自分が言ったり、人から言われたりしたことはすぐに忘れてしまうものだが、自分がしたり、自分のために人がしてくれたことはなかなか忘れないものだ。

こうした教訓は、すでに述べたように、生徒の性質がおとなしいか騒々しいかで、その必要がはやめられるかおくれてもいいことになるから、それによって、あるいははやくから、あるいはおそくなってからあたえられるべきだ。そのやりかたは一見して明らかなことだ。しかし、むずかしいことがらで、重要なことを見落とさないようにするために、もう一つ例をあげることにする。

あなたがたの気むずかしい子どもがなんでも手あたりしだいにぶちこわすとしても、腹を立ててはいけない。子どもがこわすおそれのあるものを手の届かないところにおくことだ。子どもが自分のつかっている家具をぶちこわす。すぐに代わりのものをあたえてはいけない。それがなくなったために生じる損害を子どもに感じさせるがいい。子どもが部屋の窓をぶちこわす。昼間でも夜でも風の吹きこむままにしておくがいい。子どもがかぜをひきはしないかと心配しなくてもいい。ばか者になるよりかぜでもひいたほうがましだから。子どもがもたらした困った状態についてけっしてぶつぶつ言ってはいけない。むしろだれよりも子ども自身がその困った状態を感じるようにするがいい。そのあとで、あいかわらずなにも言わないで、ガラスを入れかえさせる。それをまた子どもがこわす。そのときはやりかたを変えるがいい。そっけない調子で、しかし怒ったりしないで、子どもにこう言ってやるといい。この窓ガラスはわたしのものです。わたしが手間をかけて入れたのです。わたしはそれがこわれないようにしたい。そう言って子どもを窓のない暗いところに押し込めるのだ。このまったく思いがけないやりかたに、子どもはどなり、あばれはじめる。しかし、だれもそれに耳を傾ける者はいない。しばらくすると子どもはくたびれてしまって、調子が変わってくる。子どもはうったえたり、うめいたりする。召使いがやってくると、そのあばれん坊はここから出してくれないかとたのむ。出してやらないためになにか口実をもちだすようなことはせず、召使いはこう答える。「わたくしもガラスを割られたくありませんので。」そう言ってかれは行ってしまう。結局、子どもは何時間かそうした状態にあって、やりきれなくなり、そういう経験を十分おぼえていられるくらい長いあいだそこにいたあとで、だれかが、先生と仲直りして、もうガラスをこわさないから自由にしてくれと申し出るようにすすめる。それは子どもにとって願ってもないことになる。子どもはあなたに来てくれるようにとたのんでよこすだろう。あなたは子どものところへ行く。子どもが右のようなことを申し出たら、あなたは即座にそれをうけいれて、こう言ってやるがいい。それはけっこうなことです。わたしたちはおたがいに得をすることになるでしょう。なぜあなたはもっとはやくそういういい考えをもたなかったんでしょう、と。それから、子どもに誓約も約束の確認ももとめないで、喜んで子どもを抱擁し、すぐに部屋に連れ帰るがいい。そしてその仲直りを、おごそかな誓いをたてたばあいと同じように、神聖にしておかすべからざるものと考えるのだ。そうしたやりかたによって、誠実な約束とその効用について子どもがどんな考えをもつことになるか、あなたがたにはおわかりだろうか。すでに天性をそこなわれている子どもでなければ、こうしたやりかたをしても手におえない子ども、そしてあとでまた故意にガラスを割ろうとするような子どもが世の中に一人でもいるとしたら、わたしはたしかに思いちがいをしているのだ。こういうことの道すじをよく考えてみるがいい。腕白《わんぱく》な子どもはそら豆を植えるために土を掘りかえしながら、かれの知識がやがてそこへかれを閉じこめることになる牢獄を掘っていることなど、ほとんど考えていなかったのだ。(二六)

　こうしてわたしたちは道徳的な世界にはいってくる。そこで不徳への扉がひらかれる。約束とか義務とかいうことともに、いつわりやうそが生まれてくる。してはならないことをするようになると、してはならなかったことを隠そうとする。利害によってなにか約束することになると、もっと大きな利害がその約束を破らせることになる。そうなると約束を破っても罰をうけないでいられることだけを考える。当然、抜け道ができてくる。隠れてなにかしたり、うそをついたりする。不徳をふせぐことができなかったわたしたちは、こんどはそれを罰しないわけにはいかないばあいにたちいたる。こうして人生の不幸はその過ちとともにはじまる。

子どもにはけっして罰を罰としてくわえてはならないこと、それはいつもかれらの悪い行動の自然の結果としてあたえられなければならないこと、そういうことをわかってもらうために、わたしはすでに十分多くのことを述べた。だから、うそにたいしてもやかましいことをならべたててはいけない。うそをついたからといって、そのためにも子どもを罰してはいけない。そんなことはしないで、うそから生まれるあらゆるよくない結果を、たとえばほんとうのことを言っても信じてもらえないこと、悪いことをしないのにいくら弁解しても非難されること、そういったことを、子どもがうそをついたばあい、かれらの頭上にふりかからせるがいい。それにしても、子どもにとってはうそをつくとはどういうことか、それを説明することにしよう。

うそには二つの種類がある。過ぎ去ったことについての事実のうそと、これからありうべきことについての当為のうそだ。自分がしたことを否認したり、しなかったことをしたと言いはるばあい、つまり、一般的に言って、意識的に真実に反したことを語るばあいには、事実のうそをついていることになる。まもる意志のない約束をするばあい、そして一般的に言って、考えていることとは反対の意向を表明するばあいには、当為のうそをついていることになる。この二種類のうそは、ときには同じ一つのうそのなかに混り合っていることがある。(二七) しかし、ここではそれらをちがったものとして考えることにする。

ほかの人々の助けをかりる必要を感じている者、そしてたえずかれらの好意をうけている者は、かれらをだますことになんの関心ももたない。はんたいに、かれらがあるがままに事物を見てくれるかどうかに大きな利害をもつ。かれらが思いちがいをすることによって自分の損になることを恐れるからだ。したがって、事実としてのうそが子どもに自然に生じてくるものでないことは明らかだ。しかし、服従の掟がうそをつく必要を生みだす。服従するのはつらいことなので、できるだけ人に知られないようにそれをまぬがれようとするからだし、また、罰をまぬがれたり、叱責をまぬがれたりしようとするさしせまった利害の念が、真実を述べることによって生じる遠い将来の利害の念よりも強くはたらくからだ。自然のそして自由な教育においては、したがって、あなたがたの子どもはなぜあなたがたにうそをつく必要があろうか。子どもはあなたがたになにを隠す必要があるというのか。あなたがたは子どもをとがめはしないのだし、なに一つ罰しはしないのだし、子どもになに一つ要求しはしないのだから。子どもは自分の幼い仲間に話すときと同じように、かれがしたことをすべてありのままにあなたがたに話さないわけはない。すべてをうちあけたところで、かれは仲間からもあなたがたからも同じように、どんな危険をうける心配もないわけだ。

当為のうそは、なおさら不自然のことだ。なにかをするとかしないとかいう約束は、契約行為であって、自然の状態から逸脱したこと、自由を冒すことだからだ。さらにいえば、子どもの約束はすべて、それ自体無意味なことだ。かれらの限られた視野は、現在を超えて遠くおよぶことはないし、約束したからといって、どういうことをしているのか、子どもにはわかっていないからだ。約束するばあいにも、子どもはほとんどうそをつくことができない。現在のことを切り抜けようとだけ考えている子どもにとっては、すぐに結果のあらわれない手段はどんなことでも同じになるからだ。将来にたいする約束をするとき、子どもはなに一つ約束しているわけではない。そして、まだ眠っているかれの想像力は、二つの異なる時期にかれの存在をひろげることはできないのだ。あした窓から跳び降りると約束すれば、むちで打たれなくてもすむ、あるいはボンボンを一袋もらえるというなら、子どもはすぐにそういう約束をするだろう。だからこそ法律は子どもの約束ごとをいっさいみとめないのだ。そして、もっときびしい父親や先生が子どもに約束をまもることを要求するとしても、それは子どもが約束してなくても当然すべきことにかぎられる。

子どもは約束をするとき、どういうことをしているのか知らないのだから、約束をしたからといってうそをつくことにはならない。約束を破るときは同じようなことにはならない。それは遡及《そきゅう》的なうそということになる。子どもはその約束をしたことをよく覚えているからだ。しかし、かれには、約束を守ることがどんなに重大なことかということがわからないのだ。未来のことを読みとることができない子どもは、事物の結果を予見することはできない。だから約束を破ったときにも、子どもはその年齢にふさわしい理性にそむいたことはなに一つしてはいないのだ。

その結果として、子どものうそはすべて教師のしわざということになる。そして、子どもに真実を告げることを教えようとするのは、うそをつくようにと教えることにほかならない。一生懸命になって子どもを監督し、指導し、教えようとしながら、人々はそれに成功する十分な手段をけっしてみいだすことができない。人々は子どもの精神のうえに新たな影響力をもとうとして、根拠のない格率や理由のない教訓をもちだすが、かれらは子どもが教訓をよくわきまえていて、うそをつくほうが、無知のままでいて、うそをつかないより好ましいと思っているのだ。

わたしたちはどうかといえば、生徒には実用的な教訓だけをあたえ、生徒が学者になるより善良になったほうがいいと思っているわたしたちは、かれらに真実をもとめるようなことはしない。それを隠すようにさせることを恐れるからだ。破ることに心を誘われるような約束もけっしてさせない。わたしがいないあいだに、なにか損害が起こって、だれがしたのかわからなかったばあい、わたしはエミールをとがめたり、「あなたですか」と言ったりするようなことはしない。（二八）そんなことを言ったら、事実を否定することをかれに教えるばかりではないか。もし、かれの性質がどうにもあつかいにくくて、どうしてもなにか約束させなければならないとしたら、わたしはできるだけ上手な方法をとって、その申し出をいつもかれのほうからさせるようにして、けっしてこちらからもちださないようにする。かれが約束したときには、その約束をはたすことがいつもかれにとってすぐにはっきりとわかる利益をもたらすようにし、かりに約束を破ったなら、そのうそは困ったことをまねくことになるが、そういうことはまったく当然のなりゆきから生じたので、教師の腹いせのためではないことがわかるようにしてやる。しかし、わたしは、そういう残酷なやりかたにうったえる必要はないばかりでなく、エミールはずっとあとになってからやっと、うそをつくとはどういうことか知るだろうということ、それがなんの役にたつか考えることもできないので、それを知ってたいへんびっくりするだろうということは、ほとんど確実だと思っている。わたしがかれの快適な生活を他人の意志からも判断からもいっそう独立させることになれば、それだけまた、うそをつくことにたいするあらゆる関心をなくさせることになるということはまったく明らかなことだ。

いそいでなにか教えようとしなければ、いそいでなにかもとめることもないし、ゆっくり落ち着いて適当な時期にならなければなにももとめないことになる。その時期にならなければ子どもはそこなわれないままにおのずからできあがっていく。ところが、無能な教師がどうすればいいのかわからずに、たえずあれこれと無差別に、よく考えもせず、際限もなしに約束させると、そういうあらゆる約束を背負わされていやになってしまった子どもは、それをなおざりにし、忘れ、しまいにはどうでもいいことにして、それをみんなむなしい形式的なことと考え、おもしろがって約束したり、約束を破ったりするようになる。だから、約束したことに忠実であることをもとめるなら、多くのことをもとめてはいけない。

うそについて述べた以上のような細かいことは、多くの点において、そのほかのあらゆる義務にも適用することができる。そういう義務を人は子どもに押しつけるのだが、それは子どもにとって義務をいとわしいものにしているばかりではなく、実行不可能なことにもしているだけだ。人は子どもに美徳を教えているようにみえながら、あらゆる不徳を好ませるようにしているのだ。悪いことを禁じながら、悪いことを教えているのだ。信心ぶかい子どもにしようとして、子どもを教会に連れていって退屈させる。たえまなしにお祈りを唱えさせることによつて、神を祈らなくてもすむようになる幸福な時を待ち望ませる。慈悲ぶかい心をもたせようとして、人は子どもに施し物をさせるが、それはまるでそういうことは自分のすることではないと軽蔑しているようなものだ。じっさい、施しは子どものすることではない。それは先生のすることだ。生徒にいくらかでも愛着をもっているなら、先生はそういう名誉ある行為を子どもにさせないようにしなければならない。生徒の年齢にあってはまだそういうことをする資格がないことを考えさせなければならない。施しは自分があたえるものの価値と自分の仲間が感じている必要とをよくわきまえている人間のすることだ。子どもはそういうことはなにも知らないのだから、物をあたえてもけっしてよいことをしたことにはならない。かれは慈悲心をもたず、善行をすることにもならずに、物をあたえるのだ。自分のこと、あなたがたのことを考えて、施しをするのは子どもだけで、大人になるともうしないものだ、と考えると、子どもは物をあたえるのをほとんど恥ずかしく思うようになる。

子どもにあたえさせるのは、子どもがその価値を知らないもの、ポケットのなかにもっている金属の一片、子どもにとってはそれだけの意味しかないもの、にすぎないことに注意するがいい。子どもは一個のお菓子よりもむしろ百ルイの金貨を喜んでやってしまうだろう。しかし、この気前のいい施し物をする子どもに、かれにとって大切なもの、おもちゃとか、ボンボンとか、おやつにもらったものとかを、人にあたえるようにすすめてみるがいい。かれがほんとうに気前のいい人間になったかどうか、すぐにわかるにちがいない。

人はそういうことにもう一つの方法をもちいている。それはやったものをすぐに子どもに返してやって、すぐに戻ってくることがよくわかっているものをなんでもあたえるように習慣づけることだ。わたしは、子どもにはつぎのような二種類の気前のよさを見ているだけだ。かれらにとってなんの役にもたたないものをあたえること、それとも、確実に返してもらえることがわかっているものをあたえることだ。ロックは言っている。いちばん気前のいい者はかならずいちばん恵まれる者だということを経験によって子どもになっとくさせるようにせよ、と。それは見かけは気前がいいが、じつはけちんぼな子どもにすることになる。ロックはつけくわえて、子どもはこうして気前よくする習慣を身につけることになるだろう、と言っている。たしかにそうだ。しかし、それは高利貸し的な気前のよさで、玉子を一つ人にあたえて、牛を一匹手に入れようとするものだ。だから、本気になにかをあたえる段になると、そういう習慣も消え失せてしまう。返してもらえなくなると、やがてあたえることもやめてしまう。手の習慣よりむしろ心の習慣に注意しなければならない。人が子どもに教えるそのほかの美徳もすべてこれと同じようなものだ。そして、こういう堅実な美徳を説きながら人は子どもの若い日々を陰気なことですりへらしているのだ。まことにすぐれた教育ではないか。

教師たちよ、見せかけはやめることだ。有徳で善良な人間であれ。あなたがたの模範が生徒たちの記憶のうちにきざみこまれ、やがてはかれらの心情にまで沁《し》み透るようにするがいい。わたしは生徒にいそいで慈善行為をさせるようなことはせず、かれの見ているところで自分でそれをすることにしたい。そして、かれの年齢にはまだふさわしくない名誉ある行為として、そういうことでわたしのまねをする手段さえかれにもたせないようにしたい。人間の義務をたんに子どもの義務と考えさせないようにする必要があるのだ。わたしが貧しい人に救いの手をさしのべているのを見て、かれがわたしにそのわけをたずね、かれに返事をしてもよい時期にいたっているなら、(二九) わたしはかれにむかってこう言うだろう。「それはね、貧しい人たちが金持ちの存在することをみとめているなら、金持ちも、その財産や労働によって生活する手段をもたないあらゆる人を扶養する約束をしているからです。」「じゃ、あなたもそういうことを約束したんですか」とかれはまたきくだろう。「たしかに。わたしがわたしの手にはいる財産の所有者であるのは、その所有に結びついた条件をみたすかぎりにおいてなのです。」

こういう話を理解したあとでも、そして子どもにどうしてそれを理解させるかはすでに見たとおりだが、エミールは別として、ほかの子どもはわたしのまねをして、金持ちらしくふるまおうとするかもしれない。そういうばあいには、わたしは少なくともそれが見栄をはるための行為にはならないようにするだろう。わたしはむしろ、かれがひそかにわたしの権利を奪って、隠れてものをあたえるようであってほしいと思う。それはかれの年齢にふさわしいごまかしの一つだが、これだけはわたしも許してやるつもりだ。

そうした模倣による美徳はすべて猿の美徳であること、どんなよい行為もよいこととして行なったかぎりにおいてのみ道徳的によい行為であること、他人がそうするからといってしたのではそうはならないことをわたしは承知している。しかし、心情がまだなにも感じていない時代にあっては、どうしても子どもにその習慣をもたせようとする行為をまねさせ、やがては分別と善にたいする愛とをもってそれを行なうことができるようにさせなければならない。人間は模倣者である。動物でさえもそうだ。模倣にたいする この好みは十分に根拠のある自然にもとづいている。しかしそれは、社会においては不徳に変わってしまう。猿は恐れている人間のまねをし、軽蔑している動物のまねをしない。猿は自分よりすぐれている生き物がすることをよいことだと考えている。ところが、わたしたちのあいだでは、あらゆる種類の道化役者が美しいもののまねをしてその品位を落とし、それをこっけいなものにしようとしている。いやしい感情をもったかれらは自分より値うちのあるものを、自分とひとしいものにしようとしている。かれらが讃美しているもののまねをしようとするばあいにも、その対象の選択に模倣者の誤った趣味があらわれる。つまり、かれらはいっそうすぐれた者、いっそうかしこい者になろうとするよりも、むしろ他人を威圧し、自分の才能を賞讃させようとしているのだ。わたしたちのあいだにおける模倣の根本はいつも自分の外へ出ようとする欲望にもとづいている。もしわたしの計画が成功するなら、エミールはそういう欲望をけっしてもたないだろう。そこでわたしたちは、そういう欲望が生みだすような見せかけのよいものを必要としない者にならなければならない。

あなたがたの教育のあらゆる規則を深く考えてみることだ。そうすればそれらがすべて逆になっていること、とくに美徳とかよい風習とかいうことについてはすべてが逆になっていることがわかるだろう。子どもにふさわしい唯一の道徳上の教訓、そしてあらゆる年齢の人にとってもっとも重要な教訓、それはだれにもけっして害をあたえないということだ。よいことをせよという教訓でさえ、右の教訓に従属していなければ、危険で、まちがった、矛盾したことになる。どんな人にしろよいことをしない人があろうか。

すべての人はよいことをしている。悪人とても同様だ。悪人は百人のきのどくな人の犠牲において一人の人を幸福にしているのだ。そういうことからわたしたちのあらゆる災害が生まれてくるのだ。もっとも崇高な美徳は消極的なものだ。それはまたもっともむずかしいことだ。それは見ばえのすることではなく、人間の心にとってまことに快いあの楽しみ、わたしたちにたいして他人を満足させるというあの快い楽しみをさえ超えたことだからだ。けっして人々に害をくわえない人、ああ、そういう人が一人でもいるなら、その人はほかの人々にたいして必然的にどんなに大きな善を行なうことになるだろう。そういう人になるためには、どんなに勇敢な魂とどんなに力づよい性格とが必要とされることだろう。それに成功するのはどんなに偉大なことであり、どんなに骨の折れることであるかがわかるのは、この格率について議論するときではなく、その実践に努力するときだ。(三〇)

　以上、漠然としたいくつかの観念をあたえたことに気をつけて、子どもにときにはあたえないわけにはいかない教訓をあたえることにしてほしい。そういう教訓をあたえておかないと、子ども自身にも、ほかの人にも害をおよぼすことになりかねないし、とくに悪い習慣を身につけて、あとではどうにも矯正できないということにもなりかねない。しかし、そういう必要は正しく教育された子どものばあいにはめったに起こらないと安心していていい。そういう子どもが、言うことをきかない、たちのよくない、うそつきで欲ばりの子どもになるというのは、かれらをそういうふうにする悪の種を心のなかに植えつけなかったとしたら、ありえないことだからだ。だから、この点についてわたしが言ったことは、一般的な規則というよりはむしろ例外となるべきことだ。それにしても、こういう例外は、子どもがその環境の外へ出る機会が多くなり、大人の悪いことを覚える機会が多くなるにしたがって、いっそう多くなる。世間の人のあいだで育てられる子どもには、世間から離れて育てられる子どもにくらべて、もっとはやくから教訓をあたえることがどうしても必要になる。だから、世間から離れたところで教育するのは、たとえそれが十分に成熟する時を子どもにあたえるという利点をもつだけだとしても、いっそう好ましいことといえる。

恵まれた天性によってその年齢よりもぬきでている子どもにたいしては、それとは反対の別の種類の例外がある。子どもの状態をぬけだせない人間があるのと同様に、いわば子ども時代を経ないでほとんど生まれながら大人になっている人間もある。ただ、困ったことに、このあとの例外はごくまれであって、見わけるのがひじょうにむずかしく、それに母親というものはみんな、子どもは天才児でありうると考え、自分の子もそれにちがいないと思いこむ。母親は、それればかりでなく、ふつうの水準を示しているようなこと、つまり活発さとか機知とか、ぼんやりしているとか、びっくりするほど単純であるとか、すべて子ども時代の特徴となること、子どもは要するに子どもにすぎないことをもっともよく示しているようなことさえ、なにか異常な徴候のように考えるものだ。多くのことをしゃべらせ、なんでもしゃべらしておく子ども、どんなことにも拘束されず、礼儀作法というものにも拘束されない子どもが、たまになにか思いがけないうまいことを言ったとしても、驚くことがあろうか。そういうことをまるっきり言わなかったとしたら、もっと驚いてよかろう。それは占星術者が無数のでたらめを言ってるうちに、一つも真実を予言しなかったとしたら驚くべきだというのと同じことだ。アンリ四世*は言っている、かれらはあまりにうそをつくので、しまいには真実を告げることになる、と。なにか気のきいたことを言いたいと思ったら、やたらにばかげたことをならべたてればいい。ほめようにもそんなことよりほかに能のない当世ふうの人たちがまずいことにならなければいいのだが。

　子どもの頭脳にもすばらしい考えがひらめくことがある。というより、子どもの口からもこのうえなく気のきいたことばが出てくることがある。それはひじょうに高価なダイヤモンドがたまたま子どもの手にはいることもあるのと同じことだ。そういう考えやダイヤモンドが子どもたちのものだということにならない。この年齢にあっては、どんな種類のものにしろ、ほんとうに所有するということはありえない。子どもが言うことは、子どもにとっては、わたしたちにとってと同じような意味をもたない。子どもはそれに同じ観念を結びつけない。そういう観念をたとえ子どもがもつことがあるとしても、子どもの頭のなかでは、それにはなんのつながりも関連もない。どんなことでも、子どもが考えていることには固定したもの、確実なものは一つもない。あなたがたのいわゆる天才児をよくしらべてみるがいい。あるときには、潑剌とした頭のはたらき、鋭い才気のひらめきがみいだされよう。しかし、たいていのばあいには、その同じ子どもの精神は、弛緩《ちかん》し、明晰《めいせき》を欠き、まるで濃い霧につつまれているように感じられるだろう。あるときは子どもはあなたがたの先を歩いているが、あるときはじっと立ちどまっている。この子は天才だ、と言いたくなるときがあるかと思うと、すぐあとで、これは鈍物だ、と言いたくなる。どちらのばあいにもあなたがたは思いちがいをしているのだ。要するに、それは子どもなのだ。たちまち大空たかく舞いあがるが、すぐに岩頭の巣に舞いもどってくる若鷲《わかわし》なのだ。

だから、見かけにだまされないで、その年齢にふさわしく子どもをあつかうがいい。そして、過度に力を訓練させようとして消耗させることを恐れなければいけない。若い頭脳が熱してきたら、沸き立ちはじめていることがわかったら、まずそれを自由に醱酵させるがいい。けっして刺激してはいけない。すべてが消散してしまうおそれがある。そして最初の精気が蒸発してしまったら、あとのものを保存し、圧縮して、年とともにすべてが生命をあたえる熱とほんとうの力になっていくようにすることだ。そうしなければ、あなたがたは時間と心づかいをむだにすることになる。自分の仕事をぶちこわすことになる。そして、なんの考えもなくそういう燃えやすい蒸気に酔っぱらったあげく、あなたがたには気のぬけたかすだけが残されることになる。

まぬけな子どもは成長して俗物の大人になる。これよりも一般的で確実なことがほかに見られるかどうかわたしは知らない。子どものうちにほんとうの愚かしさと、強い魂を予告する見かけの、いつわりの愚かしさとを区別することくらいむずかしいことはない。二つの極端がひじょうに似かよったしるしをもつというのは一見奇妙に思われることだが、しかしそれは当然のことだ。人間がまだほんとうの観念をぜんぜんもたない年齢にあっては、天分に恵まれた者とそうでない者とのあいだにみいだされるちがいはただ、後者はまちがった観念ばかりうけいれ、前者は、まちがった観念のほかにはみあたらないので、どんな観念もうけいれない、ということにあるからだ。そこで、一方はなに一つできないということで、他方はなに一つうけつけないということで、どちらもばか者に見えるのだ。両者を区別することができる徴候はもっぱら偶然に依存しており、その偶然が前者にその能力にふさわしい観念を提供することがあるのだが、一方、後者はいつでも、どこにいても、同じ状態にある。小カトーは、子どものころ、家で愚物と見られていた。黙りこくった、がんこな子、これがかれにたいする人々の判断のすべてだった。スラの家の控えの間で、はじめて叔父がかれの人物を見ぬくことができた。もし小カトーがその控えの間にはいらなかったなら、おそらくかれは理性の時期にいたるまで愚物として通っていたことだろう。もしカエサルが生きていなかったなら、その忌まわしい天才を見ぬき、はやくからその計画をすべて予見していたこの小カトーを、人々はいつまでも幻想家あつかいにしていたことだろう。* あまりにも性急に子どもについて判断をくだす人はどんなに思いちがいをすることだろう。こういう人はしばしば子どもよりももっと子どもなのだ。光栄にもわたしに友情をもってくれたある人が、かなり年齢がすすんでからも、家庭でも、友人のあいだでも、無能な人間と考えられていた事実をわたしは見ている。* そのすぐれた頭脳は人に知られずに成熟しつつあったのだ。突然その人は哲学者として頭角をあらわすことになったが、わたしは、後世がこの人にその時代のもっともすぐれた理論家、もっとも深遠な形而上学者の一人として名誉ある高い地位をあたえることを疑わない。

子どもの状態を尊重するがいい。そして、よいことであれ、悪いことであれ、早急に判断をくだしてはならない。例外的なものには、それがおのずからあらわれ、証明され、確認されるまでしばらく待ったあとで特別の方法を採用するがいい。長いあいだ自然のなすがままにしておくがいい。はやくから自然に代わってなにかしようなどと考えてはならない。そんなことをすれば自然の仕事をじゃますることになる。わたしたちは時間というものの大切なことを知っているから、それをむだにしたくないのだ、とあなたがたは言う。時間のもちいかたをあやまることは、なにもしないでいることよりもっと時間をむだにすることになるということ、そして、へたに教育された子どもは、ぜんぜん教育をうけなかった子どもよりずっと知恵から遠ざかることが、あなたがたにはわからないのだ。子どもがなんにもしないで幼い時代をむだにすごしているのを見て、あなたがたは心配している。とんでもない。しあわせに暮らしているのがなんの意味もないことだろうか。一日じゅう、飛んだり跳ねたり、遊んだり、走りまわったりしているのが、なんの意味もないことだろうか。一生のうちでこんなに充実した時はまたとあるまい。ひじょうにきびしい人と思われているプラトンは、「国家篇」のなかで、もっぱらお祭りや遊びや、歌をうたうこと、なぐさみごとをさせて子どもを育てている。子どもにみずから楽しむことを十分に教えることができたとき、プラトンはすべてをなしとげたことになるだろう。またセネカは、古代ローマの若者たちについて語りながら、かれらはいつも立っていた、かれらはすわって学ばなければならないようなことはなに一つ教えられなかった、と言っているが*、そのためにかれらは、大人になって役にたたない人間になったろうか。だから、いわゆる無為な生活をそんなに恐れることはない。全面的に人生を活用するためにけっして眠ろうとしない人、そんな人がいたら、あなたがたはなんと言うか。あなたがたはこう言うにちがいない。この男は非常識な男だ。時を楽しむことを知らない。自分から時を捨てているのだ。眠ろうともしないで、死をもとめているのだ、と。そこで、いまのばあいも同じだということ、子ども時代は理性の眠りの時期だということを考えるがいい。

　一見したところなんでもやすやすと学べるということは、子どもにとって破滅の原因となる。そういうふうにやすやすと学べるということこそ、子どもがなに一つ学んでいない証拠であることが人にはわからない。なめらかに磨かれたかれらの頭脳は、ちょうど鏡のように、まえにある物体を映しだす。しかし、なに一つあとに残らず、内部にはいっていかない。子どもはことばを覚え、観念は反射されるだけだ。子どもの言うことを聞いている者にはその意味がわかるが、子どもにだけはそれがわからない。

　記憶と推論とは本質的にちがう二つの機能であるとはいえ、それらはあいともなわなければほんとうに発達しない。理性の時期のまえには、子どもは観念ではなく映像をうけとるのだ。そして映像と観念とのあいだには、一方は感覚的な対象そのものの写しであるが、他方は、いろいろな関連によって規定される対象の概念である、というちがいがある。映像はそれを見る精神のうちに単独に存在することができるが、観念はすべて他の観念の存在を予想する。思い浮かべているときは見ているにすぎない。理解しているときはくらべているのだ。わたしたちの感覚は純粋に受動的だが、わたしたちの知覚あるいは観念はすべて、判断を行なうある能動的な根源から生まれてくる。このことはあとで証明することになる。

そこでわたしは、子どもには判断することができないのだから、ほんとうの記憶はないと言っておく。子どもは音や形や感覚をとらえるが、観念をとらえることはまれで、その関連をとらえることはさらにまれだ。子どもは幾何学の初歩を学ぶではないかと反論することによって、わたしの考えかたがまちがっていることを十分に証明できると人は信じている。しかし、それはまったく逆にわたしの考えが正しいことを証明している。つまり、子供は自分で推論を行なうことなどとてもできないのだが、かれらは他人の推論を理解することさえできないことを人は証明しているのだ。幼い幾何学者の方法をしらべてみるがいい。かれらはただ、図形の正確な印象と証明の用語を覚えているにすぎないことがすぐにわかる。すこしでも新しい困難が生じてくると、もうどうにもならない。図形をさかさまにしてみるがいい。もうどうにもならない。かれらが知ってることはすべて感覚的なものにかぎられていて、なにひとつ悟性にまで到達することはない。かれらの記憶そのものもほかの能力以上に完全なものとは言えない。どんなことでもたいてい、子どもの頃ことばだけを学んだことを大きくなってからもういちど学びなおさなければならないのだ。

とはいえわたしは、子どもはどんな種類の推論も行なうことができないとは考えていない。(三二)はんたいに、かれらが知っていること、そしてかれらの目に見える現在の利害に関係のあることなら、いつでもたいへんうまく推論を行なっていることは、わたしも知っている。しかし、人が思いちがいをしているのは、かれらの知識についてなのであって、人はかれらがもっていもしない知識をもっているものと考え、理解することもできないことについて推論を行なわせているのだ。さらに人は、子どもがなんにも関心をもたないような考えに注意をはらわせようとするが、これもまちがっている。それは、たとえば、かれらの将来の利害、大人になってからの幸福、大きくなって人から寄せられる尊敬の念、といったようなことだ。先のことを考える能力をいっさいもたない者にむかってそういうことを言ったところで、かれらにとってはまったくなんの意味もない。ところが、こういうきのどくな子どもに強制される勉強はすべて、かれらの精神にまったく縁のないそうしたことにむけられているのだ。かれらがそれにどれほどの関心をもつことができるかよく考えてもらいたい。

弟子にあたえる知識を仰々しくならべたてる教師は、これとは別のことを言って金をもらっている。しかし、かれら自身のやりかたをみれば、かれらもわたしとまったく同じように考えていることがわかる。要するにかれらは弟子になにを教えているのか。ことば、つぎにもことば、いつもことばだけだ。かれらは弟子にいろいろと学問を教えてやるのだと得意になっているが、弟子にとってほんとうに役にたつものを選択しないようにできるだけ気をつけている。役にたつのは事物についての学問なのだろうが、それにはとてもかれらは成功しそうもないからだ。かれらが選択するのは、その用語さえ知れば知ってるようにみえる学問、たとえば、紋章学、地理学、年代学、語学といったようなもので、こういうものはいずれも、人間にとっては、とくに子どもにとっては、まったく用のない勉強で、そういうもののなにかが一生のうちに一度でも役にたつことがあるとしたらふしぎなくらいだ。

語学の勉強も教育にとって無用なことの一つだと言えば、読者はびっくりするだろう。しかし、ここで語っているのは幼い子どもの勉強についてだけであることを思い出していただきたい。そして、人がなんと言おうと、十二歳ないし十五歳までは、天才は別として、どんな子どもでも、ほんとうに二つの国語を学べたためしがあろうとは信じられない。

言語の勉強がことばを学ぶこと、つまり、それをあらわす文字や音を学ぶことにすぎないなら、そういう勉強は子どもにふさわしいかもしれないと、わたしはみとめよう。しかし言語は、記号を変えることによって、同時に、それが表現する観念を変える。頭脳は言語に即して形づくられ、思想は慣用の語法の色合いをおびる。理性だけは共通のものだが、それぞれの国語によって精神は特殊の形態をもつ。その相違はたしかに部分的にさまざまな国民性の原因あるいは結果となりうるものだ。そして、この可能性を確認しているように思えるのは、世界のあらゆる国民において、国語は習俗とともに変遷し、習俗とともに維持され、あるいは頽廃していることだ。

そのいろいろな形態の一つを習慣が子どもにあたえる。そしてこの唯一の形態を子どもは理性の時期にいたるまでもちつづける。二つの形態をもつためには、観念を比較することができなければならないが、観念をもつ能力がほとんどない子どもに、どうしてそれを比較することができよう。一つ一つのものは子どもにたいして無数のちがったしるしをもつことができるが、一つ一つの観念はただ一つの形態しかもつことができない。だから子どもは、ただ一つの国語を話すことを学べるにすぎない。それでも子どもはいくつかの国語を学んでいるではないか、と人はわたしに言う。わたしはそういう事実を否定する。わたしは、五、六カ国語を話すことができるつもりでいるいわゆる天才児に会ったことがある。わたしはかれらがつぎつぎに、ドイツ語、ラテン語、フランス語、イタリア語で話すのを聞いた。なるほど、かれらは五種類か六種類の辞書をつかっていたが、いつもドイツ語でしか話していなかったのだ。一言でいえば、子どもにあなたがたの好きなだけたくさんの同義語を教えるがいい。単語は変わるだろうが、国語は変わらないだろう。子どもはただ一つの国語しか知らないだろう。

こういう点での子どもの無能力をかくすために、人は好んで子どもに死語を勉強させるのだ。ここでは拒否できない判定者はもはや存在しないからだ。こういう国語の日常の使用はすでに久しいまえからすたれているので、人は書物にかかれているものをまねすることで満足している。そしてこんなことで、その国語を話す、と称しているのだ。先生のギリシャ語、ラテン語でさえそんなものだとしたら、子どものはどんなものか、考えてみるがいい。なんのことか全然わけがわからない初歩をどうにか暗記したかと思うと、かれらはまずフランス語の文章をラテン語に移すことを教えられる。それからもっと進むと、キケロの文章を散文で、ウェルギリウスの抜萃を詩句でつづることを教えられる。そしてかれらは、自分はラテン語を話せると考えているのだ。だれがやってきて異議を申したてるものか。

どんな勉強においても、表現される事物についての観念がなければ、表現する記号にはなんの意味もない。しかも人はいつも子どもにそういう記号だけを教え、それが表現する事物をけっして理解させることができない。子どもに大地の景観について教えようと考えながら、人は地図を見ることを教えているにすぎない。人は都市や、国や、川の名を教えるが、子どもには、示される紙のうえとはちがうどこかにそれらが存在するということが理解できない。「世界とはなにか。それは一個のボール紙の球である。」はじめにこんなことが書いてある地理の本をどこかで見たことをわたしは思い出す。子どもの地理学とはまさにこうしたものだ。二年間、天球や宇宙誌について学んだのち、教えられた規則にしたがってひとりでパリからサン・ドニ*まで行ける十歳の子どもは一人もいないのではないかとわたしは考える。父親の家の庭の図面をたよりに、その庭の曲がり道を迷うことなく歩ける子どもは一人もいないのではないかとわたしは考える。ペキン、イスパハン、メキシコ、そして地上のあらゆる国がどこにあるか掌《たなごころ》をさすように知っている博士とはそういうものなのだ。

子どもには目のほかにはなにも必要でないような勉強をさせるのが適当である、といったようなことを聞く。目のほかにはなにも必要でないような勉強があるなら、そういうことも言えるだろう。しかし、わたしはそういう勉強は知らない。

さらにおかしな誤りから、人は子どもに歴史を勉強させる。歴史とは事実を集めたものにすぎないから、それは子どもに十分に理解できるものだ、と人は考えている。しかし、事実ということばはなにを意味するか。歴史的な事実を決定するいろいろな関連はしごく容易にとらえられ、したがってその観念は子どもの精神のうちに容易に形づくられると人は考えているのだろうか。事件をほんとうに知ることが、その原因を知ること、結果を知ることときりはなせると考えているのだろうか。また、歴史的なものは倫理的なものと大した関連をもたず、それらを別々に知ることができると考えているのだろうか。人間の行動のうちに外部的な、そしてたんに物理的な動きだけを見るとしたら、歴史になにを学ぶことになるのか。まったくなに一つ学ぶことにはなるまい。そしてこの学問は、ぜんぜん興味のないものとなり、なんの教訓もあたえないし、なんの楽しみもあたえない。その行動を倫理的な関連において評価しようとするなら、そういう関連をあなたがたの生徒に理解させようとこころみるがいい。歴史が子どもの年齢にふさわしいものかどうか、そこでわかるだろう。

読者よ、たえず思い出していただきたい、あなたがたに語っているのは学者でも哲学者でもなく、党派にとらわれず体系をもたない一人の素朴な人間、真実の友であることを。あまり人とつきあうこともなく、人々の偏見に染まる機会をもつことが少なく、人々とつきあっているときに気がついたことはよく考えてみる時間を十分にもっている、孤独な人間であることを。わたしの議論はいろいろな原則よりも多くの事実にもとづいている。だからわたしは、ときどき、そういう議論を示唆してくれる観察からなにか実例をあげて話すのが、あなたがたにそれを判断してもらえるいちばんいい方法だと考える。

　わたしは田舎に、子どもとその教育に大きな注意をはらっているあるよき母の家に、幾日かをすごしに行っていた。ある朝、わたしは、いちばん年上の息子が授業をうけているところにいあわせたが、かねてその子に古代史をみっしり教えていた家庭教師は、アレクサンドロス大王の話をとりあげて、医師フィリッポスについてのよく知られた逸話にふれた*。この話は絵にもなっているが、たしかにそれだけの値うちのある話だ。すぐれた人であるその教師は、アレクサンドロスの勇敢な行為について若干の考えを述べた。その考えはわたしの気に入らなかったが、生徒の心に先生にたいする不信の念を起こさせてはなるまいと思い、わたしは反駁することはやめた。食事のとき、人々は、フランス人のならわしにしたがって、お人よしの子どもにいろいろなことをしゃべらせずにはおかなかった。その年齢にふさわしいいきいきとした精神と、まちがいなくみんなからほめてもらえるという期待は、子どもにばかげたことをやたらにしゃべらせることになったが、それでもときどき、うまく言えたことばがいくつかあったので、あとのことは忘れさせることになった。最後に医師フィリッポスの話になった。子どもはその話をきわめて明快に、そしてひじょうに手ぎわよく語った。人々は、母親がもとめ、息子が期待していた賞讃のことばを、例のとおり支払ったのちに、子どもが話したことについて議論をはじめた。大多数の者はアレクサンドロスの無謀な行為を非難した。ある者は教師に同調して、アレクサンドロスの健気な行為と勇気をほめたたえた。そこでわたしは、その場にいあわせた人のだれにもアレクサンドロスの行為のほんとうに美しい点がどこにあるのかわかっていないのだ、ということを理解した。わたしは人々にむかって言った。わたしとしては、アレクサンドロスの行為にほんのすこしでも勇気がみられるとしたら、ほんのすこしでも健気なところがみられるとしたら、そういう行為はただ無茶なことだと思いますね、と。すると人々はみんな一緒になって、それは無茶な行為だった、ということになった。わたしは興奮してそれに答えようとした。そのとき、わたしのかたわらにいて、それまで口を閉じていた一人の女性が、わたしの耳もとに顔を寄せて、ささやいた。「ジャン・ジャック、おやめなさい、この人たちにはあなたの言うことはわからないでしょうから。」そのひとの顔をみつめ、はっとして、わたしは口をつぐんだ。

わが年少の博士は自分でうまく話したことをぜんぜん理解していないのではないかと、二、三のことばのはしから疑問をもっていたわたしは、食後、子どもの手をとって、一緒に庭園をひとまわりした。そして、気がねをする人もないので、子どもにいろいろときいてみたところ、多くの人にたたえられているアレクサンドロスの勇気にかれがだれよりも感心していることがわかった。しかしかれがその勇気をどういう点にみていたかおわかりだろうか。ためらいもせず、すこしもいやな顔を見せず、にがい飲みものを一息で飲みほしたから勇気があるというだけのことなのだ。二週間とたたないまえ、薬を飲まされて、やっとの思いでそれを飲んだあわれな子は、まだそのにがさを口に感じていたのだ。死とか毒殺とかいうことも子どもの頭では不愉快な感覚ぐらいにしか考えられず、それに子どもには、センナのほかにも毒薬があるとは考えられなかったのだ。それにしても、英雄の健気なふるまいが幼い子どもの心に大きな印象をあたえたこと、そして子どもは、このつぎに薬を飲まなければならないときには、自分もアレクサンドロスがしたようにしようと固く決心していたことは言っておかなければならない。明らかにかれの理解力をこえた説明にたちいることはやめて、わたしはその感心な心がまえをはげましてやった。そして、子どもに歴史を教えていると考えている父親たち、そして教師たちのすぐれた知恵をほほえましく思いながら、家のほうへ帰っていった。

国王、帝国、戦争、征服、革命、法律、といったようなことばを子どもの口から言わせるのはやさしいことだ。しかし、こういうことばにはっきりした観念をむすびつけることが問題になると、園丁ロベールの話とこうした説明のすべてとのあいだには、大きな距離があることになるだろう。

「ジャン・ジャック、おやめなさい」に不満ないくらかの読者は、結局、アレクサンドロスの行為のうちにいったいどんな美しいことをみとめるのか、とたずねることだろう。わたしはそれを予想する。きのどくな読者よ。それを言わなければならないとしたら、どうしてあなたがたにそれが理解できよう。それはつまり、アレクサンドロスが徳というものに信頼をおいていたことだ。自分の首をかけて、生命をかけてそれに信頼したことだ。かれの偉大な魂はそれに信頼できるようにつくられていたことだ。その薬を飲みほしたことは、なんという美しい信仰告白だったことか。そうだ、かつてこれほど崇高な信仰告白をした人間はない。どこかに現代のアレクサンドロスがいるというなら、同じような行為によってかれがアレクサンドロスであることを証明してもらいたい。

ことばだけの学問はないとしたら、子どもにふさわしい勉強もないわけだ。子どもはほんとうの観念をもたないとしたら、かれらにはほんとうの記憶もないのだ。感覚的なものだけを覚えている記憶をわたしは記憶とは呼ばないからだ。子どもにとってなにもあらわしていない記号の表をかれらの頭につめこんでもなんの役にたとう。事物を学ぶときにかれらは記号も学ぶのではないか。なぜ二度学ばせるようなむだ骨折りをさせるのか。しかも人は、子どもにとってなんの意味もないことばを、それが学問であるかのように考えさせることによって、はかりしれない有害な偏見をかれらの頭に植えつけようとしているのではないか。子どもがことばだけで満足することになると、自分ではそれが役にたつかどうかも知らずに、他人のことばを信用して事物を学ぶことになると、たちまち子どもの判断力は失われる。その子は長いあいだばか者どもの目にすばらしい光彩を放つことになるだろうが、その後にいたってようやく、そうした損失のつぐないをすることになる。(三二)

そうだ、自然はあらゆる種類の印象をうけとれるような柔軟性を子どもの頭脳にあたえているが、それは、陰気で不毛な少年時代を悩ましている、国王たちの名まえや日付けや、紋章学、天球、地理などの術語、要するに子どもにとってなんの意味もないことば、あらゆる年齢の人にとってなんの役にもたたないことばを覚えこませるためではない。かれが理解することのできる、そしてかれの役にたつあらゆる観念、かれの幸福に結びつき、やがてかれの義務を明らかにしてくれるあらゆる観念が、はやくから消すことのできない文字をもって頭脳にしるされ、一生のあいだかれがその存在と能力にふさわしいようにふるまうことに役だたせるためなのだ。

書物で勉強しなくても、子どもがもつことができるような記憶力は、だからといってなんにもすることがなくなるわけではない。見るもののすべて、聞くもののすべてが子どもを刺激し、かれはそれを覚えている。かれは人々の行為、話を心のうちにとどめておく。そしてかれをとりまくすべてのものは書物となり、それによって子どもは、意識せずに、たえず記憶の内容を豊かにし、やがては判断力がそれを有効にもちいることができるようになる。その対象を選択すること、子どもが知ることのできるものをいつも見させ、知らないでいなければならないものをかくしておくこと、こういうことにこそ子どものこの根本的な能力を養うほんとうの技術が存在する。そして、こういうことで、若いうちは教育の助けとなり、あらゆる時期に行動の助けとなる知識の宝庫をつくってやるように努力しなければならない。この方法は、正直のところ、こましゃくれた天才をつくりあげることにはならないし、養育係や教師に花々しい名声をあたえることにもならない。しかしそれは、分別のある頑丈な人間、肉体も悟性も健全な人間、若いときにはほめそやされることはないが、成人すれば人に尊敬される人間をつくりあげる。

エミールはなに一つ、寓話さえも、暗記するようなことはしないだろう。ラ・フォンテーヌの寓話*がどんなに素朴で魅力的だろうと、それさえも暗誦するようなことはしないだろう。歴史のことばは歴史ではないが、それ以上に寓話のことばは寓話ではないからだ。どうして人は、寓話は子どもの倫理学だ、などと言えるほどめくらになることができるのだろう。寓話が子どもを楽しませながらまちがったことを教えていること、うそにだまされて子どもは真実を見そこなっていること、そして、子どもにとって教訓を楽しいものにしようとすることは、子どもがそこから利益をひきだすのをさまたげていること、こういうことを人は考えていないのだ。寓話は大人を教えることはできるが、子どもにはなまの真実を語らなければならない。真実に覆いをかぶせると、子どもはもう骨折ってそれをとりのけようとはしない。

　子どもはみんなラ・フォンテーヌの寓話を習わせられるが、それを理解できる子どもは一人もいない。理解できたとしたら、もっとまずいことになる。その道徳にはいろいろなものが混じっているし、子どもの年齢にはまったくふさわしくないので、それは子どもを美徳によりも不徳に導くことになるからだ。それもまた例の逆説だ、とあなたがたは言うだろう。けっこうだ。しかし、それは正しいかどうか、検討してみることにしよう。

　寓話を学ばせても子どもにはそれが理解できない、とわたしは言う。どんなに骨折ってそれを単純なものにしようとしても、人がそこからひきだそうとする教訓は、子どもがとらえることのできない観念をどうしてもそこにもちこませることになるし、詩の言いまわしそのものが、寓話を子どもにとっていっそう覚えやすいものにしていると同時に、いっそう理解しにくいものにしており、したがって、わかりやすさを犠牲にして楽しいものにしているからだ。ラ・フォンテーヌでは、子どもにとってはなんのことかわからず、必要でもないたくさんの寓話が、そうでないものと混じりあっているために、人はなんの考えもなくそういうものも子どもに学ばせているのだが、それらをひきあいに出すのはやめて、作者がとくに子どもむきにつくったと思われるものだけをとりあげることにしよう。

ラ・フォンテーヌの寓話集のなかで、すぐれて子どもらしい純朴さが光っているものとしてはわたしは五つないし六つの寓話しか知らない。この五つないし六つのうちから、開巻第一の寓話(三)を例にとろう。ここで説かれている教訓はほかのどれよりもあらゆる年齢の人にむいているものだし、これは子どもにいちばんよくわかり、子どもがいちばん喜んで学ぶ寓話で、さらに、それだからこそ作者も好んで巻頭においているものだからだ。これがほんとうに子どもに理解され、かれらを楽しませ、教えるものだとすれば、この寓話はたしかにかれの傑作だ。そこで、この寓話の詩句を追ってすこしばかり検討してみることを許していただきたい。

寓話　烏と狐

烏先生、とまっていた、木の枝に、

先生《メートル》、このことばはそれ自体なにを意味するか。固有名詞のまえにあるときはどういう意味になるか。

烏とはなにか。

「とまっていた、木の枝に」とはなにか。わたしたちは「とまっていた、木の枝に」とは言わない。「木の枝にとまっていた」と言う。だから、詩における倒置法について話さなければならない。散文とはどういうものか、詩とはどういうものか、ということを述べなければならない。

チーズを一つ口にくわえて。

どんなチーズだったのか。スイスのチーズか、ブリのか、それともオランダのか。子どもがまだ鳥を見たことがなかったら、その話をしたところでなにになるだろう。すでに見たことがあるなら、鳥が口にチーズをくわえるというようなことを、どう考えるだろう。いつも自然のままの姿を描くことにしよう。

狐先生、匂いにいざなわれ、

また、先生。しかしこれは狐にはふさわしい呼びかけだ。狐はその道にかけてはすぐれた腕をもつりっぱな先生だから。狐とはどういうものかを話し、そのほんとうの性質と、寓話であたえられている性格とを区別しなければならない。

「いざなわれ」このことばは日常もちいられない。その意味を説明しなければならない。こんにちではこのことばは詩においてだけ用いられることを話さなければならない。子どもは、なぜ詩では散文とはちがった話しかたをするのか、とたずねるだろう。あなたがたはなんと答えるつもりか。

「チーズの匂いにいざなわれ」木にとまっていた鳥がくわえていたのが、林のなかか穴のなかにいた狐にまでわかったとは、そのチーズはずいぶんつよい匂いがしたにちがいない。こんなことで、正しい批判精神、正しいと思われることだけになっとくし、他人の話の真実とうそとを区別することができる批判精神をあなたがたの生徒に訓練させることになるのだろうか。

鳥にむかってこんなことばを述べる。

「こんなことば」では、狐は話をするのか。鳥と同じことばを話すのか。賢明な教師よ、気をつけるがいい。返事をするまえによく考えてみるがいい。きみの返事は、きみが考えている以上に重要な意味をもつことになる。

やあ、こんにちは、鳥殿《どの》、

「殿」こういう称号を子どもは、それが敬称であることさえまだ知らないうちから、冷やかしにつかわれていることを知る。ムッシュー・デュ・コルボー〔鳥殿〕などと言う人は、このデュ〔貴族の名まえのしるし〕を説明するまえに、ほかにもっと多くのことを説明しなければならないだろう。

あなたはなんてきれいなんでしょう。なんて美しく見えることでしょう。

よけいなことば、むだなくりかえし。同じことが別のことばでくりかえされているのを見て、子どもはしまりのない話しかたを学ぶことになる。このくりかえしは、作者の技巧のひとつだ、いろいろなことを言ってほめそやそうとする狐はわざとこういうことを言っているのだ、とあなたがたが説明するとしたら、それはわたしにはけっこうな説明だが、わたしの生徒にはけっこうとは言えない。

うそは申しません、もしもあなたの声が「うそは申しません」では、ときどきうそをついているのか。狐はうそをついているからこそ「うそは申しません」と言っているのだ、と教えたとしたら、子どもはどういうことになるだろう。

あなたの羽の美しさにこたえるものなら、「こたえる」このことばはどういう意味か。声と羽といったようなまるでちがった性質のものをくらべてみることを子どもに教えてみるがいい。どれほどのことが理解できるかよくわかるだろう。

あなたはこの森の賓客《まろうど》のなかの鳳凰《フェニックス》でしょう。「鳳凰《フェニックス》」フェニックスとはなにか。ここでわたしたちはとつぜんでたらめな古代世界に投げこまれる。神話の世界に、と言ってもいい。「この森の賓客《まろうど》」くだらない比喩的なことば。へつらい者はお上品なことばをもちい、一段といかめしい調子をあたえて、いっそう耳ざわりをよくしようとする。こういう繊細な心づかいが子どもに理解できるだろうか。高尚な文体、卑俗な文体ということさえ子どもは知っているのだろうか、知ることができるのだろうか。

これを聞いて、鳥は喜びにわれを忘れ、

ことわざにもなっているこの表現も、ひじょうに強い感情をすでに経験したことがなければよくわからないだろう。

自分の美しい声を聞かせようとして、

この詩句とこの寓話ぜんたいを理解するには、子どもは鳥の美しい声とはどういうものか知っていなければならない、ということを忘れてはいけない。

あんぐり口をあけ、ばさりとえものを落とす。

この句はすばらしい。諧調がそのまま映像をつくりだす。わたしには鳥が大きなみにくい嘴《くちばし》をあけるのが見える。枝のあいだからチーズが落ちてくる音が聞こえる。しかし、こういった種類の美しさは子どもにはぜんぜんわからない。

狐はそれをつかんで、こう言った。人のいいお殿さま、だからここでもう、人がいいのはばかだということになる。たしかにこれは、子どもに教えるために時間をむだにしていることにはなるまい。

よく覚えていることですな、おせじのうまい者はみんな一般的な教訓。もうどうにもならない。

おせじに耳をかたむける奴の費用で暮らしているのですよ。

この教訓は、たしかに、チーズ一つぐらいの値うちはありますよ。

十歳の子どもにはけっしてこの句の意味はわかったためしはない。

これはよくわかるし、たいへんけっこうな考えかただ。それにしても、教訓とチーズの値うちを比較できるような子ども、また、教訓よりもチーズのほうがいいと考えないような子どもはめったにいないだろう。だから、こういうことばはあざけりのことばにすぎないことを子どもにわからせてやる必要があるだろう。子どもにとってあまりにも微妙なことだ。

鳥は、面目なく、はじいって、また同義語の反復だが、このばあいは許しがたい。

もうこんなことにはひっかかるまいと誓ったが、ちょっと手おくれ。

「誓った」誓うとはどういうことか、それを子どもに説明してやるような愚かな教師がどこにいるだろう。

こまかいことをくどくどと述べたが、この寓話がふくむあらゆる観念を分析し、さらにそれらの一つ一つを組み立てている単純で基本的な観念に還元するためにはこれでもまだとうてい十分とはいえない。しかし子どもにわかってもらうためにそういう分析が必要だと考えているような人がいるだろうか。わたしたちはだれひとりとして、子どもの状態に自分をおいて考えることができるほどすぐれた哲学者にはなれない。しかしここで道徳的な考察に移ろう。

世間には、うまいことにありつくためにおせじを言ったり、うそをついたりする人間がいることを十歳の子どもに教える必要があるかどうか、わたしはたずねたい。小さな男の子をからかって、ばかげた虚栄心をかげでそっと笑っているようなふざけた人間もいることを教えてやれるのがせいぜいのところだろう。それにしても、チーズがすべてを台なしにする。自分の口からチーズを落とさないようにと教えないで、むしろ、他人の口からチーズを落とさせることを子どもに教えることになる。これがわたしの第二の逆説だが、さきの逆説にくらべてその重要性において劣るものではない。

子どもが寓話を学んでいるのを注意して見ているがいい。それを実生活にあてはめて考えることができるばあい、子どもはほとんどいつも作者の意向とは逆の考えかたをすること、作者が改めさせようとしている、あるいは、もたせないようにしようとしている欠点について反省することはしないで、子どもは、他人の欠点から自分の利益をひきだすというようなよからぬことを心がけるようになることがわかるだろう。右に引用した寓話では、子どもは、烏を笑うが、みんな狐が好きになる。つぎの寓話では、あなたがたは蟬の例を見て考えさせようとするのだが、そんなことはしないで、子どもは好んで蟻を見ならうことになる。人は他人に頭を下げることを好まない。子どもはいつも輝かしい役割りを演じようとする。それは自尊心からくる選択で、ごく自然な選択だ。ところで、これは子どもにたいしてなんという恐ろしい教訓だろう。あらゆる怪物のなかでもっともいとわしい怪物は、けちんぼで情けしらずの子ども、他人が自分になにをもとめているかを知りながらそれを拒絶するような子どもだ。蟻はもっとひどいことをする。蟻は拒絶したうえに相手をあざわらうことを子どもに教えているのだ。

ライオンが登場人物の一人として出てくるすべての寓話では、たいていそれがいちばん輝かしい役割りを演じているので、子どもはかならず自分もライオンになる。そしてなにかの分配にたちあうことになると、ライオンの例にみならって、なんとかしてすべてを手にいれようとする。しかし蚋《ぶよ》がライオンを倒すばあいには事情が変わってくる。こんどは、子どもはライオンではなく、蚋になる。かれはいつか正々堂々とたちむかうことができない相手を小さな針で刺し殺すことを学ぶ。

やせた狼と太った犬との寓話では、作者があたえようとしている節制の教訓ではなく、子どもは気ままな生活態度を学ぶ。いつもおとなしくしなさいと教えられていた小さな女の子がこの寓話を読まされて、ひどく悲しんで泣いていたのを見たことがあるが、わたしはそれをけっして忘れないだろう。なぜ泣いているのか、だれにもなかなかわからなかったが、やっとそれがわかった。かわいそうに子どもはたえず束縛されていてやりきれなくなっていたのだ。その子は頸《くび》のあたりが首輪のためにすりきれているような感じがしていたのだ。自分が狼のようになれないのを悲しんでいたのだ。

　こういったわけで、右に引用した最初の寓話にふくまれる道徳は子どもにこのうえなく卑しいへつらいを教え、つぎの寓話の道徳は情けしらずになることを教え、三番目のは不正を教え、四番目のはあてこすりを、五番目のは不羈《ふき》独立を教える。この最後の教訓はわたしの生徒にとってはよけいなものだが、そうかといって、あなたがたの生徒にとってもふさわしいものとはいえない。たがいに矛盾する教訓をあたえていたのでは、あなたがたのせっかくの配慮もどんな成果を期待することができよう。しかし、それは別として、わたしにとっては寓話に異議を申したてる論拠となるこうした道徳はすべて、寓話をよしとする理由も提供しているのだろう。社会にあってはことばだけの道徳と実践上の道徳とが必要なのだ。そしてこの二つの道徳はたがいに似ていないのだ。ことばだけの道徳は教理問答のうちにみいだされるが、そこに捨てておかれる。実践上の道徳は、子どものはラ・フォンテーヌの寓話集のうちに、母親のはそのコント集のうちにみいだされる。* 一人の作者ですべて間に合うというわけだ。

　ラ・フォンテーヌ氏よ、妥協することにしよう。わたし自身としては、喜んであなたを読み、あなたを愛し、あなたの寓話から教訓をくみとることを約束しよう。わたしは

体をたえず動かしていて、いずれも同じように魂を養うことなどほとんど考えていない二種類の人間がいる。それはつまり、農民と未開人だ。前者は愚鈍で粗野で不器用だ。後者は、すぐれた感覚をもつものとして知られているが、さらに鋭敏な精神をもつものとして知られている。一般的にいって農民くらい鈍重なものはないし、未開人くらい敏活なものはない。このちがいはどこから生ずるか。それは、前者はいつも命令されたこと、あるいは父親がしているのを見たこと、あるいは自分が若いときからしていることをしているので、ひたすら習性によってのみ行動し、ほとんど自動的なその生活において、たえず同じ仕事に従事し、習性と服従することが理性のかわりになっているからだ。未開人にとっては事情がちがう。どこにも定住することなく、命じられた仕事があるわけではなく、なんびとに服従することもなく、自分の意志のほかにはどんな掟ももたないかれは、その生活の一つ一つの行動にさいして推理をはたらかせずにはいられない。一つの動きをするにも、一歩ふみだすときにも、あらかじめその結果を考えずにはいられない。そこで、体を動かせば動かすほど、かれの精神はいよいよめざめてくる。かれの力と理性とはあいともなって発達し、たがいに助けあってのびていく。

博識な教師よ、わたしたちの生徒のどちらが未開人に似ているか、どちらが農民に似ているか、考えてみようではないか。たえずなにか教えようとする権威に全面的に従っているあなたの生徒は、なにか言われなければなにもしない。腹がへっても食べることができず、愉快になっても笑うことができず、悲しくなっても涙を流すこともできないし、一方の手のかわりに他方の手をさしだすこともできず、いいつけられたとおりにしか足を動かすことができない。そのうちには、あなたの規則どおりにしか呼吸することができなくなるだろう。かれにかわって万事に気をくばっているあなたは、かれになにを考えよというのか。さきのことはあなたが考えてくれると安心しているかれは、さきのことを考える必要はないではないか。かれの身をまもったり、身のまわりの世話をやいたりすることをあなたがひきうけていることを知っているかれは、自分はそういう心配から解放されているものと感じている。かれの判断力はあなたの判断力に寄りかかっている。あなたが禁止しないことはなんでも、かれはなんの考えもなしにする。しても危険がないものとよくこころえているからだ。雨が降りはしないかと用心することを学ぶ必要がどこにあるか。自分のかわりにあなたが空を見ていてくれることをかれは知っているのだ。自分で散歩の時間をかげんする必要がどこにあるのか。昼飯の時刻がすぎるまであなたがかれを散歩させておくような心配はないのだ。食べることをあなたがやめさせないかぎり、かれは食べる。あなたがやめろといえば、もう食べない。かれは自分の胃袋の意見をきかないで、あなたの意見をきくようになる。なにもさせないでかれの体を柔弱にしたところで、かれの悟性がいっそうしなやかになるわけではない。まったくはんたいに、かれがもっているすこしばかりの理性をこのうえなく無益にみえることにもちいさせることによって、かれの心に理性というものにたいする信頼をすべて失わせてしまうことになる。理性がなんの役にたつか全然わからないかれはやがてそれをなんにも役にたたないものと考えるようになる。推論をあやまることから生じる最悪のことは、かれにとっては、せいぜいとがめられることだ、ということになるのだろうが、かれはしじゅうとがめられているので、そんなことはほとんど気にかけていない。そんなありふれた危険はもうかれをおびえさせはしない。

しかしあなたはかれのうちに才気をみいだす。わたしがすでに語ったような調子で女性とおしゃべりをする気のきいた才能をかれはもっているのだ。ところが、自分でなにかしなければならないばあいにたちいたると、なにか困難なことにであって自分で態度をきめなければならなくなると、このうえなく粗野な百姓のせがれより百倍も愚鈍な人間であることがわかるだろう。

わたしの生徒、というより自然の生徒はどうかといえば、できるだけ自分の用は自分でたすようにはやくから訓練されているから、たえず他人に助けをもとめるような習慣はもたないし、他人に自分の博学ぶりをひけらかすような習慣はなおさらもたない。そんなことはしないが、直接自分に関係のあるあらゆることにおいて、かれは判断し、予見し、推論する。おしゃべりはしないで、行動する。世間で行なわれていることについては一語も知らないが、自分にふさわしいことをすることは十分にこころえている。たえず動きまわっているから、かならず多くのことを観察し、多くの結果を知ることになる。はやくから豊かな経験を獲得する。人間からではなく、自然から教訓を学びとる。教えてやろうなどという者はどこにもみあたらないので、ますますよく自分で学ぶことになる。こうして肉体と精神が同時に鍛えられる。いつも自分の考えで行動し、他人の考えで行動することはないから、かれはたえず二つの操作を一つにむすびつけている。強く頑健になればなるほど、分別があって正確な人間になる。それは、両立しないと考えられているもの、しかもあらゆる偉人がたいていあわせもっているもの、つまり肉体の力と魂の力、賢者の理性と闘技者の活力を将来もつための方法だ。

若き教育者よ、わたしは一つのむずかしい技術をあなたに教えよう。それは訓戒をあたえずに指導すること、そして、なに一つしないですべてをなしとげることだ。もっとも、こういう技術はあなたの年齢にはふさわしくない。それはあなたの輝かしい才能をすぐに示すことにはならないし、父親たちにあなたを高く評価させることにもならない。しかしこれこそ成功に導く唯一の技術なのだ。あなたはまず腕白小僧を育ててあげなければ、かしこい人間を育てあげることにけっして成功しないだろう。それがスパルタ人の教育法だった。書物にしばりつけておくようなことはしないで、スパルタ人はまず食物を盗みとることを教えた。そのためにかれらは大きくなって粗野な人間になったろうか。かれらの活発で気のきいた話しかたを知らない者があろうか。いつも勝利者となるように生まれついていたかれらは、あらゆる戦争において敵を粉砕したが、おしゃべり好きのアテナイ人はスパルタ人の攻撃と同様にその弁舌を恐れていたのだった。

このうえなく気をつかっている教育においては、先生は自分が命令しさしずしているつもりでいるが、そのじつ、さしずしているのは子どもなのだ。生徒はあなたがもとめることを利用して自分の好きなものを手に入れようとする。そしてかれはいつも、一時間じっとしていることによって一週間勝手なことをさせてもらうことをこころえているのだ。たえまなしにかれと契約を結ばなければならない。そういう契約を、あなたはあなた流の考えで申しでるのだが、かれはかれ流に考えて実行するので、かならずかれの気まぐれに役だつことになる。とくに、交換条件として課せられることを実行しようがしまいが確実に手にはいることがわかっているものをかれの利益になる条件とするようなまずいことをするばあいにはそうだ。子どもは一般に、先生が子どもの心を読みとるよりもはるかによく先生の考えを読みとるものだ。それもそのはずだ。自分の身をまもる手段を自分で講じなければならなくなったばあい子どもが発揮するあらゆる明敏さを、子どもは自然の自由を圧制者の束縛から回復するためにもちいるのだが、こちらは、相手の心を読みとることにそれほどさしせまった関心をもたず、ときには子どもの怠慢や虚栄心をそのままにしておいたほうがぐあいがいいと思うからだ。

あなたの生徒にたいして反対の道をとるがいい。生徒がいつも自分は主人だと思っていながら、いつもあなたが主人であるようにするがいい。見かけはあくまで自由に見える隷属状態ほど完全な隷属状態はない。こうすれば意志そのものさえとりこにすることができる。なんにも知らず、なんにもできず、なんにも見わけられないあわれな子どもは、あなたの意のままになるのではないか。かれにたいしては、その身のまわりにあるものをすべて自由にすることができるのではないか。あなたの好きなようにかれの心を動かすことができるのではないか。仕事も遊びも楽しみも苦しみも、すべてあなたの手に握られていながら、かれはそれに気がつかないでいるのではないか。もちろん、かれは自分が望むことしかしないだろう。しかし、あなたがさせたいと思っていることしか望まないだろう。あなたがまえもって考えていたことのほかにはかれは一歩も踏みだすことはないだろう。なにを言おうとしているかあなたが知らないでいてかれが口をひらくことはないだろう。

そうしてこそかれは、その年齢が必要とする肉体の訓練に熱中しても精神をにぶくすることにならないだろう。やっかいな束縛をまぬがれようと悪知恵をみがくようなことはしないで、身のまわりにあるすべてのものから現実の快適な生活のためにいちばん有利なものをひきだそうとひたすら心がけるだろう。そのときこそあなたは、かれの手の届くところにあるすべてのものを摂取するために、そして他人の意見に助けられずにほんとうに事物を楽しむために、かれがもちいる微妙な発明の才に驚かされるだろう。

このようにかれの意志のままにふるまわせることによって、気まぐれを助長させることにはならないだろう。自分に適当なことのほかにはなにもしないでいるうちに、かれはしなければならないことだけをするようになるだろう。そして、かれの体はたえざる動きのうちにあるとしても、はっきりとわかる現在の利害にかんするかぎり、かれがもちうるだけの理性は、たんに理論的な勉強によるよりもはるかによく、またはるかにかれにふさわしいように、のびていくことがわかるだろう。

こうしてかれは、あなたがかれの意志をさまたげようと見はっていることもないので、あなたを警戒するようなことはせず、あなたになに一つかくす必要もないので、あなたをだましたり、うそをついたりしないだろう。なんにも心配しないであるがままの自分を見せるだろう。あなたは思いのままにかれを研究し、かれは教訓をうけているなどとは夢にも考えていないのに、あなたがあたえたいと思っている教訓をかれの身のまわりにすっかりおぜん立てすることができるだろう。

かれはまた好奇心にもえたねたみからあなたのしていることを見はっているようなこともしないだろうし、あなたの過ちをみつけてひそかに喜んでいるようなこともしないだろう。わたしたちが感じなくてもすむことになるそうした不都合はひじょうに重大なことだ。子どもがなによりも気をつかっていることの一つは、まえにも言ったことだが、かれらを指導している者の弱点をみつけだすことだ。こういう傾向が邪悪な心に導くので、それが邪悪な心から生じるのではない。それはうるさく感じられる権威からのがれたいという欲求から生じるのだ。自分に課せられるくびきの重さを感じている子どもは、それをはらいのけようとする。そしてかれらが先生のうちにみいだす欠点はその有効な手段を提供する。そこで、人々の欠点に注意し、それをみつけて喜ぶ習慣が身についてくる。ここでもまたエミールの心に不徳の源の一つが閉ざされることになるのは明らかだ。わたしの欠点をみつけることになんの関心ももたないかれは、それをさがすようなことはしないだろうし、ほかの人の欠点をさがすことに心をそそられるようなこともめったにないだろう。

すべてこういうことを実行するのはむずかしいことのように思われる。人はこういうことに気がつかないからだ。しかし、つきつめて考えれば、これがむずかしいことであってはなるまい。あなたはみずからえらんだ仕事をするために必要な知識を当然もっているものと考えられる。あなたは人の心の自然の歩みをよく知っている、人間一般と個人を研究することができる、あなたが生徒の目に、その年ごろの子どもに興味のあるあらゆるものを見せるとき、かれの意志がどう動くか、あなたはあらかじめそれを知っている、と当然考えられる。ところで、道具をもち、そのつかいかたを十分にこころえているということは、仕事が完全にできるということになるのではないか。

子どもの気まぐれということをもちだしてあなたは異論をとなえる。しかしそれはまちがっている。子どもの気まぐれはけっして自然のしわざではなく、悪いしつけのためだ。それは、子どもが服従したり、命令したりしているからだが、このどちらもいけないということをすでにわたしは百回もくりかえして言った。だからあなたの生徒は、あなたがかれに起こさせた気まぐれを起こすだけだろう。あなたが自分の過失に苦しむのは当然のむくいだ。しかし、どうしたらそれがなおせるのか、とあなたはおっしゃるだろう。それもまた、もっといいやりかたと、つよい忍耐心とによってできることだ。

なんでも自分の思ったとおりにするばかりでなく、だれにでも自分の思ったとおりにさせる子ども、したがって気まぐればかり起こしている子ども、そういう子どもの世話を二、三週間のあいだわたしはひきうけたことがある。* 最初の日から、わたしがかれの好きなようにしてくれるかどうかためそうとして、かれは真夜中に起きようとした。わたしがぐっすり眠っているときに、かれは寝台から跳びおり、部屋着をきて、わたしを呼び起こす。わたしは起きあがって、あかりをつける。かれはただそうさせてみたかったのだ。十五分ばかりするとかれは眠くなり、試験の結果に満足してまた床にはいる。二日あとでかれはまた同じことをして同じ結果を見る。わたしはいらいらした様子をまったく見せない。また床にはいろうとしてかれがわたしを抱擁したときに、わたしはごく静かな調子でこう言った。「あなたはいい子ですね、そういうことをするのもいいでしょうが、もうおやめなさい。」このことばがかれの好奇心をかきたて、すぐそのあくる日の夜、わたしがどんなふうにかれの意志に逆らおうとするかちょっとためしてやろうと思い、かれはまた同じ時刻に起きあがって、わたしを呼び起こさずにはおかなかった。わたしは、どうしたいのか、とたずねた。かれは眠れないのだと言った。「おきのどくですね」と答えたまま、わたしは身をうごかそうともしなかった。かれはあかりをつけてほしいと言った。「なんのために?」わたしはじっとしていた。こういうぶっきらぼうな調子にかれは当惑してきた。かれは手さぐりで火口《ほくち》をさがしにいって火をともすしぐさをしていたが、指をうっている音をきいてわたしは笑わずにはいられなかった。

やがて、とてもできそうもないとわかって、かれはわたしの寝床に火打ち器をもってきた。わたしはそんなものは用はないと言って、むこうをむいてしまった。するとかれはばかみたいに部屋のなかを走りまわり、叫んだり、歌をうたったり、大さわぎをして、机や椅子にできるだけ痛くないようにぶつかり、しかも大げさな叫び声をあげて、わたしを不安におとしいれようとした。そういうことをしてもなんのききめもなかった。そしてわたしには、きびしい勧告をうけるか、おこられるものと思っていたかれは、こういう冷やかな態度をぜんぜん予期していなかったことがわかった。

けれども、しつこくがんばってわたしの忍耐心を征服してやろうと決心したかれは、いつまでも騒ぎをやめなかったので、ついに完全にその目的を達して、わたしもとうとう興奮してきたが、時宜をえない興奮のためになにもかもだめにしてしまうことになると感じたわたしは、そういうことにならないようなやりかたをすることにした。わたしはなにも言わずに起きあがって、火口のあるところにいったが、それはみつからなかった。かれにきいてみると、かれはそれをわたしに渡したが、とうとうわたしに勝った喜びに輝いていた。わたしは火口をうち、あかりをつけ、幼いお人よしの手をとって、静かに隣りの小さな部屋につれていく。その部屋の鎧戸《よろいど》は固くしまっていたし、そこにはこわれやすいものはなに一つおいてない。わたしはあかりもつけないでかれをそこに置き去りにする。それからドアに鍵をかけてかれを閉じこめ、ぜんぜん一言もいわないで、部屋に帰って寝る。まずひどい騒ぎになったことはいうまでもない。わたしもそれは覚悟していたのだ。わたしはそれに動じなかった。やがて物音はしずまる。わたしは耳をそばだてる。落ち着いてきたことがわかる。わたしは安心する。あくる朝、明るくなったその小部屋にはいってみると、幼い反抗者は長椅子のうえに横になって、深い眠りにおちいっている。すっかり疲れてしまったので、ぐっすり眠る必要があったのだ。

事件はそれだけではすまなかった。母親は子どもがその夜の三分の二を寝室の外ですごしたことを知った。たちまちなにもかもむだになってしまった。それは子どもが死んだのと同じようなことだった。子どもは仕返しをするいいきっかけができたと思って、病気になったふりをした。そんなことをしてもなんの得にもならないことがわからなかったのだ。医者が呼ばれた。母親にとってきのどくなことに、その医者はおどけものだった。母親が心配しているのをおもしろがって、その心配をつのらせるようなことをした。しかし、かれはわたしの耳もとでこうささやいた。「まあ、わたしにまかしておいてください。お約束しましょう、しばらくしたらこの子は病気のふりをするような気まぐれからなおりますよ。」じっさいに食養生と安静が必要だとされ、薬を飲むようにといわれた。かわいそうに母親がそんなふうにまわりのすべての人からだまされているのを見てわたしは嘆息した。わたしだけがだましていなかったのだが、そのわたしを彼女は憎むことになったのだ。わたしは彼女をだまさなかったからにほかならない。

かなり手きびしい非難のあとで、彼女はわたしに、息子は体が弱いこと、この家のたった一人の相続人であること、どんな犠牲をはらっても大切にしてやらなければならないこと、それから、子どもに逆らうようなことはしてもらいたくないこと、そういったことを述べたてた。逆らってはいけないということについては、わたしも同感だった。しかし彼女は逆らうということの意味を、なにごとにおいても子どもの言うとおりにしないことと解していた。わたしは母親にたいしても子どもにたいしてと同じような態度をとらなければならないことを知った。「奥さん」とわたしはかなり冷やかな態度で言ってやった。「わたしは相続人というものをどういうふうに育てたらいいか知らないのです。それぱかりではありません。そんなことを知ろうとさえ思っていないのです。そういうことは御自分でお考えになったらよろしいでしょう。」それにしてもまだしばらくのあいだわたしは必要な存在だった。そこで父親がすべてをまるくおさめることになった。母親は家庭教師に手紙を書いて、いそいで帰ってくるようにと言ってやった。子どものほうは、わたしの睡眠をさまたげたり、病気のふりをしたりしてもなんの得にもならないことがわかったので、やがては自分で眠り、病気からなおる決心をするようになった。

その小さな暴君が、そういった気まぐれで、きのどくな教師をどれほど束縛していたかは考えられないくらいだ。教育は母親の監視のもとに行なわれていたし、母親は相続人である息子がなにごとにおいても言うことをきかれないことにがまんできなかったからだ。いついかなる時刻に子どもが外出しようとしても、すぐに外へ連れ出してやらなければならなかった。というより、子どものあとについて行かなければならなかった。しかも子どもは、いつも、教師がほかにたくさん仕事があるのがわかっているときを選んでそうするように心がけていたのだ。かれはわたしにたいしても同じようなことを強制しようとした。そして夜わたしを休息させておかなければならなくなった仕返しを、昼間しようとした。わたしはなんでも喜んでするようにした。すると、わたしがかれの好きなようにしなければならないのを見て子どもの目が喜びに輝いているのがよくわかってきた。そのあとで、かれの気まぐれをなおしてやらなければならなくなったとき、わたしはちがったやりかたをすることにした。

まず最初にかれに落度があるようにする必要があったが、それはむずかしいことではなかった。子どもというものは目先のことしか考えないということを承知しているわたしは、容易に先のことが見透せるという有利な立場をかれにたいして利用した。わたしはかれの好みにひじょうによくあっていることがわかっている、家のなかでの楽しみごとをさせるようにした。そして、かれがそれにすっかり夢中になっていることがわかっているときに、ひとまわり散歩してこようと言いに行った。かれは全然うけつけなかった。わたしは言いはった。かれはわたしの言うことに耳を傾けようともしなかった。わたしはひきさがらざるをえなかった。そしてかれは、わたしが降参した様子を見て、それを貴重な勝利と考えた。

あくる日になると、こんどはわたしの番だった。かれは退屈した。わたしが退屈させるようにしたのだ。そしてはんたいに、わたしはひどくいそがしそうな様子を見せた。かれに決心させるにはそれほどにする必要はなかった。思っていたとおり、かれはわたしの仕事をやめてすぐに散歩に連れていってくれと言いにきた。わたしはことわった。かれは言いはった。「だめです」とわたしは言ってやった。「あなたは自分の思いどおりにして、わたしにも自分の思いどおりにすることを教えたのです。わたしは外出したくありません。」「それじゃ」とかれは勢いこんで言った。「ぼくは一人で外出します。」「お好きなように。」そう言って、わたしはまた仕事にとりかかった。

かれは服を着かえる。わたしがかれを勝手にさせておいて、かれにならって服を着かえようともしないのを見て、かれはやや不安を感じていた。外出のしたくができると、やってきて挨拶する。わたしも挨拶する。かれは、これから出かけていこうとする道の話をして、わたしを心配させようとする。その話を聞いてると、世界の果てまで行こうとしていると考えたくなるくらいだった。わたしはなんの感動も示さず、よい旅をしていらっしゃいと言ってやる。かれはいよいよ困ってくる。しかし、平静な態度をとりつくろって、出かけるときに、従僕に一緒にくるようにと言う。まえもって言いふくめられていた従僕は、暇がない、わたしに言いつけられたことをしているので、かれよりもわたしに従わなければならない、と答える。これにはもうかれはわけがわからなくなる。ほかのすべての人にとって自分は重要な存在だと信じているかれを、天も地も自分をまもることに関心をもっていると考えているかれを、一人で外出させるなどということがどうして考えられよう。それにしてもかれは自分の弱さを感じはじめる。かれを知りもしない人々のなかに一人で行くことになるということがわかってくる。これからであうことになるいろいろな危険がすでに見えてくる。強情だけがまだかれをささえている。かれはすっかりどぎまぎしてゆっくりと階段を降りていく。ついに通りに出る。なにか悪いことが起これば、それはわたしの責任になるだろうという期待にいくらか心をなぐさめられて。

それはわたしの期待していたことだった。万事あらかじめ準備されていた。そしてそれは公開の芝居のようなものだったので、わたしはまえもって父親の同意を得ていた。五、六歩もあるいていかないうちに、かれは右にも左にも自分のことでいろんなことを話し合っているのを聞く。「まあ、きれいな若様ね。あんなふうにたった一人でどこへ行くんでしょう。迷い子になってしまいますわ。あたし、家へいらっしゃいって、言ってあげたいわ。」「おかみさん、そんなことはしないほうがいいでしょうよ。あなたにはわからないんですか。あれはまだ子どもだけれど、やくざ者で、ちゃんとしようとしないもんだから、親の家から追い出されたんですよ。やくざ者をひきとるようなことをしちゃいけません。どこへでも好きなところへ行かせておくのです。」「それじゃしかたありませんわ。神さまが導いてくださいますように。なにかよくないことが起こらなければいいのですけどねえ。」それからまたすこし行くと、かれは自分とほぼ同じ年ごろの腕白小僧たちにであう。かれらはからかったり、ばかにしたりする。先へ行けば行くほど、やっかいなことにでっくわす。ひとりで、保護者のいないかれは、自分があらゆる人のなぶりものになっていることを知り、肩章も金ピカの服もかれを人々に尊敬させることにはならないことを知って、大きな驚きを感じる。

そのあいだにも、子どもの知らないわたしの友人の一人が、わたしはその人に子どもを見はっていてくれるようにたのんでおいたのだが、子どもに気づかれないように尾行していって、潮どきを見はからってかれの肩をつっつく。この役は「プールソーニャッ*ク」のスブリガーニの役に似たようなもので、頓知《とんち》のきいた人を必要とするのだが、それは完全に演じられた。子どもをひどくおびえさせて、臆病にしたり、心配性にしたりするようなことはしないで、かれは子どもの考えのないやりかたを十分によく感じさせ、三十分後には、おとなしくなって、恥ずかしさに顔もあげられないような格好で、子どもをわたしのところに連れもどした。

　その遠征の惨憺たる失敗の仕上げとして、子どもが帰ってきたちょうどそのときに、父親は外出するために家から出てきて、階段のところで子どもにであった。どこへ行ってたのか、なぜわたしが一緒にいないのか、それを話さなければならなかった。(三四)あわれな子は穴があればはいりたいような感じだった。長いあいだこごとを言っておもしろがるようなことはしないで、父親はわたしが期待していた以上のそっけない調子でこう言った。「一人で外出したいと思うなら、勝手にそうしてもいい。けれども、わたしはならず者を家におきたくはない。そういうことをするときには、もう家に帰ってこないつもりでそうしなさい。」

　わたしはといえば、わたしはしかったり、あざわらったりするようなことはしなかったが、多少いかめしい態度でかれをむかえた。そして、そうしたことがすべて芝居にすぎなかったのではないかと、かれに疑惑をもたせないために、その日は散歩に連れていかないことにした。あくる日、きのうはたった一人でいるかれを見てばかにした人々のまえを、わたしと一緒に意気揚々と歩いているかれを見て、わたしは大いに満足した。その後かれが一人で外出すると言ってわたしをおどかすようなことをしなくなったことは十分にわかるだろう。

こうした方法によって、そのほかにも同じような方法によって、その子と一緒にいたわずかばかりのあいだに、なに一つ命令しないで、なに一つ禁止しないで、説教しないで、勧告しないで、むだな教訓をならべて退屈させることもしないで、わたしは考えたことをすべてその子にさせることに成功した。だから、わたしがなにか話しているあいだは子どもは満足していた。しかし、わたしがなにも言わないでいるとかれは心配だった。なにかよくないことがあることをかれは理解していたからだ。そして、いつも教訓は事物そのものによってあたえられた。しかし、本題にもどることにしよう。

まえにも述べたように、自然の指導にまかされたたえまない訓練は、体を丈夫にしながら精神をにぶくするようなことはないばかりでなく、はんたいに、子どものころにもつことのできるただ一種の理性、そしてあらゆる年齢の人にとってもっとも必要なものを育てていく。そういう訓練はわたしたちの力の使用法を、わたしたちの体とまわりにあるものとの関係を、わたしたちの手の届くところにあってわたしたちの器官にふさわしい自然の道具の使用法を、十分によく教えてくれる。いつもいつも部屋のなかにいて、母親の目に見まもられて育ち、重さとか抵抗とかいうことも知らず、大きな木を引っこ抜いたり岩を持ち上げたりしようとする子どもの愚かしさにくらべられるばからしいことがあろうか。はじめてジュネーヴの市外に出たとき、わたしは駆けていく馬の跡を追おうとしたり、二里も遠いところにあるサレーヴの山にむかって石を投げたりしたものだ。村のあらゆる子どもたちのなぶりものになり、かれらにとってはわたしはほんとうの白痴だった。十八歳になって人は哲学〔自然学〕で挺《てこ》とはどういうものかを学ぶが、十二歳の農村の子で、アカデミーのいちばんすぐれた機械学者よりもよく挺をもちいることができないような者はいない。生徒が学校の庭でたがいに学びあうことは、教室で教えられるあらゆることにくらべて百倍もかれらの役にたつ。

はじめて部屋にはいってくる猫を見るがいい。猫はあちこちと動き、見まわし、匂いをかぎ、一刻もじっとしていない。あらゆるものをしらべ、あらゆるものを知ったあとでなければ、なにものにも気をゆるさない。歩きはじめた子ども、いわば世界の空間にはいってきた子どももそれと同じようなことをする。ちがいはただ、子どもにも猫にも共通な視覚のほかに、子どもは観察するために自然によってあたえられた手をもちい、猫は自然からさずけられた微妙な嗅覚をもちいることだ。この傾向が十分に発展させられるか否かによって、子どもは器用にも不器用にもなり、鈍重にも軽快にもなり、まぬけにも用心ぶかくもなる。

人間が行なう最初の自然の動きは、したがって、周囲にあるすべてのものと自分をくらべてみること、かれがみとめる一つ一つのものについて自分に関係のありそうなあらゆる感覚的な性質をためしてみることだから、かれが最初に研究することは自己保存に関連した一種の実験物理学なのだ。ところが、人間はこの世における自分の地位を知るまえに、その研究から遠ざけられ、理論的な研究をさせられる。繊細で柔軟な器官を、それがはたらきかけるべき物体に適合させることができるとき、まだ純粋な感覚が幻想からまぬがれているとき、そのときにこそ、その固有の機能をはたすことができるようにそれらを訓練しなければならないのだ。そのときにこそ、事物がわたしたちにたいしてもっている感覚的な関係を知ることを学ばなければならないのだ。人間の悟性にはいってくるすべてのものは、感覚を通ってはいってくるのだから、人間の最初の理性は感覚的な理性だ。それが知的な理性の基礎になっているのだ。わたしたちがついて学ぶ最初の哲学の先生は、わたしたちの足、わたしたちの手、わたしたちの目なのだ。そういうもののかわりに書物をもってくるのは、わたしたちに推論を教えることにはならない。

それは他人の理性をもちいることを教える。たくさんのことを信じさせるが、いつまでたっても、なに一つ知ることを教えない。

ある技術をもちいるためには、まずその道具を手に入れなければならないし、それらの道具を有効につかうことができるためには、使用に耐えられるように頑丈につくらなければならない。考えることを学ぶためには、したがって、わたしたちの知性の道具である手足や感官や器官を鍛練しなければならない。そして、それらの道具をできるだけ完全に利用するためには、それらを提供する肉体が頑丈で健康でなければならない。このように、人間のほんとうの理性は肉体と関係なしに形づくられるものではなく、肉体のすぐれた構造こそ、精神のはたらきを容易に、そして確実にするのだ。

子ども時代の長い暇な時間をなににもちいなければならないかを示しながら、わたしはこれから細かいことを述べようとしているのだが、それはこっけいなことに見えるだろう。人はこういうだろう。おかしな授業だ。あなたはあなた自身がやっつけているようなことにおちこんで、だれも学ぶ必要のないことを教えようとするだけだ。いつでもひとりでに覚えられることを、なんの骨折りも苦労もいらないことを教えるために、なぜ時間をつぶすのか。あなたがあなたの子どもに教えようとしていることを、それに、先生たちがもう教えてしまったことを、なにか知らないでいる十二歳の子どもがどこにいるのか。

いや、あなたがたは思いちがいをしているのだ。わたしはわたしの生徒にひじょうにひまのかかる、ひじょうに骨の折れる技術を、たしかにあなたがたの生徒が身につけていない技術を、教えるのだ。それは無知な者になる技術だ。自分が知っていることのほかには知っているとは思っていない人の知識は、結局、ごくささやかなことになるのだ。あなたがたは学問を教える。けっこうなことだ。しかし、わたしは学問を獲得するのに役だつ道具のことを考えているのだ。ヴェニスの人たちは、あるとき、サン・マルコ教会の宝物を晴れがましくスペインの大使のまえにならべて見せた。ところが、この大使はそれにたいするお世辞として、机の下をのぞいて、ただ一言、「根っこがありませんね」と言ったそうだ。わたしは教師が弟子の学識をならべたてているのを見るたびに、それと同じようなことを言いたくなる。

古代人の生活法について考えてみた人はすべて、古代人を近代人からひじょうにはっきりと区別している強い肉体と魂を体育のおかげだとしている。モンテーニュがこの意見をどんなふうに支持しているかを知れば、かれがそれに強い影響をうけていたことがわかる。かれはたえずいろんなふうにそのことをくりかえしている。子どもの教育について語りながら、かれは述べている。魂を強くするには、筋肉を強くしなければならない。労働になれさせることによって、苦痛になれさせることができる。脱臼や腹痛、その他あらゆる病気の苦しみに耐えられるようにするには、徹底的に苦しい訓練をさせる必要がある、と。賢明なロック、善良なロラン、博識なフルーリー、衒学者のクルーザなど*、ほかのことではたがいに意見を異にしている人たちも、子どもの体を大いに鍛練させなければならないというただ一つの点では、みんな意見が一致している。それはかれらの教えのなかでもっとも正しい教えだ。それはいつもいちばんかえりみられていない、これからもかえりみられない教えだ。その重要性についてはすでに十分に語ったし、またそれについては、ロックの書物にみいだされるもの以上にすぐれた理由も道理にかなった規則もあたえることはできないから、それを参照させることで満足しよう。ただ、ロックが注意していることにさらに二、三の注意をつけくわえることを許していただくことにする。

　成長しつつある体の手足はすべて衣服のなかでゆっくりしていなければならない。その運動や成長をさまたげるものがあってはならない。なんでもあまりにぴったりしていたり、体にくっついていたりしてはいけない。フランスふうの衣服は大人にとっても窮屈で不健康だが、とくに子どもにとって有害だ。循環をさまたげられてよどんだ体液はじっと一つところにとどまることになり、なにもしないで家のなかにばかりいる生活がさらにそれを助長して、体液は腐敗し壊血病をひきおこす。この病気は、わたしたちのあいだでは日々にますます一般的になっていくが、古代人にはほとんど知られていなかったもので、かれらの衣服の着かた、生活のしかたがそれを予防していたのだ。軽騎兵ふうの服装はそうした不都合をなくさせるどころではなく、かえってそれを大きくし、子どものどこかをひもでしばるようなことをしないかわりに体ぜんたいをしめつける。そんなものよりもっといいのは、できるだけ長いあいだ子ども服を着させておくこと、それからごくゆったりした服を着せることで、子どもの体つきのいいことを見せてじまんするようなことはしないことだ。そういうことは体をみにくくするだけのことだ。子どもの体と精神の欠陥はすべて同じ原因から生じると言ってもいい。人は子どもを、まだそのときが来ないのに、大人にしようとしているのだ。

色には明るい色と暗い色とがある。前者は後者よりも子どもの好みにあっている。また、そのほうが子どもによく似合う。だからわたしは、この点についてそういう自然の一致を考慮しないとしたら、その理由がよくわからない。しかし、子どもがこのほうがはでだからという理由である生地を選んだとしたら、かれらの心はすでにぜいたくにひかれ、人々の意見のあらゆる気まぐれに従っているのだ。そしてそういう好みは、たしかに、おのずから子どもの心に起こってくるものではない。衣服を選ぶこととそれを選ぶ動機がどんなに大きな影響を教育にあたえているかは言うことができない。盲目な母親は子どもに褒美《ほうび》として身を飾る品物を約束するばかりでなく、無分別な教師が罰としてもっとそまつで飾りのない服を着させると言って生徒をおどかすようなことさえみられる。もっとよく勉強しないと、もっと服をだいじにしないと、あの百姓の子のような服を着せられますよ。それはこう言ってるようなものだ。人間は衣服だけで値うちがあることを、あなたの価値はすべてあなたの衣服にあることを知らなければいけませんよ。こういう賢明な教訓が若者のためになり、かれらが身を飾るものだけを高く評価し、見かけによってのみ価値を判断するとしても驚く必要があろうか。

そんなふうにそこなわれた子どもの頭を切り換えさせなければならないとしたら、わたしは、いちばんりっぱな服はいちばん窮屈な服であるようにして、子どもがたえずいろんなふうに拘束され、圧迫され、身動きもできないようにしてやる。豪華な服装をした子どもから自由を、喜びを失わせてやる。もっとさっぱりした服を着たほかの子どもたちの遊びに加わりたいと思っても、すぐにみんなは遊びをやめて、むこうへ行ってしまうにちがいない。さらにわたしは、かれにやりきれない思いをさせ、そのりっぱな服装にあきあきさせ、かれを金ピカの服の奴隷と化して、それをかれの生活のやっかいものにし、その服を着せられるくらいならこのうえなく陰惨な牢獄もそれほど恐ろしくないように見える、といったぐあいにしてやる。子どもをわたしたちの偏見に従わせないかぎりは、なによりも気らくに自由であることが子どものいつも望んでいることだ。もっとも簡素で着ごこちのいい服、いちばんかれの体をしめつけることがない服、それがいつも子どもにとっていちばんありがたい衣服なのだ。

訓練にむいている体の習性があり、むしろじっとしていることにむいている習性もある。後者は体液をおだやかに一様に循環させ、空気の変化から体をまもってやることになる。前者は体をたえず運動状態から休息状態へ、暑さから寒さへ移らせ、空気の変化に体をなれさせることになる。そこで、家にばかりいてじっとしている人は、いつでも厚着をして、一様な温度のなかに、四季を通じて、一日のうちでもあらゆる時間に、ほぼ同じ温度のなかに、身をおかなければならないことになる。はんたいに、あっちへ行ったり、こっちへ来たりして、風と太陽と雨にさらされ、盛んに活動し、大部分の時間を空の下ですごしている人は、いつも軽快な服装をして、空気のあらゆる変化とあらゆる温度になれ、そのために病気になることもないようにしなければならない。わたしはそのどちらの人にたいしても季節によって着物を替えないようにすすめたい。そしてこれはわたしのエミールがいつも実行していることでもあるだろう。このばあい、家にばかりひっこんでいる人のように、夏でも冬の着物を着せようとは思わない。よく働く人のように、冬でも夏の着物を着させたい。こういう習慣は騎士ニュートン*が一生のあいだつづけていたことだった。そしてかれは八十歳まで生きていた。

どんな季節にも帽子はぜんぜんかぶらないか、ほとんどかぶらないようにするがいい。古代のエジプト人はけっして帽子をかぶらなかった。ペルシャ人は大きな冠をかぶり、さらにまた大きなターバンを巻きつけていたが、シャルダン*によれば、そういう習慣はこの国の空気のために必要になっているのである。わたしは別の書物*で、ヘロドトスが戦場においてペルシャ人とエジプト人の頭蓋にみとめたちがいについて注意しておいた。そこで、頭の骨はできるだけ固く、緻密で、脆《もろ》くなく、孔を少なくして、脳を傷にたいしてばかりでなく、風邪《かぜ》とか炎症とか、その他あらゆる空気の影響にたいして十分にまもってやる必要があるのだから、夏でも冬でも、昼間でも夜でも、いつも帽子をかぶらないでいるように子どもをなれさせるがいい。清潔にするために、また髪の毛をきちんとしておくために、夜は帽子をかぶらせることにしたいというなら、薄地の、透き間のある縁《ふち》なし帽、ちょうどバスク人が髪の毛をつつんでいる網のようなものにするがいい。たいていの母親は、わたしの説明よりもシャルダンの観察に感心して、いたるところにペルシャの空気が流れていると考えるだろう。それはよくわかっている。しかし、わたしがヨーロッパ人の生徒を選んだのは、かれをアジア人にするためではない。

一般的にいって、人は子どもに厚着をさせすぎる。ことに幼いころはそうだ。しかし、暑さよりもむしろ寒さによって子どもをきたえなければならないのだ。はやくからきびしい寒さにさらしておけば、それはけっして子どもを病気にするようなことはない。ところが、子どもの皮膚の組織はまだひじょうに柔らかく、固まっていないために、あまりにも自由に空気を吸いこませるので、きびしい暑さはかならずはげしい疲労を子どもに感じさせることになる。だから、八月にはほかのどの月におけるよりも子どもの死亡が多いことがみとめられている。それにまた、北方の民族と南方の民族との比較によっても、ひどい暑さに耐えるよりもひどい寒さに耐えることによって人はいっそう丈夫になるということははっきりしていると思われる。しかし、子どもが大きくなり、線維が強くなるにしたがって、すこしずつ太陽の光線にも耐えられるようにならすがいい。すこしずつやっていけば、やがては危険なしに熱帯地方の暑さにも耐えられるようにすることができる。

ロックは、わたしたちにあたえている道理にかなった力づよい教えのなかで、あれほど正確な理論家にしては思いがけない矛盾におちこんでいる。子どもに夏、冷水を浴びさせたいと言っているこの人は、子どもは暑くなったときに冷たい水を飲まないようにと望んでいる。また、湿《しめ》ったところにころがって寝ないようにと望んでいる。(三五) ところが、かれは子どもの靴がいつでも水につかってもいいと言っているのだから、子どもは暑いときにもやっぱり靴を水にひたしてもいいのではないか。そしてロックが手とくらべて足について、顔とくらべて全身について考えているのと同じことを、足にくらべて体についても考えることができるのではないか。わたしはかれにこう言いたい。あなたは人間の全身が顔のようになることを望んでいるのだが、わたしは人間の全身が足のようになることを望んでいるのだ。なぜそれを非難するのか、と。

子どもが暑いときに水を飲むのをやめさせようとして、ロックは子どもに水を飲むまえにまず一片のパンを食べる習慣をつけることを命じている。子どもは喉《のど》がかわいているというのに、食べものをやる必要があるというのは、まことに奇妙なことだ。わたしはむしろ、子どもがおなかがすいているときに飲みものをやることにしたい。わたしたちの基本的な欲望はそんなに不規則なもので、死ぬような目にあうことなしにそれを満足させることができないなどということは、けっしてわたしはなっとくすることができない。かりにそんなふうだったとしたら、人類は自己を保存していくためになすべきことを学ぶまえに百回も滅びていたことだろう。

エミールが喉がかわいたときにはいつもかれに飲みものをあたえることにしたい。わたしは純粋な、どんな処理もほどこしてない水をあたえることにしたい。たとえ汗だらけになっているとしても、冬のさなかであろうとも、水を温めさせるようなこともしない。わたしがすすめたいただ一つの注意は、水の質を知ることだ。川の水なら、川からくんだままのものをすぐにあたえていい。泉の水であるなら、飲ませるまえにすこしのあいだ空気にさらしておかなければならない。暑い季節には、川の水は温かくなっている。泉の水はそうでない。空気にふれていないからだ。それが大気の温度になるまで待たなければならない。冬は、はんたいに、泉の水はこの点では川の水より危険が少ない。しかし、冬、とくに戸外で汗をかくというのは、そうあたりまえのことではないし、ざらにあることでもない。冷たい空気がたえず皮膚にふれて汗をうちへひっこませ、汗が出るように気孔が十分にひらくのをさまたげるからだ。ところで、わたしはエミールに、冬、ストーヴのそばで運動をさせようとは思わない。戸外で、野原のまんなかで、氷のなかで運動させたい。雪で玉をこしらえたり投げたりして、それで体が熱くなるだけなら、喉がかわいたときには水を飲ませることにしよう。飲んだあとにも運動をつづけさせよう、そしてなんにも事故を心配しないことにしよう。なにかほかの運動をして汗をかき、喉がかわいても、そのときにも、冷たい水を飲ませよう。ただ、かれを遠いところへ、ゆっくりと連れて行って、水をもとめさせるようにするがいい。そのときは寒いだろうから、かれがそこへ着いたときには、水を飲んでも危険にならない程度に体が冷えてくるだろう。とくにかれに気づかれないようにそういう用心をするがいい。かれがたえず自分の健康に気をつけているよりは、むしろたまには病気になったほうがいいとわたしは思う。

子どもには長い眠りが必要だ。激しい運動をするからだ。一方は他方を調整するものとなる。だから、かれらには両方とも必要であることがわかる。休息のときは夜だ。それは自然によって示されている。太陽が地平線のかなたに沈んでいるあいだには眠りはいっそう安らかで、快いものであること、そして太陽の熱で温められた空気はわたしたちの感官をそれほど深い安静状態に保たせないこと、それはいつでも変わらない事実だ。そこで、いちばん健康によい習慣は、たしかに、太陽とともに起き、太陽とともに寝ることだ。だから、わたしたちがおかれている風土にあっては、人間もあらゆる動物も、一般に、冬は夏よりも長く眠る必要がある。しかし、社会生活はそれほど単純でも自然的でもないし、さまざまなめぐりあわせや事件をまぬがれることはできないから、そうした一様な生活に人間をなれさせ、それをどうしても必要なものとするようなことになってはならない。たしかに規則には従わなければならない。しかし、なによりも重要な規則は、必要が生じたときには危険をともなうことなしにあらゆる規則を破ることができるということだ。だから、安らかな眠りをつづけさせ、けっしてそれを中断しないようにして、あなたがたの生徒を柔弱にするような思慮のないことをしようとしてはいけない。まず、かれを束縛しないで自然の法則にまかせるがいい。しかし、わたしたちのあいだでは、かれはその法則をこえたところにいなければならないこと、おそく寝てはやく起き、突然に呼び起こされ、幾晩も寝ないですごしても病気にならないでいられるようでなければならないことを忘れてはいけない。十分にはやくからそういうふうにして、たえずゆっくりとすこしずつやっていけば、すっかりできあがっている者にそうさせるばあいには破滅のもとになることによって体質が鍛えられる。

最初は寝ごこちの悪いところで寝るようにしつける必要がある。それは寝ごこちの悪い寝床などというものをなくさせる方法だ。一般に、つらい生活は、一度それが習慣になってくると、快い感覚を増すことになる。柔弱な生活は不快な感覚を無限につくりだす。あまりこまかく気をつかって育てられた人は羽根ぶとんにくるまらなければ眠れなくなる。板のうえで眠ることになれた人はどんなところででも眠ることができる。横になれば眠れる者にとっては固い寝床などというものはない。

羽根や綿毛に身をうずめて眠るふんわりした寝床は、いわば肉体を溶かし、解体させる。あまりに温かくつつまれた腰は熱くなる。そこからしばしば結石やそのほかの病気が起こる。そして必然的に、そういうあらゆる病気のもとになる弱々しい体質がつくられる。

いちばんいい寝床とは、このうえなく気持ちのいい眠りをあたえてくれる寝床のことだ。そういう寝床をエミールとわたしは昼間のうちにととのえることにする。わたしたちの寝床をととのえるには、ペルシャの奴隷を連れてきてもらう必要はない。大地をたがやしながら、わたしたちは敷きぶとんを敷いているのだ。

子どもというものは、健康でありさえすれば、ほとんど思いのままに眠らせたり目をさまさせたりすることができるのをわたしは経験によって知っている。子どもが横になり、おしゃべりをして女中を困らせているとき、女中は「お眠りなさい」と言う。それは子どもが病気なのに、「丈夫でいなさい」と言ってるようなものだ。眠らせるまちがいのない方法は、子どものほうを困らせることだ。子どものほうが黙っていなければならなくなるまで話してやるがいい。そうすればやがてかれは眠ってしまうだろう。とにかくお説教もなにかの役にはたつ。教訓を垂れるのも、ゆすぶってやるのと同じくらいの効能はある。しかし、そういう催眠剤を夜もちいるのはいいが、昼間はさしひかえるがいい。

わたしはときどきエミールを呼び起こすだろう。あまり長く眠る習慣がつくのをおそれるよりも、あらゆることに、とつぜん呼び起こされるというようなことにも、なれさせるためだ。さらにいえば、かれがひとりで目をさまし、わたしが一言もいわなくても、いわばわたしの意志によって、起きあがるようにさせることができないとしたら、わたしは自分の職務にたいする才能をいくらももちあわせていないということになる。

かれが十分に眠らなければ、わたしはかれに、あしたは不愉快な朝をすごすことになることをわからせ、かれ自身も眠りにあたえることができる時間をそれだけ自分の得になるものと考えるだろう。あまり長く眠っているとしたら、わたしはかれが目をさましたときに、かれの好きなおもしろいことを見せてやる。一定の時刻に目をさまさせたいと思えば、わたしはこう言ってやる。あした六時に釣りに行くことになっている、こういうところに散歩に行くことになっている、あなたも一緒に行きますか。かれは承知する。わたしに起こしてくれるようにたのむ。わたしは必要に応じて、約束したり、しなかったりする。目をさますのがおそすぎると、わたしは出かけてしまっている。はやく自分で目をさますようにしないと、困ったことになるだろう。

さらに、これはめったにないことだが、いつまでも惰眠をむさぼるくせのあるものぐさな子どもだったとしたら、そういうくせをそのままにしておいてはいけない。捨てておくと完全になまけぐせがついてしまうだろう。そういう子どもにはなにか刺激になるものをあたえて目をさまさせなければならない。強制的に起こすようなことはもちろんしてはならない。なにか欲望を起こさせ、かれの気持ちを動かして起きるようにさせなければならない。その欲望も自然の秩序にかなったものから選びとられることになれば、同時に二つの目的にわたしたちを導いていく。

すこし知恵をはたらかせれば、虚栄心、競争心、嫉妬心を起こさせなくても、子どもに好みを、さらに情熱を、あたえることができないようなことはなにもないのではないか、とわたしは思っている。子どもの潑剌とした心、模倣の精神、それだけで十分なのだ。とくに子どもに自然の快活さ、これは確実な手がかりになるのだが、教師はけっしてそれに思いいたらないのだ。これは遊びにすぎないと十分に承知しているあらゆる遊びにおいては、子どもは、ほかのばあいには涙をぽろぽろこぼさずには耐えることのできないことを、不平もいわずに、いや、笑いながら耐えるものだ。長いあいだの空腹、打撃、やけど、あらゆる種類の疲労も、幼い野蛮人の楽しみごとになる。苦しみにもそのつらさを忘れさせる調味料があることがわかる。しかし、そういうごちそうをつくるのは、どんな教師にもできるわけではないし、顔をしかめずにそれを味わうのも、たぶん、どんな弟子にもできるわけではない。ここでわたしはまた、うっかりしていると、例外的なことに迷いこむことになる。

それにしてもやりきれないことは、苦しみや、人間にとってあたりまえの不幸や、思いがけない災難、生命の危険、さらに死、そういうことに人間が屈服することだ。そういうあらゆる観念に人間をならしていけば、苦しみそのものにそれを耐え忍ぶためのいらいらした気持ちをつけくわえるやっかいな感受性をなくさせることになる。人間におそいかかってくるいろいろな苦悩になれさせるようにすれば、たしかモンテーニュが言ってるように、＊異常な事件にも刺激を感じさせないようになる。さらにまた、かれの魂をなにものにも傷つけられない強固な魂にすることができる。かれの肉体は鎧となって、かれが生身にうけるかもしれない攻撃の矢をすべてくいとめることになる。死期が近づいてもそれはまだ死ではないのだから、ほとんど死として感じられなくなる。かれはいわば死ぬことはないだろう。生きているか、死んでいるかだ。ただそれだけのことだ。そういう人についてこそ、同じくモンテーニュは、モロッコのある王について言ってるように、＊なんびとも死においてかれほどよく生きたものはいない、と言うことができたのだろう。いつも変わらないしっかりとした心、それはほかの美徳と同じように、子どものころに学びとらなければならない。しかし、子どもに美徳の名称を教えることによって美徳が教えられるものではない。それがなんであるかを知らなくても、じっさいにそれを子どもに味わわせなければならない。

ところで、死ということに関連して、天然痘の危険については、わたしたちの生徒にたいしてどう処置したらいいか、小さいときに種痘をさせたらいいか、それとも自然に種痘をうけるのを待ったものか。*第一のやりかたは、わたしたちの習慣に一致しており、人間の生命がそれほど貴重なものとならないときに危険をおかして、生命がもっと貴重なものとなる時代の危険をふせぐ。もっとも、十分によく管理された種痘を危険と呼ぶことができるとすればの話である。

しかし、第二のやりかたのほうが、わたしたちの一般的な原則にふさわしい。つまり、自然が自分ひとりですることを好み、人間が手を出そうとするとすぐにやめてしまう世話を、すっかり自然にまかせることだ。自然の人間はいつでも準備ができている。だから、この先生の手で種痘をさせることにしよう。かれはわたしたちよりももっとよくその時期を選ぶだろう。

だからといって、わたしは種痘を非難しているのだと結論するようなことはしないでいただきたい。わたしの生徒に種痘をさせないことにする理由は、あなたがたの生徒にはまったく通用しないからだ。あなたがたの教育は、生徒が天然痘にかかることになる時期にそれをまぬがれられなくするように生徒を育てている。偶然にまかせて天然痘にかからせるようなことをしたら、たぶん生徒は死んでしまう。種痘が必要になるにつれて、いろいろな国でますますそれに反対していることをわたしは知っているが、その理由は容易にわかる。だから、わたしのエミールのためにこの問題をくわしく論じようとは思わない。かれは時と場所と事情に応じて、種痘をうけるか、うけないかになるだろう。それはかれにとってはほとんどどちらでもいいことだ。種痘をうけたとすれば、あらかじめ病気を知るという利益があるだろう。それはとにかくよいことだ。しかし、自然に天然痘にかかることになれば、わたしたちはかれを医者の手からまもってやったことになるだろう。それはさらによいことだ。

排他的な教育は、それをうけたものを民衆から区別することだけを考え、いつももっともありふれたこと、それゆえにこそもっとも有益なことよりも、もっとも費用のかかる教育をほどこそうとする。そこで、行き届いた教育をうける若者たちはみんな乗馬を学ぶ。それには多くの費用がかかるからだ。ところが、そういう若者の一人として水泳を学ぶ者はないと言っていい。それにはぜんぜん費用がかからないし、職人でもほかのだれとも同じように水泳を学ぶことができるからだ。しかし、練習所で学ばなくても、旅をする人は馬に乗り、落ちるようなこともなく、必要に応じて馬をつかうことができる。ところが、水中では、泳げなければ溺《おぼ》れてしまうし、泳ぎは学ばなければ覚えられるものではない。さらに、馬に乗らなければ生命が危険になるということはないが、人がしばしばおちいる危険を確実にまぬがれることはだれにも保証されていない。エミールは、大地のうえにいるときと同じように、水中にいられるようになるだろう。できればどんな元素のなかでも生きられるようにしてやりたいのだが。かりに空中を飛ぶことを学べるなら、わたしはエミールを鷲《わし》のようにしてやりたい。もし火の中で身を鍛えることができるなら、いもりにしてやりたい。*

子どもが泳ぎを習っているうちに溺れはしないかと人は心配する。泳ぎを習っているうちに溺れようと、習わなかったために溺れようと、それは結局あなたがたの過失なのだ。わたしたちをむこうみずにするのは虚栄心だけだ。だれにも見られていないときにはむこうみずなことをする者はいない。しかしエミールは、たとえ世界じゅうの人から見られていても、そんなことはしないだろう。練習には危険がともなわなければならないというわけのものではないから、かれは父親の庭にある用水でヘレスポント海峡を横断することを学ぶだろう。しかし、危険にもなれる必要がある。危険なばあいにもあわてることがないようにしなければならないからだ。これは、いまわたしが語った学習の基本的な部分だ。それにしても、よく注意してかれの体力によって危険の度合いを考え、いつもかれと危険をともにしているわたしは、自分の身の安全のためにはらうべき注意によってかれの身の安全を考えてやることにするから、なにか不用意なことをしでかすような心配はほとんどあるまい。

子どもは大人より小さい。子どもは大人の体力も理性ももっていない。しかし、大人と同じように、あるいはほとんど同じように、見たり聞いたりする。子どもはそれほど繊細ではないが、大人と同じようにはっきりした味覚をもち、同じような肉感性を感じないにしても、大人と同じように匂いを嗅ぎわける。わたしたちのうちに最初に形づくられ、完成される能力は感官である。だから、それを最初に育てあげなければならない。ところが、それだけを人は忘れている。あるいは、いちばんおろそかにしている。

感官を訓練することはただそれをもちいることではない。感官をとおして正しく判断することを学ぶことであり、いわば感じることを学ぶことだ。わたしたちは学んだようにしか触れることも見ることも聞くこともできないからだ。

判断力になんの影響もあたえることなしに体を丈夫にすることに役だつ、純粋に自然的な、そして機械的な運動がある。泳ぐこと、走ること、飛びはねること、コマをまわすこと、石を投げること、こうしたこともすべてたいへんけっこうなことだ。しかし、わたしたちは腕と足だけをもっているわけではあるまい。目や耳もあるではないか。しかもこれらの器官は腕や足をつかうときに必要のないものではない。だから、力だけを訓練してはいけない。力を指導するすべての感官を訓練するのだ。それぞれの感官をできるだけよく利用するのだ。それから、一つの感官の印象をほかの感官によってしらべるがいい。大きさをはかったり、数をかぞえたり、重さをはかったり、くらべてみたりするがいい。どの程度の抵抗を示すか推定したあとでなければ力をもちいないようにするがいい。結果を推定することがいつも手段をもちいることに先だつようにするがいい。不十分な、あるいはよけいな力をけっしてもちいないように子どもに関心をもたせるがいい。そういうふうに自分が行なうあらゆる運動の結果を予見し、経験によって誤りを正す習慣を子どもにつけさせれば、行動すればするほどますます正確になってくることは明らかではないか。

なにか大きなものを動かすことが問題だとしよう。あまりに長い挺をつかっては、よけいな運動量をついやすことになる。あまりに短い挺をもちいれば力がたりないことになる。経験は正確に必要な棒を選ぶことを子どもに教えるだろう。こうした知恵は、だから、子どもの年齢をこえたものではない。なにか重い荷物を運ぶことが問題になるとしよう。もてる程度の重さのものをもとうとするとき、もちあげられるかどうかじっさいにためしてみたくなければ、子どもは目で見てその重さを推定しなければならなくなるだろう。子どもがすでに同じ物質のちがう大きさのものをくらべることができるなら、こんどは同じ大きさのちがう物質のものから選ばせてみるがいい。かれはどうしてもそれらの物質の比重を考えてみなければならなくなる。申し分のない教育をうけた若い人が、樫の木の大きな切れはしのいっぱいはいっている桶が、同じ桶に水をいっぱいいれたばあいよりも目方が少ないことを、ためしてみなければほんとうにしなかった例をわたしは知っている。

わたしたちはすべての感官を同じようにつかえるわけではない。たとえば触覚のように、目をさましているあいだはけっしてそのはたらきをやめない感官がある。それはわたしたちの体の表面ぜんたいにひろがっていて、体を傷つけるおそれのあるあらゆることをわたしたちに警告する不断の見張りのようなものになっている。それはまた、たえずそれをもちいることによって、いやおうなしにわたしたちがいちばんはやく経験を獲得するものであり、したがって特別に訓練する必要はそれほどない。それにしても、目の見えない人はわたしたちよりもいっそう確実で鋭敏な触覚をもっていることをわたしたちは観察している。かれらは視覚によって導かれることがないので、視覚がわたしたちにあたえる判断を触覚だけからひきだすことを学ばなければならないからだ。そうだとしたら、わたしたちもかれらのように、暗闇《くらやみ》のなかを歩いたり、目に見えない物体を見わけたり、わたしたちをとりまいているいろいろなものを判断したり、一言でいえば、夜、あかりのないところで、目をもたないかれらが昼間していることを、すべてするようになぜ練習させてもらえないのか。太陽が出ているあいだは、わたしたちはめくらにくらべて有利だ。暗闇のなかでは、こんどはめくらがわたしたちの案内者になる。わたしたちは一生の半分は目が見えないのだ。ただ、ほんとうのめくらはいつでも歩くことができるが、わたしたちは真夜中には一歩も踏みだすことができないというちがいがある。あかりがあるではないか、と人は言うだろう。いつも道具をもちだすとは困ったことだ。必要に応じてどこででも、道具があなたがたの用をたしてくれるとだれが保証しているのか。わたしとしては、エミールが指の先に目をもっているほうが、それをろうそく屋から仕入れてくるよりましだと思っている。

夜、どこかの建物のなかに閉じこめられたとしたら、手をたたいてみるがいい。その場所の反響によって、それが広いところか、狭いところか、まんなかにいるのか、隅のほうにいるのかわかるだろう。壁から半歩はなれたところでは空気はそれほど濃くはなく、抵抗が少ないので、ほかとはちがった感覚を顔にあたえることになる。ひとつところに立ちどまって、つぎつぎにあらゆる方向にむいてみるがいい。どこかに扉があいていれば、軽い空気の流れがそれを示してくれるだろう。船に乗っているときには、風がどんなぐあいに顔にあたるかによって、どの方向へ進んでいるかということだけではなく、川の流れがおそいかはやいかもわかる。こういうことは、そのほかに多くの同じようなことも、夜でなければよく観察されない。昼間では、どんなに注意していようとしても、わたしたちは視覚に助けられるか、注意をそらされて、そういうことは見すごされてしまう。しかもこのばあいには、まだ手も棒ももちいてはいないのだ。視覚による知識のどれほど多くが触覚によって、しかも全然なにものにも触れることなくして、獲得されることか。

　夜の遊びごとをたくさんやらせること。この忠告は見かけ以上に重要なことだ。夜は当然のことながら人をおびえさせる。ときには動物たちをもおびえさせる。(二六) 理性、知識、精神、勇気も、人々にこういう性分をなくさせることはほとんどできない。理論家、自由思想家、哲学者、昼間は勇敢な軍人が、夜、女みたいに、木の葉の音を聞いてふるえあがったのをわたしは見たことがある。そういう恐怖は、乳母から聞かされたおとぎ話のせいにされている。それはちがう。それには自然の原因がある。その原因とはなにか。つんぼを疑いぶかくし、民衆に迷信を教えるのと同じ原因、つまり、わたしたちの周囲にあるもの、わたしたちのまわりで起こることにたいする無知だ。(二七) 遠くからものをみとめ、その印象をあらかじめ見ぬくことになれている者は、自分の周囲にあるものがなにも見えないとき、そこにさまざまな存在、さまざまな運動を想定して、それらは自分に害をおよぼすかもしれない、しかもそれから自分の身をまもることは不可能なのだ、というようなことをどうして考えずにいられよう。わたしがいる場所は、安全なのだとわかっていたところでむだだ。その場所を現実に見ているときと同じようにはけっしてそれがわかっていないのだ。だから、昼間は見られない恐怖の的《まと》がいつも潜在することになる。もっとも、外部にある物体がわたしの体にはたらきかけるときには、たいていなにかの音によってそれがわかるということは、わたしも知っている。だから、たえずわたしはどんなに耳をそばだてていることか。原因がわからない音がすこしでもすると、たちまち自分をまもろうとする関心が、なにをおいても身を警戒するようにとうながすあらゆることを予想させる。したがってこのうえなくわたしをおびえさせるあらゆることを考えさせる。

まったくなにも聞こえなかったとしても、そのために落ち着いてはいられない。音を立てなくてもおそいかかってくることがあるからだ。事物を、まえにあったように、いまもまたあるはずであるように、わたしは考えずにはいられない。見えないものを見ずにはいられない。そこで、想像力をはたらかせることを余儀なくされ、やがてそれをおさえきれなくなって、自分を安心させようとすると、いっそうわたしは不安になるだけだ。物音を聞けば泥棒かと思う。なにも聞こえなければ幽霊が見える。身をまもろうとする気持ちが呼び起こす警戒の念は心配の種をふりまくばかりだ。わたしを安心させてくれるものはすべて理性のうちにあるだけだが、理性よりも強い本能は理性とはまったくちがったことを語りかける。こういうばあいにはどうすることもできないのだから、なにも恐れるものはないのだと考えたところで、それがなんの役にたとう。

病気の原因がわかればそれにたいする手当てもはっきりする。あらゆることにおいて習慣は想像を殺してしまう。新しいものでなければふたたび想像を呼びさますことはできない。まいにち見られるものにたいしては想像力ははたらかなくなり、記憶力がはたらくことになる。これは、「情念は習慣からは生まれない」という公理の根拠である。情念は想像力の火によってはじめて燃えあがるのだ。だから闇にたいする恐怖をなくさせてやろうとする人と議論してはいけない、その人をしばしば暗いところへ連れていくがいい。そうすれば哲学のあらゆる論証もこういう習慣には勝てないことが確実にわかる。屋根屋は屋根にのぼって目をまわすことはないし、暗闇にいることになれた者には闇に恐れを感じるようなことはもう見られない。

そこでわたしたちの夜の遊びごとには、第一の効用のほかにもう一つの効用があることになる。しかし、こういう遊びごとを成功させるには、できるだけ陽気にやるようにとおすすめしたい。暗闇ほど陰気なものはない。だから子どもを牢屋に閉じこめるようなことをしてはいけない。暗いところにはいるときには笑いながらはいられるようにしてやるがいい。そこから出てこないうちにふたたび笑えるようにしてやるがいい。そこにいるあいだは、捨ててきた楽しみ、じきにまたみいだされる楽しみを考えて、暗いところにいるかれのところにやってくるかもしれない怪奇な想像をまぬがれられるようにしてやるがいい。

ある時期をすぎると人はまえに進みながらもうしろのほうを見ている。そういう時期が人生にはある。わたしはその時期をすぎたように感じられる。わたしは、いわば別の道を歩きはじめている。わたしのうちに感じられるようになった成熟しきった時期の空虚な心は、幼いころのなつかしい日々をわたしに描いて見せる。年をとりながらわたしは子どもにかえっていく。そしてわたしは、三十歳のときにしたことよりも、好んで十歳のときにしたことを思い出す。だから、読者よ、ときにはわたし自身のことから例をあげることを許していただきたい。この書物をよいものにつくりあげるためには、わたしは楽しみながら書く必要があるのだ。

わたしは田舎でランベルシエ氏と呼ばれる宣教師の家にあずけられていた。* 仲間にはわたしより金持ちの従兄《いとこ》がいた。かれは一家の相続人ということになっていた。一方わたしは、父親のもとをはなれたあわれなみなし子にすぎなかった。わたしより年長の従兄ベルナールはひどく臆病だった。ことに夜はそうだった。わたしがしきりとかれの恐怖心を笑うので、ランベルシエ氏は、わたしのじまん話を聞きあきて、わたしの勇気をためそうとした。ある秋の晩、たいへん暗い晩だった、ランベルシェ氏はわたしに御堂の鍵をわたして、説教壇のところに忘れてきた聖書を取って来るようにと言った。かれは、わたしの名誉心をそそるために、どうしてもそれをことわることができなくなるようなことを二言、三言つけくわえた。

わたしはあかりをもたずにでかけていった。あかりをもっていったら、もっとぐあいの悪いことになったろう。墓地を通っていかなければならなかった。わたしは愉快な気持ちでそこを通っていった。外にいるのだと思っているあいだは、わたしはけっして夜の恐怖にとらえられることはなかったのだ。

扉をあけたとき、天井からなにか響いてくるのが聞こえたが、それは人の声に似ているように思われ、わたしのローマ人ふうの健気な心をゆるがしはじめた。扉はひらいて、わたしはなかにはいろうとした。しかし、五、六歩すすんだと思うと、すぐに立ちどまった。その広いところにみなぎっている深い闇を見て、髪の毛が逆だつように恐怖にとらえられた。わたしはあとへひきかえして外へ出る。ガタガタふるえながら逃げていく。中庭にシュルタンという小犬がいて、それがすりよってきたので、わたしは安心した。自分の恐怖心を恥ずかしく思い、わたしはまたあとへひきかえした。ただ、シュルタンを一緒に連れていこうとしたが、ついてこようとはしなかった。わたしはいそいで入り口を踏みこえ、御堂のなかにはいる。ふたたびそこにはいったかと思うと、ふたたび恐怖心がわたしをとらえた。それもひどい恐怖心だったので、頭がどうかしてしまった。そして、説教壇は右手にあって、それをわたしはよく知っていたのに、気がつかないうちに方向をまちがえて、長いあいだ左手のほうをさがしていた。腰かけのあいだでまごまごして、もうどこにいるのかわからなくなった。そして、説教壇も入り口も見つけることができず、なんともいえないほどの混乱状態におちいった。やっと入り口がわかり、御堂から抜けだすことができた。そして、最初と同じようにその場をたちさりながら、昼間にならなければもう二度と一人でこないことにしようと固く心を決めていた。

わたしは家までもどってくる。なかへはいろうとしていたとき、わたしは、大笑いをしているランベルシエ氏の声を聞く。わたしのことを笑っているのだ、と早合点《はやがてん》したわたしは、そこへ顔を出すのが恥ずかしくなって、扉をあけるのをためらっていた。そのとき、〔妹の〕ランベルシエ嬢が、わたしのことを心配して、女中にカンテラをもってくるようにいいつけているのが聞こえ、ランベルシエ氏はわたしの勇敢な従兄に護衛されてわたしをさがしにくるしたくをしている。そうなると、遠征の名誉はすべて従兄にあたえられることになる。たちまち恐怖心は消えさって、逃げてきたのが見つかりはしないかという恐れだけが残った。わたしは走っていく。御堂のほうへ飛んでいく。まちがえもせず、手さぐりもしないで、説教壇のところへいく。そこへあがって聖書をつかむ。下にとびおりる。三度跳んだと思うと御堂の外にいたが、わたしはその扉を閉めることも忘れていた。息を切らして部屋のなかへはいる。聖書を机のうえに投げだす。顔は青ざめていたが、わたしにむけられた救いの手をかりなくてもすんだ喜びに胸をわくわくさせていた。

こういう話をみならうべき手本として、こうした種類の訓練にわたしがもとめている陽気な気分の実例としてもちだしているのかと人はたずねるかもしれない。そうではない。ただ、わたしは夜の闇におびえた人を安心させるには、隣りの部屋に集まった人々が落ち着いて笑ったり話したりしているのを聞くことがなによりききめがあるということの証拠としてこの話をもちだしたのだ。そんなふうにひとりで生徒を相手に楽しむかわりに、晩、愉快な子どもたちをたくさん集めることにしたら、とわたしは思う。最初は一人ずつ行かせないで、幾人かの者を一緒に行かせ、そんなにおびえることはないとあらかじめはっきりわかっていなければ、だれも完全に一人で行かせるようなことはしない、というふうにするのだ。

そういった遊びは、準備するにあたって、すこしでもうまくやろうとすれば、これほどおもしろくて有益なことはないと思う。大きな部屋のなかに、机や椅子やソファや衝《つい》立《た》てで迷路のようなものをこしらえよう。その迷路の、どこからはいっていいかわからない曲がり路のなかに八つか十のおとりの箱をならべたなかに、もう一つほとんど同じような箱をおき、それにボンボンをたくさん入れておく。はっきりした、しかし簡潔なことばでその宝の箱がある正確な場所を教えてやる。子どもより注意ぶかくぼんやりしてない人にはその箱が十分に見わけられる程度のことを教えてやる。(三八)それから幼い競争者たちにくじをひかさせ、一人ずつ、宝の箱が見つかるまでそこへ行かせる。それを見つけることは子どもの能力ではむずかしい仕事にしておく。

小ヘラクレスが手に箱をもって、誇らしげに遠征から帰ってきたところを想像してみるがいい。箱は机のうえにおかれる。緊張した雰囲気のうちにそれがひらかれる。期待していたお菓子ではなく、苔《こけ》か綿のうえにきちんとならべたこがね虫、かたつむり、炭、どんぐり、かぶ、あるいはほかのなにかそういった品物がみいだされたときの愉快な仲間の大笑い、叫び声がいまも聞こえるようだ。またあるときには、壁を新しく白く塗った部屋のなかに、なにかおもちゃか小さな道具を壁に寄せてぶらさげておき、壁に手をふれないでそれを取ってくることにする。それを取りにいった者が帰ってくるとすぐに、すこしでも条件にはずれたことをしていれば、帽子の端が、靴のつま先が、服のすそが、袖が、白くなっていて、その子の不器用さを示すことになる。しかし、こうした種類の遊びの趣旨をわかってもらうにはこれでもう十分だろう。十二分だろう。もし、あなたがたにはなにもかも言う必要があるなら、わたしの書物を読まないでいただきたい。

　こんなふうに育てられた人は、ほかの人々にくらべて、夜、どれほど有利になることか。暗闇のなかでもしっかり踏みしめることになれた足、周囲にある物体のすべてに容易にふれるように訓練された手は、どんなに深い闇のなかでも苦もなくかれを導いていくだろう。子どものころの夜の遊びの思い出にみたされている想像力は、容易なことでは人をおびえさせる対象にむけられることはないだろう。笑いさざめく声が聞こえたと思っても、それは妖精の笑い声ではなく、昔の仲間の笑い声と思われるだろう。なにかの集まりを思い浮かべても、かれにとっては、それは魔女の集会ではなく、家庭教師の部屋だと思われるだろう。夜は愉快な観念だけを呼び起こし、けっして恐ろしいとは感じられないだろう。夜を恐れるようなことはなく、夜が好きになるだろう。軍事的な遠征をすることになったばあいにも、かれは、一人でも、部隊と一緒にでも、いつでもでかけられるだろう。かれはサウルの陣営に忍びこみ、迷うこともなくそのなかを歩きまわり、だれにも目をさまさせないで王の陣屋に近づき、だれにも気づかれずに帰ってくるだろう。* レソスの髪を切り取ってこなければならないとしたら、心配はいらない、かれにたのむがいい。ちがったふうに育てられた人々のなかには、あなたがたは容易にオデュッセウスをみいだせないだろう。*

わたしは、不意うちをくわせることによって人々が子どもを夜なにものにも驚かされないようにしつけようとするのを見たことがある。この方法はひじょうによくない。それは人々がもとめていることとはまったく反対の結果をもたらし、いつも子どもをいっそう臆病にすることになるだけだ。どの程度のものであるか、どんな種類のものであるかも知ることができないさしせまった危険という考えにたいしては、また、すでにしばしば経験したことがあるにしても、不意うちの恐れにたいしては、理性も習慣も人を安心させることはできない。それにしても、どうしてあなたの生徒をいつもそういう事故から確実にまぬがれさせることができよう。そういうことにたいしてかれを保護することができるいちばんいいやりかたはつぎのようなことだと思う。わたしはエミールにこう言ってやる。あなたはそのばあい、正当に自分をまもることができるわけです。攻撃してくる者は、あなたに害をあたえようとしているか、驚かそうとしているのか判断する余地をあたえていないし、かれは有利な態勢にあるのだから、逃げだしたところであなたにとっては安全な方法にはならないからです。だから、人間だろうと獣だろうとかまわない、夜あなたにおそいかかってくるものを大胆にとりおさえるのです。力いっぱいにそいつをつかんで、とりおさえるのです。じたばたしたら、なぐってやるのです。

手かげんをしてはいけません。そしてそいつがなんと言おうと、どうしようと、それがいったいなんであるかはっきりわかるまでは、けっして放してはいけません。事情が明らかになれば、たぶんそれは大して心配することではなかったことがわかるでしょうが、おどけ者はこういうふうにしてやれば、自然とそういうことを二度とする気がしなくなるでしょう。

触覚はすべての感官のなかでわたしたちがいちばんひんぱんにもちいているものだとしても、その判断は、すでに述べたように、ほかのどの感覚よりも不完全で粗雑なものとなっている。わたしたちはそれをもちいるにあたって同時に視覚をもちいるので、目は手よりもはやく対象をとらえ、精神はたいていのばあい手をまたずに判断を行なうからだ。そのかわり、触覚による判断はもっとも確実である。それはもっとも限られた判断であるからにほかならない。わたしたちの手が届くところより先には及ばないその判断は、ほかの感官がうっかりしていたことを訂正する。ほかの感覚はやっとみとめられるような対象のうえにまで遠くのびていくのだが、触覚がみとめるものはすべて十分によくみとめられるからだ。さらにまた、わたしたちは、その気になれば、筋肉の力と神経の作用をあわせもちい、同時に起こる感覚によって、温度、大きさ、形などの判断に重さと固さの判断を結びつけることになる。そこで触覚は、すべての感覚のなかで、外部の物体がわたしたちの体にあたえる印象をもっともよく教えてくれるものとして、もっともひんぱんに使用され、わたしたちの自己保存に必要な知識をもっとも直接的にあたえてくれるものとなっている。

触覚をもちいることが視覚をおぎなうことになるように、それはある程度まで聴覚をおぎなうことにもならないわけはあるまい。音は、音を発する物体に触覚に感じられる振動をひきおこすからだ。チェロのうえに手をおけば、目や耳の助けをかりなくても、胴体の振動のしかただけで、それが発する音が鈍い音であるか鋭い音であるか、第一絃から出ているのか低音の絃から出ているのか区別することができる。そのちがいがわかるように感官を訓練すれば、しだいにそういうことに敏感になって、やがてはある曲のぜんたいを指で聴くことができるようになるのは疑いないと思う。そうなれば、つんぼに音楽で話をすることが容易にできるようになるのは明らかだ。調と拍子とは、音節と声と同じように規則ただしいやりかたで組み合わせることができるのだから、同じように話の要素にすることができるからだ。

触覚を弱めにぶくするようなつかいかたがある。はんたいに、それを鋭くし繊細にするつかいかたもある。前者は固い物体のたえまない印象に多くの運動と力を結びつけることによって、皮膚を荒れさせ固くして、自然の感じをなくさせる。後者は軽くひんぱんに触れることによって、その感じに変化をあたえ、たえずくりかえされる印象に注意している精神がそのあらゆる変化を判断する能力を獲得するようにさせる。こういうちがいは楽器の使用にはっきりとあらわれる。チェロ、コントラバス、さらにヴァイオリンの、固い傷つけるような感触は、指をしなやかにし、指先を固くする。クラヴサンのなめらかな感触は、やはり指をしなやかにするが、同時にいっそう敏感にする。だからこの点ではクラヴサンのほうがすぐれている。

皮膚は空気の影響にたいして強くなり、その変化に耐えられるようになる必要がある。ほかのすべてをまもってやるのは皮膚なのだから。それを別にすれば、手があまり同じような仕事にしばられていて、固くなってしまうようなことは望ましいことではないと思うし、手の皮膚がほとんど骨みたいになって、それが触れる物体がどういうものかを知らせ、それが触れるものの種類によって、ときに暗闇のなかで、いろんなふうにわたしたちの身をおののかせる、あの快い感じを失うことになるのも望ましいことではないと思う。

なぜわたしの生徒はいつも足の下に牛の革をつけているように強制されなければならないのか。必要に応じてかれ自身の足の皮がじかに土を踏むことにどんな害があるというのか。この部分の皮膚が柔らかいことはけっしてなんの役にたつこともないし、しばしばひじょうに有害なことになるのは明らかだ。敵に町をおそわれ、冬のさなか、真夜中に目をさまされたジュネーヴの人たちは、靴よりもさきに銃をとりあげた。もしかれらのうちのだれ一人としてはだしで歩くことができなかったとしたら、そのときジュネーヴは占領されずにすんだかどうだか、しれたものではない。*

思いがけない事件にそなえて、いつも人間を武装させておくことにしよう。どんな季節にも、エミールが毎朝はだしで部屋のなかを、階段を、庭のなかを駆けまわっても、かれをしかるどころか、わたしもかれのまねをするつもりだ。ただ、ガラスのかけらだけはそこらに散らばしておかないことにしよう。手をもちいてする仕事や遊びについては、いずれあとで語ることにしよう。そのほか、体の発育を助けるあらゆる行動をすることを、あらゆる姿勢でらくにしっかりと身をたもつことをかれは学ばなければならない。遠く、高く、跳びはねたり、木によじのぼったり、塀《へい》を跳び越えたりすることができなければならない。いつでも均衡をたもてなければいけない。あらゆる運動、動作は、力学が釣り合いの法則をかれに説明することになるずっとまえから、その法則にしたがってなされなければならない。どんなふうに足が地上におかれれば、体が足のうえにあれば、自分は快適な状態にあるか、不快な状態にあるかを知らなければならない。落ち着いた身のこなしはいつも優美なものであるし、このうえなくしっかりした姿勢はこのうえなくエレガントなものでもある。わたしがダンスの先生だとしたら、マルセル(三九)ふうの猿まねは全然しないだろう。かれがそういうことをやっている国でこそ、それはけっこうなことなのだ。そんなことはしないで、わたしの生徒にいつまでもひっきりなしに雀《すずめ》おどりをさせるかわりに、わたしはかれを岩山のふもとに連れて行く。そこでわたしは、切り立った、でこぼこだらけの歩きにくい小道を身も軽く歩いていくには、岩の頂きから頂きへと跳び移り、登ったり降りたりするには、どういう姿勢をとらなければならないか、体と頭をどんなふうにしなければならないか、どんな動きをしなければならないか、あるときは足を、あるときは手を、どんなぐあいにおかなければならないか、そういうことをかれに教えてやる。わたしはかれをオペラ座の踊り手ではなく、むしろリスの好敵手にするつもりだ。

触覚がそのはたらきを人間の周囲に集中させるのと同じ程度に、視覚はそのはたらきを人間の外へひろげる。そのため視覚は人をだましやすいものとなる。人間はひと目で地平線にあるものの半分を見渡すことができる。同時に感じられるその無数の感覚、それが呼び起こす無数の判断において、どうしてその一つについてさえ思いちがいをしないでいられよう。そこで視覚はわたしたちのすべての感官のなかでいちばん過ちやすいものとなる。それはもっとも遠くまでひろがっており、ほかのすべての感官の遠く先に立って進み、そのはたらきはあまりにも敏速で、範囲がひろく、ほかの感官によって補正することができないからにほかならない。さらにいえば、空間を認識し、そのいろいろな部分を比較できるためには、遠近による錯覚そのものがわたしたちには必要なのだ。まちがった印象をともなうことなしには、わたしたちは遠くにあるものをなに一つ見ることはできまい。段階的な大きさと光りがなければ、わたしたちは距離というものを推定することはできまい。というより、わたしたちにとって距離というものはなくなるだろう。同じ大きさの二つの木のうち、わたしたちから百歩はなれたところにあるものが、十歩はなれたところにあるものと同じ大きさに見え、同じようにはっきりと見えるなら、わたしたちは二つをならべてしまうことになる。わたしたちが物体のすべての寸法をそのほんとうの尺度においてみとめるなら、わたしたちにはいかなる空間も見えず、すべてがわたしたちの目のうえにあらわれることになる。

視覚は物体の大きさとその距離を判断するにあたって、同一の尺度、つまりそれらの物体がわたしたちの目に生じさせる角度しかもたない。そしてこの角度は合成された原因の一つの単純な結果なのであるから、それがわたしたちのうちにひきおこす判断は個々の原因を不確定なものにしているか、それとも必然的にまちがったものとなる。ある物体をほかの物体よりもわたしに小さく見せる角度は、その最初の物体がじっさいにいっそう小さいためにそうなるのか、それともいっそう遠いところにあるためにそうなるのか、ただ見ただけではどうしてそれを判定することができよう。

だからここでは触覚のばあいとは逆の方法が必要だ。感覚を単純化しないで、二重にし、たえずほかの感覚によってそれを検査し、視覚の器官を触覚の器官に従属させ、いわば性急な視覚を鈍重な触覚の制限された歩みにあわせて抑制する必要がある。こういうやりかたをしないと、わたしたちの目測はきわめて不正確になる。ひと目みただけでは、高さ、長さ、深さ、距離を判断するとき、けっして正確なことはわからない。そしてそれは、感官の過ちであるよりは、むしろそのもちいかたがまちがっているためであるということの証拠には、技師や測量師や建築家、大工、画家などは、一般に、わたしたちよりもはるかに的確な一瞥《いちべつ》でものを見ているし、空間にあるものの大きさをいっそう正確に評価する。かれらの職業がその点についてわたしたちが獲得するのを怠っている経験をあたえ、角度にともなう見かけ、これはその角度の二つの原因の関係をかれらの目にとってはもっと正確に決定するものとなるのだが、この見かけによって角度のあいまいさをかれらは除きさることができるからだ。

強制しないで体を動かさせるようなことはなんでもいつも容易に子どもにさせることができる。距離を測ったり、認識したり、推定したりすることに子どもに興味をもたせるには無数の方法がある。そこにひじょうに高い桜の木がある。桜んぼをとるにはどうしたらいいか。納屋《なや》にある梯子《はしご》で間に合うだろうか。ずいぶん幅のひろい小川がある。どうしたら渡れるだろう。中庭にある板で両岸をつなげるだろうか。部屋の窓から糸を垂らして、お城の堀で釣りをしたい。糸の長さは何尺あったらいいか。二つの木のあいだにぶらんこをつくりたい。二丈の綱で十分だろうか。ほかの家にいけば、わたしたちは二十五尺平方の部屋にいることになるそうだが、それはわたしたちに適当と思えるだろうか。それはこの部屋より大きいことになるだろうか。たいへんおなかがすいてきた。むこうに二つ村が見える。二つの村のどちらにいったらいっそうはやく昼飯にありつけるだろうか、といったぐあいだ。

不精《ぶしょう》で怠け者の子どもに駆けることを練習させなければならなかった。その子はそういう練習もそのほかの練習も自分から進んでしようとはしなかった。しかもその子は、軍人になることになっていたのだ。かれは、どうしてかは知らないが、かれのような身分の人間は、なにもしなくても、なにも知らなくてもいいのだ、そしてかれの貴族の称号は、腕や足や、それからまた、あらゆる種類のことですぐれていることのかわりになるはずだ、と信じこんでいた。そういうお殿さまを速足《はやあし》のアキレウスに仕立てあげるには*ケイロンの才能をもってしても十分ではなかったろう。それにわたしはぜったいになにも命令しないことにしていたから、困難はなおさら大きかった。はげますとか、なにか約束するとか、おどすとか、競争心を起こさせるとか、花々しいことをしたいという欲望を刺激するとか、そういうことはいっさいすべきことではないと考えていたのだ。かれになにも言わないで、走りたいという欲望を起こさせるにはどうしたらいいか。わたし自身が走って見せたところでそれはおぼつかないし、かえって不都合なことになったろう。それにまた、このばあい、その練習からかれにとってなにか教訓となることをひきだし、体のはたらきと判断力のはたらきがいつもあいたずさえて進むようにさせることも必要だったのだ。わたしはどんなふうにやってみたか、それはつぎのとおりだ。わたしというのは、こういう実例をあげて語っている者のことだ。

午後、かれと一緒に散歩に行くとき(四〇)、わたしはときどきポケットのなかにかれの大好きなお菓子を二つ入れておいた。わたしたちは散歩をしながらそれを一つずつ食べて、しごく満足して帰ってくるのだった。ある日かれは、わたしがお菓子を三つもっているのに気がついた。かれは六つ食べたところでおなかを悪くするようなことはなかったのだ。かれはいそいで自分のを食べてしまうと、三つ目のをくれと言った。いや、とわたしは言った、わたしだってけっこう食べられるのだし、それに、半分ずつわけて食べることにしてもいいんですよ。しかし、わたしは、あそこにいるあの二人の小さい男の子に駆けっこをさせて、勝った者にやりたいと思います。わたしはその子どもたちを呼んだ。お菓子を見せて、わたしの条件をもちだしてみた。かれらには願ってもないことだった。お菓子は大きな石のうえにのっけて、そこが到着地点ということになった。競走する道がきめられた。わたしたちはそこへいって腰をおろした。合図をすると男の子たちは走りだした。勝った子はお菓子をつかんで、見物人と負けた者の見ているまえで、むしゃむしゃ食べてしまった。

この遊びはお菓子よりも楽しかった。しかし、これははじめのうちは成功しなかった。そしてなんの効果も生みださなかった。わたしはがっかりもしなければ、急ぎもしなかった。子どもの教育という仕事においては、時をかせぐために時をむだにすることをこころえていなければならない。わたしたちはあいかわらず散歩にでかけていた。しばしばお菓子を三つもっていき、ときには四つもっていったので、ときどき駆けっこをする子どもに、一つあるいは二つ、お菓子があたえられることになった。褒美《ほうび》はたいしたものではなかったが、それを争う者もそれほどの野心家ではなかった。褒美をもらった者はほめそやされた。すべては花々しく行なわれていた。大きな変化を生じさせるために、そして興味を大きくするために、わたしはもっと遠い競走路を指定し、多くの競走者を仲間に入れてやることにした。かれらがその競走路にはいると、たちまち通行人はみんな足をとめてそれを見ていた。拍手と喝采《かっさい》と激励の声がかれらを刺激した。一人がもうすぐ決勝点にはいろうとしているとき、あるいはほかの者を追い越そうとしているときに、ときどきわたしの幼いお人好しが跳びあがったり、立ちあがったり、叫んだりするのをわたしは見た。それはかれにとってオリンピック競技のようなものだった。

そのあいだにも競走者たちはときにずるをすることもあった。たがいに相手をひっぱったり、ころばしたり、ほかの者の通るところに石をけとばしたりした。そのため、わたしはかれらを一人一人わけて、到着点から同じ距離にある別々の地点から走りださせることになることもあった。こういう配慮をした理由はやがてわかるだろう。わたしはこの重大な事柄をごく詳細にとりあつかう必要があるのだ。

自分も食べたくてたまらないお菓子を、いつも目のまえで他人が食べているのを見るのがいやになって、騎士殿はやがて、はやく走るということもなにかの役にたつものだと考えはじめ、自分にも足が二本あるのを見て、人のいないところで練習をすることになった。わたしはなにも見ないようにしていた。しかし、戦術が成功したことを知った。わたしはかれよりも先にかれの気持ちを読みとっていたのだが、十分自信がついたとき、かれはわたしにせがんで残っているお菓子をもらおうとするようなふりをした。わたしはことわる。かれはしつこくせがむ。そして、恨めしそうな顔をして、とうとうこんなことを言う。じゃ、そのお菓子を石のうえにのせてください。場所を指定してください。そして、やってみましょう。いいでしょう、とわたしは笑いながら言う。騎士が走れるんでしょうかね。おなかはすくでしょうが、おなかをいっぱいにするものは手にはいりますまい。からかわれて興奮したかれは、一生懸命に走る。そしてわたしが競走路をごく短くし、いちばんはやい者をのけるようにしたので、なおさら容易に褒美を手に入れることになる。この第一歩が踏みだされたあとは、かれをひっぱりだすのがわたしにとってどんなにやさしいことになったかはよくわかるだろう。やがてかれはこの練習に大きな興味を感じるようになり、ひいきをしてやらなくても、競走路がどんなに長くても、ほとんどいつも確実に、競走で腕白小僧《わんぱくこぞう》たちに勝てるようになった。

こういう利益が得られると、それはわたしが考えていなかったもう一つの利益を生みだすことになった。たまにしか褒美が手にはいらないうちは、かれはほとんどいつも、かれの競走相手がしていたように、それを一人で食べていた。しかし、勝つことになれてくると、かれは気まえがよくなり、しばしば負けたものに分けてやるようになった。それは一つの道徳的な観察をわたし自身に提供する機会となり、それによってわたしは、寛大な心のほんとうの源はどこにあるかを学ぶことになった。

それぞれの競走者が同時に出発する地点を別々のところに指定することをかれと一緒

につづけているうちに、わたしはかれの気がつかないように、距離をひとしくしないで、ある者は同じ到着点に着くためにほかの者より長い道を走らなければならないので明らかに不利になるようにした。しかし、わたしは選択を弟子にまかせていたのに、かれは自分の有利になるように選ぶことを知らなかった。距離のことなどかまわずに、かれはいつもいちばん美しい道を選んでいた。そこで、かれがどの道を選ぶかは容易にわかっていたので、お菓子がかれの手にはいらないようにすることも、はいるようにすることも、ほとんどわたしの思いのままにすることができた。そしてこういう工夫《くふう》はまたただ一つの目的に利用されるのではなかった。しかし、わたしの意図は距離のちがいをかれに気づかせることにあったから、わたしはそのちがいがはっきりとわかるようにした。それにしても、かれは静かにしているときは不精者だったが、遊びにかけてはすばしっこく、わたしを疑うようなこともほとんどなかったので、ごまかしをやっていることに気づかせるには、まったく骨が折れた。やっとわたしは、かれはそそっかしい子どもだったにしても、それに成功することができた。かれはわたしを非難した。わたしはこう言った。なにをぶつぶつ言ってるんです。とにかくわたしがなにかやろうというのですから、条件はわたしが自由に決められるのではありませんか。だれがあなたに走れと言ってるんです。わたしは競走する道をみんな同じ距離にするとあなたに約束したでしょうか。その道はあなたが選んだのではありませんか。いちばん短い道を選びなさい。だれもそれに文句を言いはしないでしょう。わたしがひいきしているのはあなたなのだということ、あなたは距離がちがうといってぶつぶつ言ってるけれど、あなたがそれを利用することを知っていたら、そのままあなたの利益になるということがどうしてわからないのですか。それははっきりしたことだった。かれはそれを理解した。そして選ぶときにもっとよくしらべなければならなかった。はじめは何歩でいけるかかぞえようとした。しかし、子どもの足ではかるのはひまがかかるし、まちがいやすい。それにわたしは、一日のうちに何回も駆け足をさせることを考えついた。そこで遊びは一種の情熱となり、走ることにあてる時間を道をはかることで失うことになるのをかれは残念に思うようになった。活発な子どもにはそういうひまのかかることはむかない。そこで、もっとよく見て、視覚によって距離をもっとよく推定することを練習するようになった。そうなるとわたしは、ほとんどなんの骨折りもしないでも、その趣味を助長し、育てることができた。やがて、何カ月かのあいだ練習をつみ、まちがいを正したのち、かれにはすばらしい視覚の物指しがつくられたことになり、なにか遠いところにあるものを示して、あのうえにお菓子をおくことにすると言うと、測量師の測鎖《そくさ》とほとんど同じくらい正確に目測できるようになった。

視覚はすべての感覚のなかで精神の判断ともっとも切りはなせないものだから、見ることを学ぶには長い時がかかる。長いあいだ視覚を触覚とくらべてみたあとでなければ、形と距離をわたしたちに忠実につたえさせるようにそれら二つの感覚の最初のものをならすことはできない。触覚がなければ、漸進的な運動がなければ、どんなに鋭い目でもわたしたちに空間の観念をあたえることはできない。牡蠣《かき》のようなものにとっては宇宙ぜんたいは一つの点にすぎないことになる。人間の魂がその牡蠣のうちに宿っているとしても、宇宙はそれ以上のなにものとも見えないだろう。歩いたり、さわったり、かぞえたり、はかったりすることによってのみ、大きさを評価することを学べるのだ。しかしまた、いつもはかってばかりいては、感官はすべてを道具にまかせて、けっして正確さを獲得することはあるまい。子どもが一足とびに測定から推定に移るのもまたいけない。はじめは、いっぺんにくらべてみることができないものを部分的にくらべてみることをつづけ、正確な部分を推定による部分でおきかえるようにすること、そして、いつも手ではからないで目だけではかるようにならすことが必要だ。しかしわたしは、はじめのころ子どもがやってみたことを現実の尺度によって検証してやって、子どもにその誤りを正させるように、また、感覚のうちになにかいつわりの印象が残っているなら、もっと正しい判断によってそれを補正することを教えるようにしたい。わたしたちはあらゆるところでほぼ同一の自然の尺度をもっている。人の歩幅、腕の長さ、背の高さ、などがそれだ。子どもが家の高さを推定するばあい、教師はその尺度になることができる。鐘楼の高さを推定しようとするなら、家を尺度にしてはかればいい。道のりを知ろうとするなら、歩く時間をはかればいい。そして、なによりも、そういうことをどんなことでもけっして子どもにかわってしてやってはいけない。子どもが自分でしなければいけない。

空間と物体の大きさを正しく判断することを学ぶには、どうしても物体の形を知り、さらにそれらを模写することを学ばなければならない。結局のところ、この模写は完全に遠近法によるものにほかならない。そして遠近法をいくらかでも知っていなければ、空間をその見かけによって推定することはできない。子どもというものは偉大な模倣者で、あらゆるもののデッサンをとろうとする。わたしはわたしの生徒にこの技術を修めさせたいと思っているが、それは技術そのもののためにではなく、目を正確にし、手をしなやかにするためだ。そして、一般的にいえば、かれがあれこれのことに上達するのは大して重要なことではない。ただ、その練習のおかげで明敏な感官と体のよい習慣が獲得されればいい。だからわたしは、かれにデッサンの教師をつけるようなことはしないつもりだ。デッサンの教師は模写したものを模写させるだけ、デッサンをデッサンさせるだけだろう。わたしはかれに自然のほかには教師を、物体のほかにはモデルをあたえないようにしたい。目のまえに物そのものをおき、それが描いてある紙きれをおかないように、家を見て家を描き、木を見て木を描き、人間を見て人間を描き、物体とその外観を正しく観察することになれさせ、ありきたりのまちがった模写をほんとうの模写と思わせないようにしたい。たびたびの観察によって物の正確な形が想像のうちにはっきりときざまれるまでは、物がないところで、記憶によってなにか描かせるというようなこともやらせないつもりだ。そんなことをすれば、ほんもののかわりに奇怪な形を描き、プロポーションについての知識と自然の美にたいする趣味を失うおそれがあるからだ。

そんなやりかたでは、子どもは長いあいだなぐりがきをしていて、わけのわからないものばかり描いているだろう。デッサン画家のような優美な輪郭や軽快な線はなかなか得られないだろう。絵画的な効果を見わける力やデッサンにたいするすぐれた趣味はたぶんけっしてもてないだろう。そういうことはわたしにもよくわかっている。しかしそのかわり、いっそう正確な目、しっかりした手、動物、植物、自然の物体のあいだに見られる大きさや形の正しい割り合いについての知識、そして遠近の効果についてのいっそう敏感な経験を身につけることになるのは確実だ。これこそまさにわたしがさせたいと思ったことなので、わたしの意図は、子どもがものを模写することより、むしろそれをよく見わけることができるようにしたいのだ。わたしはかれが実物のアカンサスの絵を見せてくれたほうがいい、柱頭の木の葉などそれほどうまく描かなくてもいいと思う。

それに、こうした練習においても、ほかのすべての練習におけると同じように、わたしは生徒に一人で楽しませようとは思わない。たえずかれと楽しみをわかつことによって、それをさらに楽しいものにしてやりたい。わたしはわたし以外の競争者をかれにあたえたくないが、熱心な、そしてなんの危険もない競争者になるだろう。それはわたしたちのあいだに嫉妬心を起こさせることなしに、かれのすることにさらに興味を添えることになるだろう。わたしはかれにならって鉛筆をとりあげることにする。はじめはかれと同じように不器用にそれをつかうことにする。たとえわたしがアペレス*のような者であったとしても、たんなるへぼ絵かきになるだろう。最初に従僕たちが壁に落書きするようなぐあいに一人の男を描くだろう。左右の腕をそれぞれ一本の線で、左右の足をそれぞれ一本の棒で、そして腕よりも太い指を描くだろう。かなり長いあいだたってから、わたしたちのどちらかがその不均衡に気がつくだろう。足には厚みがあること、その厚みはどの部分でも同じではないこと、腕には体ぜんたいの割り合いによって決まる長さがあること、などにわたしたちは気がつくことになる。こういう進歩の過程において、わたしはせいぜいかれと一緒に進むか、あるいはほんのすこしだけ先に進むことにするから、かれはいつもすぐにわたしに追いつくことができるだろうし、しばしばわたしを追い越すことにもなるだろう。わたしたちは絵具や筆をつかうことになる。対象の色合いや外観のすべてを形と同じように模写しようとする。色を塗り、色で描き、塗りたくる。しかし、塗りたくる絵のすべてにおいてわたしたちはたえず自然を探るだろう。この先生が見ているところでなければわたしたちはけっしてなにも描くまい。

わたしたちは部屋の装飾のことで困っていたが、ここでそれがちゃんと見つかったわけだ。わたしはわたしたちのデッサンを額縁《がくぶち》に入れさせる。きれいなガラスで覆って、人が手で触れないようにし、いつもそうした状態におかれてあるのをながめて、それぞれ自分の描いたものを粗末にしないように心がける。二十回も三十回もくりかえし描いたもののデッサンの一つ一つを見れば、描いた者の進歩の跡がわかるような順序に部屋のまわりにならべてかける。家がほとんど形をなさない四角形にすぎなかった時期のものから、家の正面、横から見たところ、その釣り合い、影が、このうえなく正確な真実性をもって描かれている時期のものまである。こういう順序のならべかたはかならず、わたしたちにとっては興味ぶかい絵を、ほかの人にとってはめずらしい絵を見せてくれることになるし、わたしたちの競争心をいっそう刺激することにもなる。わたしは、それらのデッサンのなかで、初期のもの、いちばんできの悪いものは、ひじょうにりっぱな金ピカの額縁に入れてそれをひきたたせることにするが、模写がもっと正確になり、デッサンがほんとうにすぐれたものになってくると、そのときには、黒いごく簡素な額縁にしか入れないことにする。それはもう絵そのもののほかに飾りを必要としないのだし、絵にむけられるべき注意を額縁がなかばひきつけることになるとしたら残念なことだ。だから、わたしたちはいずれも、簡素な額縁を光栄としてそれを望むことになる。そして一方が相手のデッサンを軽蔑しようとするときには、それを金ピカの額縁に入れさせる。たぶん、いつかは、そういう金ピカの額縁のことは、わたしたちのあいだではことわざになるだろう。そしてわたしたちは、どんなに多くの人が身を飾りたてることによって自分のほんとうの価値をみとめているかを見て、感嘆することになる。

幾何学は子どもの能力ではむりだということをわたしは述べた。しかし、それはわたしたちが悪いのだ。子どもの方法はわたしたちのとはちがうこと、そして、わたしたちにとって推論の術となるものも、子どもにとってはたんにものを見る技術になるべきだということを、わたしたちは気がつかないでいるのだ。かれらにわたしたちの方法を教えるようなことをしないで、わたしたちがかれらの方法をとりいれたほうがうまくいくだろう。わたしたちの幾何の学びかたは、推理力の仕事であるのとまったく同じ程度に想像力の仕事でもあるからだ。命題が述べられると、その証明を考えださなければならない。つまり、その命題がすでに知られているどんな命題の帰結として得られるかをみいだし、そしてこの同じ命題からひきだされるあらゆる帰結のなかから、まさに問題となっている帰結を選ばなければならない。

こういうやりかたでは、いかに正確な理論家でも、発明の才がなければ、十分とは言えないことになる。そこで、どういうことになるか。わたしたちは証明をみいだすことを教えられないで、それを口述されることになる。先生は推論することを教えないで、わたしたちのかわりに推論を行ない、わたしたちの記憶力だけを訓練させる。

正確な図形を描き、それらを組み合わせ、一つの図形をほかの図形のうえにおき、それらの比率をしらべてみるがいい。観察を重ねることによって、初等幾何学のすべてをみいだすことができるだろう。定義も例題も、たんに重ね合わせることのほかにはどんな証明の形式も、問題にする必要はない。わたしとしては、エミールに幾何を教えようとは思っていない。かれがわたしに教えてくれることになる。わたしが比率をもとめていると、かれがそれをみいだしてくれるだろう。かれにそれをみいださせるようにもとめることにするからだ。たとえば、一つの円を描くのに、コンパスをもちいないで、一つの軸を中心にまわる糸の先につけた針でそれを描く。そうしてから半径をたがいにくらべてみようとすると、エミールはわたしをあざわらって、ひっぱったままの一本の糸がひとしくない距離を通るというようなことはありえないことをわからせてくれる。

六十度の角をはかろうとするなら、わたしはその角の頂点から、一つの弧ではなく、一つの円ぜんたいを描く。子どもにたいしてはなに一つわかっていることにしてはいけないからだ。わたしは角の二辺にはさまれた円の部分が、円周の六分の一であることをみいだす。そのあとで、わたしは同じ頂点からもう一つ、もっと大きな円を描き、その第二の弧もまたその円周の六分の一であることをみいだす。そして新たな円を描いてはそれをつづけていくと、しまいにエミールは、わたしの愚かしさにやりきれなくなって、同じ角のあいだにある弧は、大きくても小さくてもみんな、いつもその円周の六分の一になることを教えてくれる、といったぐあいだ。こうしてわたしたちはまもなく分度器がつかえるようになる。

連続したいくつかの角が二直角にひとしいことを証明するには一つの円を描く。わたしはまったくはんたいに、そのことをまず円によってエミールにみとめさせる。それからかれにこう言う。円と直線を除いて考えたばあい、角は大きさを変えるだろうか、等々。

人々は図形を正確に描くことをしないで、それを正確なものと考えて、ひたすら証明に熱中する。わたしたちのあいだでは、はんたいに、証明ということはけっして問題にならないだろう。わたしたちのもっとも重要な仕事は、線をまっすぐに、正確に、均等にひくことだろう。完全な正方形を描くこと、まんまるい円を描くことだろう。図形が正確かどうかしらべるために、そのあらゆる感覚的な性質を検討するだろう。そしてそれは毎日のように新しい性質を発見する機会をあたえてくれるだろう。直径で折り曲げて二つの半円をつくり、対角線で折り曲げて正方形を半分にわけることにしよう。わたしたちの二つの図形をくらべて、どちらの図形の縁《へり》がいっそう正確に合っているか、したがって、いっそうよくできているかをしらべよう。そういうふうにひとしい部分にわけることが、平行四辺形、台形などでいつもできるかどうか議論することにしよう。ときには、じっさいにためしてみるまえに、結果を予測することもこころみよう。いろいろなことの理由を発見することに努力しよう、等々。

わたしの生徒にとっては、幾何学は定規とコンパスをうまくつかうための技術にすぎない。子どもが幾何学をデッサンと混同するようなことがあってはならない。デッサンではそういう器具はどちらもつかわないのだ。定規とコンパスは鍵をかけてしまっておいて、たまにしか、そしてわずかのあいだしかその使用を許さないことにする。やたらにそれをつかって描くことがないようにするためだ。しかし、わたしたちはときには図形をもって散歩に行き、わたしたちがしたこと、しようと思っていることについて、話し合うこともできよう。

子どものころ、毎日のように、いろんな幾何学的な形をしたいくつかの等周のワッフルのうちからどれかを取るようにといわれて、輪郭と表面との比率を覚えさせられたという青年にトリノで会ったことがあるが、わたしはそれをいつまでも忘れないだろう。その食いしん坊の子どもは、どれを取ればいちばんたくさん食べられるかを発見するために、アルキメデスの技術をきわめつくしていたのだ。

子どもはハネつきをしているとき目と腕を正確にする練習をしているのだ。コマをまわしているときは、力をもちいることによってそれを強くしているのだが、なにも学んでいることにはならない。わたしはときどき人にきいてみたのだが、なぜ人は、子どもにも大人がするような器用な手を必要とする遊びをさせないのか。たとえばテニス、木槌遊び、球突き、弓、フットボール、楽器を奏することなど。人はそれに答えて、そういう遊びのあるものは子どもの力にあまることであり、またあるものにたいしては、子どもの手足や器官はまだ十分に発育していないのだ、と言った。わたしはこういう理由は成りたたないと思う。子どもは大人のような身の丈をもっていないが、それでも大人と同じような衣服を着ることができるのだ。わたしは子どもにわたしたちと同じように三尺の高さの球突き台で球突きをさせるつもりはない。わたしたちのテニスコートに行かせてボールを打たせようとするのでもないし、子どもの小さな手にふつうのラケットをもたせようとも思わない。窓ガラスをこわすおそれがないようにした部屋のなかで競技をさせ、はじめは柔らかいボールをつかい、はじめて手にするラケットは木でつくったものにし、つぎには羊の皮、そして最後に、上達するにつれて、腸線を張ったものをもちいさせるようにしたい。あなたがたはむしろハネつきを選ぶ。これはそれほど疲れさせないし、危険がないからだと言う。あなたがたはこの二つの理由をあげているが、それはまちがっている。ハネつきは女性の遊びだ。ところが、飛んでくるボールに逃げていかないような女性は一人もいない。女性の白いはだは打たれて固くなるようなことがあってはならないし、その顔も傷をうけてはならないのだ。しかしわたしたちは、強くなるように生まれついているのだ。苦しいことなしに強くなれると思っているのだろうか。また、一度も攻撃をうけたことがなければ、どうして自分をまもることができるようになれるだろう。へまをやってもなんの危険もない競技では、いつも散漫な態度でやることになる。ハネは落ちてきてもだれにも害をあたえない。しかし、頭をまもらなければならないときほど、腕をはたらかせることはない。目をまもらなければならないときほど、目を正確にすることはない。部屋の一方の端から他方の端へ跳び移り、まだ空中にあるボールの飛びかたを判断し、強い確かな手で投げかえす、こういう競技は大人にふさわしいというより、むしろ大人をつくりあげるのに役だつ。

子どもの線維はあまりにも柔らかい、などと人は言っている。それは、それほど弾力性をもたないが、そのためいっそうしなやかである。子どもの腕は弱い。それは、とにかくそれは腕だ。それ相応のことをするなら、ほかの同じような道具でできることは、すべてそれによってできるはずだ。子どもの手はぜんぜん器用さを欠いている。それだからこそわたしは子どもの手にそれをあたえたいのだ。子どもと同じようにほとんど訓練されていない大人は、もっと器用にはなれまい。器官をもちいていなければ、わたしたちはそのもちいかたを知ることはできない。わたしたち自身を利用することを教えてくれるのは、長いあいだの経験のほかにはなんにもない。そして、そういう経験こそほんとうの勉強なのであって、どんなにはやくそれをはじめてもはやすぎることにはならない。

人がしていることはすべて、だれにでもできることなのだ。ところで、すらりとした体つきの器用な子どもが、大人がもつことのできるのと同じくらいの敏捷さを手足のうちにそなえているのを見ることほどありふれたことはない。ほとんどどこの市《いち》に行ってみても、子どもが均衡をとったり、手のうえを歩いたり、綱のうえで跳ねたり踊ったりするのが見られる。どんなに長い年月のあいだ、子どもの群れがそのバレーで見物人をイタリア喜劇にひきよせていたことだろう。ドイツやイタリアで有名なニコリーニのパントマイム一座の話を聞いたことがない人がいるだろうか。完全にできあがった踊り手たちにくらべて、それほど十分でない動き、優美でない姿勢、正確でない耳、軽快でない踊りをそういう子どものうちにかつてみとめた人がいるだろうか。最初は太くて短く、動きのにぶい指をもち、むっちりした手をして、ろくになにもつかめないとしても、それにもかかわらず、多くの子どもたちは、ほかの子がまだ鉛筆もペンももつことができない年ごろに、文字を書き、デッサンをとることができるではないか。十歳ですばらしくうまくクラヴサンを演奏したイギリス娘のことをパリの人はみんなまだ覚えている（四二）。わたしは、ある役人のところで、その息子が、八歳のかわいい坊やが、皿のあいだにおかれたお人形のようにデザートのテーブルにすわらせられ、そこでその子とほとんど同じ大きさのヴァイオリンをひき、その演奏によって音楽家たちをさえ驚かしたのを見たことがある。

　すべてこうした実例と、そのほかにも無数の例は、わたしたちがしていることは子どもにはできないと考えるのは根拠がないこと、そしてある種のことでは成功したためしがないとしても、それは、そういうことを子どもにすこしも練習させなかったからだ、ということを証明していると思われる。

わたしはここで、精神的なことに関連して子どもにあたえることを非難している先ばしった教育という過ちを、肉体的なことに関連しておかしているのだ、と人は言うだろう。しかし、これはひじょうにちがうことだ。それらの進歩の一方は見かけにすぎないのだが、他方は現実のことなのだ。わたしが証明したように、子どもたちは、才能をもっているように見えても、じつはもっていないのだが、かれらがしているように見えることはすべて、じっさいにしているのだ。それにまた、いつも考えていなければならないことは、そういうことはすべて遊戯にすぎないこと、あるいはそうでなければならないこと、自然が子どもにもとめる運動のとりやすい、おのずからなる方向であること、子どもの遊びをいっそう楽しいものとするためにそれに変化をあたえる技術であって、すこしでもそれを強制してつらい仕事に変えるようなことになってはならないということだ。結局のところ、子どもがどんなことをして遊んでも、わたしはそれを、かれらにあたえる教育の材料にすることができるのではなかろうか。そして、わたしにそれができないばあいにも、子どもが楽しみをさまたげられることもなく時がすぎていけばいいので、どんなことにしろ、かれらの進歩はいまのところ問題にならない。ところが、どうしてもかれらにあれこれと教えなければならないとすると、どんなふうにしたところで、強制や、気まずいことや、やりきれないことなしに成功することはぜったいに不可能なのだ。

いちばん連続的に使用され、また、いちばん大切な用途をもつ、二つの感官について述べたことは、そのほかの感官を訓練する方法の範例とすることができる。視覚と触覚は、静止している物体にも、運動している物体にも、同じようにもちいられる。しかし、聴覚を刺激することができるのは空気の振動だけだから、運動する物体だけが響き、あるいは音を生じさせる。だから、もし、すべてが静止しているなら、わたしたちはけっしてなにも聞かないだろう。そこで、夜は、わたしたち自身は気のむいたときに動くだけだから、動く物体だけを恐れることになり、耳を敏感にはたらかせ、わたしたちを刺激する感覚によって、それをひきおこす物体が大きいか小さいか、遠いところにあるか近いところにあるか、その振動が激しいか弱いかを判断できるようにする必要がある。振動した空気はそれを反射する反響を呼び、こだまをつたえ、感覚をくりかえして、響く物体、あるいは音を発する物体を、それがあるところとは別のところにあるように聞こえさせる。野原や谷間で耳を地面につけてみると、立ったままでいるときよりもはるかに遠いところから人の声や馬の足音を聞くことができる。

わたしたちは視覚を触覚とくらべてみたが、同じように視覚を聴覚とくらべてみて、同時に同じ物体から生じる二つの印象のどちらがいっそうはやくその器官に到達するかを知るのは有益なことだ。大砲の火を見たときには、まだ打撃をさけることができる。しかし、音を聞いたときにはもうまにあわず、弾丸《たま》はそこにきている。どのくらい離れたところで雷が起こったかは、稲妻と雷鳴とのあいだに経過する時間でわかる。子どもがすべてこういう経験を知るようにするがいい。経験できることは経験させるように、そのほかのことは帰納によって発見させるようにするがいい。しかし、あなたがたがそういうことを言ってやらなければならないなら、むしろ子どもは知らないでいたほうがはるかに好ましいと思う。

わたしたちは聴覚に対応する一つの器官をもっている。つまり発声器官だ。しかし視覚に対応する器官をもたないし、音は発するが色は出さない。そこで、能動的な器官と受動的な器官をたがいに訓練させることによって、聴覚を鋭敏にするさらに一つの方法があることになる。

人間は三種類の声を出す。それは、話す声つまり音節のある声、歌う声つまり旋律のある声、それから感動的な声つまり強調の声だが、この最後の声は情念の語ることばで、これはまた歌や話を活気づける。子どもは大人と同じようにこの三種類の声を出すが、大人のようにそれらを混ぜあわせることはしない。子どもはわたしたちと同じように笑い、泣き、嘆き、叫び、うなるが、その抑揚をほかの二つの声に混じえることはしない。完璧な音楽はこれら三つの声をもっともよく結びあわせたものだ。子どもにはそういう音楽の能力はなく、かれらの歌にはまったく魂がない。同じように、話す声においても、かれらの言語には抑揚がない。かれらは叫んでも抑揚をつけない。そして、かれらの話にほとんど抑揚がないように、声にもほとんど力づよいものがない。わたしたちの生徒はいっそう単調な、さらにいっそう単純な話しかたをするだろう。かれの情念はまだ目ざめていないので、その言語をかれの言語に混じえないからだ。だから、悲劇や喜劇の人物のせりふを暗誦させようとしたり、いわゆる朗誦を学ばせようとしたりしてはいけない。かれには十二分にセンスがあるから、自分の理解できないことに調子をだしたり、いちども経験したことのない感情に表現をあたえたりすることはできまい。

なめらかに、明瞭に話すこと、音節をはっきりさせること、正確にそして気どらないで発音すること、文法的な抑揚と正音法を知ってそれを従うこと、いつも十分に聞きとれるように声を出すこと、しかし、けっして必要以上に声を出さないこと、こういうことをかれに教えるがいい。必要以上に声を出すのは、学校で教育をうけた子どもに一般に見られる欠点だ。どんなことでもよけいなことはしないことだ。

同じように、歌うときも、声を正しく、むらがなく、しなやかに、よく響くようにさせるがいい。かれの耳は拍子と諧調には敏感だが、それ以上には出ない。模倣的な音楽、演劇的な音楽はかれの年齢にはふさわしくない。歌詞を歌うことさえ好ましいことではないと思う。歌いたいというなら、その年ごろの子どもにとって興味のある、単純な、かれの観念と同じように単純な歌を、特別につくってやることにしよう。

それほどいそいで文字を読むことを学ばせようとしないわたしが、音楽を読むこともいそいで学ばせようとしないことは、よくわかるだろう。子どもの精神にあまり骨の折れることに注意をはらわせるのはいっさいやめることにしよう。そして約束ごとの記号に精神を集中させるようなことはいそいでしないことにしよう。これには、たしかに、難点があるようにみえる。音符についての知識は、最初には、話せるようになるために文字についての知識が必要である以上に、歌をうたえるようになるために必要ではないように思われるが、それにしても、話すときにはわたしたちは自分の観念を述べているのだが、歌をうたうときには他人の観念のほかにはほとんど表現していないというちがいがある。ところで、他人の観念を表現するには、それを読みとらなければならない。

しかし、第一に、それを読まなくても聴くことができるし、歌というものは目よりも耳にいっそう忠実につたえられるものだ。そのうえ、音楽をよく知るにはそれを表現するだけではたりない。つくらなければならない。そして表現することはつくることと一緒に学ばなければならない。そうしなければけっして十分に音楽を知ることはできない。あなたがたの幼い音楽家にまず十分に規則的な、調子のいい楽句をつくる練習をさせるがいい。つぎにごく単純な転調によってそれらの楽句を結びつけること、さらにそれらのさまざまな関連を正確な句読によって示すことを練習させるがいい。それは終止と休止をうまく選ぶことによってなされる。とくに奇妙な歌はいけない。悲壮なもの、表情に富むものもいけない。いつも歌われる単純なメロディー、いつも調の基本的な和音から出てくるメロディー、そしていつも低音をはっきりと示して、子どもが容易にそれを聞きとり、伴奏できるようなメロディー。というのは、声と耳を完全にするにはいつもクラヴサンの伴奏で歌うようにしなければならないからだ。

音をよく示すには発音してそれをはっきりさせる。そこからある種の綴字で音階を唱える習慣が生じた。度数を区別するには、それらの度数とそのきまったさまざまの関係とに名称をあたえる必要がある。そこから音程の名称、そしてまた、アルファベット文字による名称が生じ、これによって鍵盤の鍵と音階の音を示す。CとAは一定の変わらない音を示し、つねに同じ鍵によって音を出す。utとlaはそれとちがう。utはつねに長旋法の主音か短旋法の第三音である。laはつねに短旋法の主音か長旋法の第六音である。

こうして、文字はわたしたちの音楽組織のなかの釣り合いの不変の関係をあらわし、綴字はちがう調における同じような釣り合いの対応する関係をあらわす。文字は鍵盤の鍵を、綴字は旋法の度数を示す。フランスの音楽家はこの区別を妙なぐあいに混乱させてしまった。かれらは綴字の意味と文字の意味を混同してしまった。そして鍵の記号を無用に二重化して、調の和音をあらわす記号を残しておかなかった。そこで、かれらにとってはutとCはいつも同じことになる。そんなことはないし、ありうるはずもない。そうなればCはなんの役にたつのか。だから、かれらの音階唱法は極度にむずかしいものとなり、しかもなんの役にもたたず、精神に明確な観念をあたえることにならない。この方法によっては、たとえばutとmiという二つの綴字は、長、短、増、減三度を同時に意味することになる。世界で音楽についてもっともりっぱな書物が書かれている国が、なんというふしぎなめぐりあわせで、音楽がこのうえなくむずかしい方法で学ばれている国にほかならない、ということになったのか。

わたしたちの生徒にたいしてはもっと簡単明瞭なやりかたをすることにしよう。かれにとっては二つの旋法しかないことにして、それの関連はつねに同じで、いつも同じ綴字によって示されることにする。歌をうたうにしても、楽器を演奏するにしても、かれにとって基礎となる十二の調のそれぞれによって旋法をきめることができるようにし、

D、C、G、等々に転調しても終止音はつねに、旋法に応じて、laかutであるようにする。こういうふうにすれば、生徒はいつもあなたがたを理解するだろう。正しく歌ったり演奏したりするための旋法の基本的な関連は、いつもはっきりとかれの頭に浮かんでいることになる。かれの演奏はいっそう明確になり、進歩はいっそうはやまるだろう。フランス人が自然の音階唱法と呼んでいるものほど奇妙なものはない。それは事物に即した観念をしりぞけて無縁の観念でおきかえるのだが、これは人を迷わせるだけだ。旋法が転置されているとき、転置によって音階を唱えることほど自然なことはない。しかし、どうやら音楽の話をしすぎたようだ。とにかくあなたがたの好きなように音楽を教えたらいい。ただ、それが楽しみごとでなくならないようにするがいい。

わたしたちはこうして、わたしたちの体との関連における外部の物体の状態、それらの重さ、形、色、固さ、大きさ、距離、温度、静止、運動を十分に知ることになった。わたしたちが近づいていいもの、遠ざけたほうがいいものを、それらの抵抗にうちかつには、あるいはそれらに傷つけられるのをふせいでくれるものを対抗させるにはどうしなければならないかを、わたしたちは教えられた。しかし、それだけでは十分でない。わたしたち自身の体はたえず消耗していく。それはたえず更新される必要がある。わたしたちはほかの物をわたしたち自身の肉体に変える能力をもっているとはいえ、それを選ぶことはどうでもいいことではない。すべてのものが人間の食料になるわけではない。そして食料になりうるものにも、人類の身体組織、その人が住んでいる風土、個人の体質、さらにその人の身分によってやむなくされている生活条件、そういうものから考えていっそう適当なものとそれほど適当でないものとがある。

わたしたちに適当な食物を選ぶために、経験がそれを知り、それを選ぶことを教えてくれるのを待たなければならないとしたら、わたしたちは飢えて死んでしまうか、あるいは毒物のために死んでしまうだろう。しかし、至高の恵みは、感覚的な存在者の快楽をかれらの自己保存の手段としてあたえ、わたしたちの口に快く感じられることによって、わたしたちの胃に適当なものを教えてくれる。もともと、人間にとっては、自分の食欲よりもたしかな医者はない。そして、人間を原始状態において考えれば、その時かれがいちばんうまいと思った食物がいちばん健康にいいものでもあったことは疑いないと思われる。

それればかりではない。万物をつくる者は、かれがわたしたちに感じさせる必要をみたしてくれるだけではなく、さらにわたしたち自身がつくりだす必要をもみたしてくれる。そして必要のかたわらにつねに欲望をおくことにして、わたしたちの好みが生活のしかたとともに変化し、変質するようにしている。わたしたちは自然の状態から遠ざかるにしたがって、ますます自然の好みを失っていく。あるいはむしろ、習性が第二の自然となり、わたしたちはそれをすっかり第一の自然に代えてしまうので、わたしたちのだれ一人としてもはや第一の自然を知らなくなっている。

そこでもっとも自然な好みはもっとも単純な好みでもあるはずだ、ということになる。それはもっとも容易に変わる好みだからだ。ところが、わたしたちの気まぐれのために鋭くされ、刺激されると、それはもはや変化しない形をとる。まだどこの国にも所属していない人は、どんな国の習慣にも苦もなくなれることができる。しかし、ある国の人間はもはやほかの国の人間にはなれない。

このことはあらゆる意味において真実であるように思われる。本来の意味の好み、味覚について言えば、なおさら真実であるように思われる。わたしたちの最初の食物は乳だ。わたしたちは徐々にしか強い味覚になれることができない。最初のうちはそういうものが好きになれない。果物、野菜、草、そして最後に、なにかの肉をあぶったもの、味つけもせず、塩気もつけないものが、太古の人間のごちそうだった(四二)。未開人がはじめて酒を飲むと、顔をしかめて捨ててしまう。わたしたちのあいだにおいてさえ、二十歳になるまで醗酵飲料を味わったことがない者は、年をとってもそれになじむことができない。だから、若いころに酒を飲まされなかったら、わたしたちはみんな酒ぎらいになるにちがいない。結局、わたしたちの味覚は単純であればあるほどいっそう普遍的なのだ。一般に、人がもっとも好きになれないのは、いろいろと手をくわえた料理ということになる。水やパンがきらいな人があったためしがあろうか。それが自然の示していることだ。だからまた、わたしたちの規則となることだ。子どもにはできるだけその最初の好みをもちつづけさせるがいい。食物はありふれた単純なものにし、口をあっさりした味だけになれさせるように、そして好き嫌いが生じないようにすることだ。

そういう生きかたがいっそう健康的であるか否かをわたしはここで検討するのではない。わたしはそんなふうに考えてみようとするのではない。そういう生きかたのほうが好ましいと考えるには、それがもっとも自然に一致したもので、もっとも容易にほかのどんな生きかたにも適応できることがわかればわたしには十分なのだ。大きくなってから口にすることになる食物に子どもをなれさせなければならないと言ってる人は、まちがった考えかたをしているように思われる。子どもの生活がまったくちがっているのに、どうして食物が同じでなければならないのか。労働、心配、労苦に疲れはてた大人は、新たな生気を頭脳にあたえるおいしい食べものを必要とする。遊びたわむれたあとの子どもは、体が成長していく子どもは、乳糜《にゅうび》を多量につくる豊かな食物を必要とする。さらに大人は、すでにその身分、仕事、住居がきまっている。しかし、運命が子どもにもたらすものをだれが確実に知ることができよう。どんなことにおいても、子どもにきちんときまった形式をあたえて、必要が生じたときにそれを変えることにひどくつらい思いをさせるようなことはしまい。フランスの料理人をどこへでも連れて歩かなければ、ほかの国へ行って飢え死にするようなことをさせまい。食べることをこころえているのはフランス人だけだ、などといつか言わせるようなこともしまい。ついでに言えば、これはおかしなほめことばではないか。わたしなら、はんたいに、食べることを知らないのはフランス人だけだ、と言うだろう。フランス人が口にすることのできる料理をつくるにはまったく特別の技術が必要なのだから。

わたしたちのさまざまな感覚のなかで、味覚は、一般的にいって、わたしたちにもっとも強い刺激をあたえる。だからわたしたちは、ただわたしたちをとりまいているだけの物質よりもわたしたちの体の一部となる物質を十分によく判断することにいっそう大きな関心をもつ。触覚、聴覚、視覚にとっては無数のものがどうでもいいものだが、味覚にとってはどうでもいいというようなものはほとんどなにもない。

さらに、この感官のはたらきはまったく肉体的で物質的なものだ。この感覚だけはぜんぜん想像力にうったえることがない、とまでは言えなくても、この感覚には想像力が関係することがもっとも少ない。ところがほかのすべての感官の印象には、模倣と想像がしばしば精神的なものを混じえる。だから、一般的にいって、心のやさしい、そして快楽を好む人々、情熱的で、ほんとうに感じやすい性格の人々は、容易にほかの感覚によって動かすことができるが、そういう人も味覚にたいしてはかなり冷淡なのだ。このことは味覚をほかの感覚よりも劣ったものとし、それをわたしたちに楽しませる傾向をいっそういやしいものとしているらしいが、まさにそのことから、わたしははんたいに、子どもを指導していくうえにもっともいい方法はかれらを口によってひきまわすことだ、と結論するだろう。食いしん坊という動機はとくに虚栄心という動機よりも好ましいと言える。食いしん坊は自然の欲望にもとづき、直接、感官に結びついているが、虚栄心は臆見がつくりだしたもので、人間の気まぐれとあらゆる種類の誤りに左右されるからだ。食いしん坊は子どものころの情熱だ。この情熱はほかのどんな情熱にたいしても抵抗できない。すこしでも対抗するものがあらわれると、それは消えてなくなる。まあ、わたしの言うことを信じていただきたい。食べもののことを考えるようなことは、子どもはあまりにもはやくやめてしまうだろう。そして心がいっぱいになれば、口のことなどほとんど考えなくなるだろう。大きくなればさまざまの激しい感情が食いしん坊を忘れさせ、虚栄心ばかりかきたてることになるだろう。この虚栄心という情念はひとりでほかの情念を利用し、やがてはそれらをすべてのみこんでしまうのだ。おいしいものを重要視して、目をさましたとき、きょうはなにを食おうかと考えているような人、そしてポリュビオス*がある戦闘を記述しているとき以上の正確さをもって食事のことを記述している、そういう人をわたしはときどきしらべてみたことがある。わたしは、そういういわゆる大人がすべて、たくましさもしっかりしたところもない四十歳の子どもにすぎないこと、「食うために生まれてきた」*人間にすぎないことを知った。食いしん坊はすぐれた資質をもたない人々のもつ欠点だ。食いしん坊の人の魂はその口のなかにあるにすぎない。かれは食うためにつくられているにすぎない。愚かでなに一つできないかれは食卓についたときにだけその場所にいる。かれには料理のことしかわからない。そういうことは残念がらずにかれにまかせておこうではないか。わたしたちのためにもかれのためにも、ほかのどんな仕事よりそういう仕事のほうがかれにはふさわしいのだ。

なにか見どころのある子どもの食いしん坊が慢性になりはしないかと心配するのは、つまらないことを気にする人のすることだ。子どものときには食べもののことしか考えなくても、青年になるともうそんなことは考えない。なんでもけっこうということになり、ほかに考えることがたくさんできてくる。それにしてもわたしは、そういういやしい動機を考えなしに利用したり、うまいものをりっぱな行為をする名誉のささえにしたりするようなことは望まない。ただ、子どもの時代はすべてが遊戯とたわいない楽しみにすぎないのだから、あるいはそうあるべきだから、純粋に肉体的な訓練に物質的、感覚的な報賞があってはなぜいけないのか、わたしにはわからない。マジョルカ島の子どもが、木のうえにある籠を見て、それを石投げ器でうちおとしたら、なかにあるものを食べ、それを手に入れるためについやした体力をおいしい食事でおぎなうのは、まったく正当なことではあるまいか。(四三)スパルタの子どもは、むちで百回ぶたれる危険をおかして、巧妙に調理場に忍び込む。そして、生きたままの子狐を盗み、衣服にくるんで持ち去るときに、ひっかかれ、食いつかれ、血だらけになる。さらに、発見されて恥じをかくことがないように、子どもは腹をひきさかれても眉ひとつしかめず、ただの一言も叫びをあげない。としたら、その子がついにそのえものを自分のものにし、食われたあとでそれを食うのは正当なことではあるまいか。けっしておいしい食事を褒美にあたえてはいけない。しかし、ときにはそれを手を入れるためにはらった努力の結果になってはなぜいけないのか。エミールはわたしが石のうえにおいたお菓子をよく走ったことの報賞とは考えない。ただ、そのお菓子を手に入れる方法は、ほかの者よりはやくそこに到着することだけだ、ということを知っているのだ。

このことは単純な料理ということについてすこしまえにわたしが主張した格率と矛盾することではない。子どもの食欲をそそるといっても、かれらの官能を刺激するのではなく、ただそれをみたしてやるだけの話なのだから。そしてこれは、子どもの味覚を洗練させるようなことをしなければ、しごくありふれたものでできることなのだ。成長の必要に刺激されてたえまなく起こる食欲は、かれらにとってはほかの多くのものに代わる確実な調味料となる。果物、乳製品、ふつうのパンよりやや微妙な味がするオーヴンで焼いた菓子のようなもの、とくに、そういうものをなんでもひかえめにあたえるようにすること。こうすれば、子どもの軍隊を世界の果てまで連れていっても、強い味覚にたいする好みを生じさせることもなく、口ぜいたくにするような心配もあるまい。

肉にたいする好みが人間に自然なものではないということの証拠の一つは、子どもが肉の料理にたいして関心をもたないこと、かれらがすべて、植物性の食べもの、乳製品、菓子、果物のようなものを好むということだ。こういう本来の好みをそこなわないこと、そして子どもを肉食動物にしないことがなによりも大切だ。それはかれらの健康のためにではないにしても、かれらの性格のためにだ。経験をどんなふうに説明してみても、一般に肉をたくさん食う者がそうでない者より残酷で兇暴であることはたしかなのだから。これはあらゆる場所とあらゆる時代に観察されることだ。イギリス人の野蛮なことはよく知られている。(四四) ゲーブル人ははんたいにもっとも温和な人間だ。(四五) あらゆる未開人は残酷だが、かれらの風習がそうさせるのではない。その残酷さは食物のせいだ。かれらは狩猟にでかけるように戦争に行く。そして人間を熊のようにとりあつかう。イギリスでも屠殺者は外科医と同じように裁判の証人にはなれない。(四六) ひどい悪党は血をすすることによって人を殺すことをなんとも思わなくなる。ホメロスは肉を食うキュクロプスを恐ろしい人間にしているが、食蓮人はきわめて愛すべき民族として、ひとたびかれらとつきあいをはじめると、人はたちまち自分の国さえ忘れ、かれらと一緒に暮らしたくなる、と言っている。＊プルタルコスはつぎのように述べている。

「ピタゴラスはなぜ獣の肉を食うことをさしひかえていたのか、ときみはたずねる。しかし、わたしは反問しよう。殺した肉を自分の口にもっていき、息たえた獣の骨を歯でかみくだき、死んだ肉体、死骸を自分のまえにもってこさせ、さきほどまでないたり、ほえたり、歩いたり、見たりしていたものの肢体を胃袋のなかにのみこむ、そういうことを最初にした人はどれほどの勇気をもっていたのか。感覚をもつ生きものの心臓に剣を突きさすようなことがどうしてかれの手にできたのか。かれの目はどうして殺害に耐えられたのか。抵抗もしないあわれな動物の血をしぼり、皮をはぎ、肢体を切るようなことをどうしてかれは見ていられたのか。どうしてピクピク肉が動く光景に耐えられたのか。どうしてその匂いが吐き気を催させることもなかったのか。傷口の汚物をいじったり、そこに黒く固まった血をぬぐったりすることになったとき、どうして嫌悪を感じることも、顔をそむけることも、恐怖にとらえられることもなかったのか。

皮は剝《は》がれて地上にうずくまり、
肉は串ざしにされ、火にあぶられてブッブッきっていた。
人は身をふるわせずにはそれを食うことができなかった。
そして自分の腹のなかにうめき声を聞いた。

その人が自然を克服して、はじめてそういう恐ろしい食事をしたとき、はじめて生きている獣に食欲を感じたとき、まだ草を食っている動物で自分の身を養おうとしたとき、そして、かれの手をなめている羊を殺し、切りきざみ、料理するには、どうしなければならないかと言ったとき、その人は右のようなことを想像し、感じなければならなかったのだ。そういう恐ろしいごちそうを食べはじめた人々にたいしてこそ驚きを感じなければならないのであって、それをやめた人々にたいしてはなにも驚くことはない。さらに、そういうことをはじめてした人々は、かれらの野蛮な行為をなんらかの理由によって弁解することができたのかもしれないのだが、わたしたちの野蛮な行為には弁解の余地がないのであって、こういう欠点はわたしたちをかれらより百倍も野蛮な人間にしているのだ。

神々の深い恵みをうけている人間たちよ、とそれらの太古の人々はわたしたちにむかって言うにちがいない、時代をくらべていただきたい。あなたがたはどんなにしあわせであるか、そしてわたしたちはどんなにみじめであったかを見ていただきたい。新しくつくられたばかりの大地と、蒸気がみなぎっている大空は、まだ季節の命令に従順でなかった。川の流れは定まらず、あらゆるところで岸を押しひろげていた。池、湖、深い沼は世界の表面の四分の三を水にひたしていた。残る四分の一は不毛な森と林に覆われていた。大地は有益な産物を一つも生みだしていなかった。わたしたちは土をたがやす道具を一つももっていなかった。それをもちいる技術も知らなかった。そして種をまかない者のところに収穫の季節はけっして訪れることはなかった。だからわたしたちはたえず飢えを感じていた。冬になると苔や木の皮がわたしたちのふだんの食事だった。ハマムギやヒースの緑の根のいくつかがわたしたちのごちそうだった。そして人々はブナの実、クルミ、あるいはドングリを見つけることができたときには、大地を母と呼び、乳母と呼びながら、なにか粗野な歌に合わせて、樫の木やブナの木のまわりを歓喜にもえて踊ってあるいていた。それがかれらの唯一のお祭りだった。それがかれらの唯一の遊びだった。そのほかの人間生活のすべては、苦しみと骨折りと貧しさにすぎなかった。

やがて、大地がすべてをはぎとられて、裸になり、もはやなに一つわたしたちにあたえてくれなくなったとき、わたしたちは身をまもるために自然を辱しめるようなことをしなければならなくなった。わたしたちの悲惨な生活の仲間とともに滅びるよりは、むしろかれらを食うことにしたのだ。しかし残酷な人間たちよ、あなたがたはなにに強制されて血を流しているのか。見るがいい。どれほど豊かな財産があなたがたをとりまいていることか。大地はあなたがたのためにどれほど多くの産物を生みだしていることか。畑やぶどう園がどれほど多くの富をあなたがたにあたえていることか。どれほど多くの動物があなたがたを養う乳を供給し、あなたがたの衣服になる毛を供給していることか。そのうえあなたがたは動物たちになにをもとめるのか。そして、ありあまる財産をもち、あふれるばかりの食物をもちながら、なにを怒ってあなたがたはそんな殺害行為をおかすのか。なぜあなたがたは母親にうそをついて、あなたはもうわたしたちを養うことができないではないか、などと責めるのか。神聖な掟をつくりだしたケレス*にそむいて、また人間をなぐさめてくれる親切なバッコスにそむいて、なぜ罪をおかすのか。あなたがたはまるで、かれらの惜しみない贈り物が人類を維持していくのに十分ではないと考えているようだ。どうしてかれらのおいしい産物と骨とを同じ食卓のうえにならべ、乳と一緒にそれをあたえてくれる獣の血をすするようなことができるのか。あなたがたが猛獣と呼んでいる豹《ひょう》やライオンは、やむなくかれらの本能に従って、生きるためにほかの動物を殺している。しかし、猛獣よりも百倍も兇暴なあなたがたは、必要もないのに本能とたたかい、残忍な楽しみにふけっている。あなたがたが食っている動物は、ほかの動物を食ってはいない。あなたがたは、あの肉食動物を食わないで、そのまねをしているのだ。だれにも害をおよぼさないで、あなたがたになつき、あなたがたの役にたっている、罪のない獣たちにしかあなたがたは食欲を感じないのだ。そして、そういう獣の奉仕にたいするむくいとして、それらを食っているのだ。

おお、自然に反する殺害者よ、自然はきみを、肉と骨とをもった存在、きみと同じように感じやすい生きている存在、きみの仲間を、食うようにつくっているとこのうえ主張しようとするなら、そういう恐ろしい食事にたいして自然がきみのうちに呼び起こす嫌悪をなくしてしまうがいい。きみ自身で動物たちを殺すがいい。つまり、刀やほうちょうをつかわないで、きみ自身の手で殺すがいい。ライオンや熊がしているように、きみの爪で動物たちをひきさくがいい。その牛に噛《か》みついてこまぎれにしてやるがいい。爪を皮膚に突きたてるがいい。生きながらその小羊を食ってしまうがいい。まだ熱いその肉をむさぼり食い、その血と一緒に魂をのんでしまうがいい。きみはふるえている。きみの歯のあいだで生きた肉がピクピク動いているのを感じる勇気がない。あわれな人間よ。きみはまず動物を殺し、ついでそれを食い、いわば二度その動物を殺しているわけだ。それだけではない。死んだままの肉はまだきみに嫌悪をもよおさせる。きみの心はそれに耐えることができない。火によってその形を変えることが、煮たり焼いたりすることが、香料で味つけしてそれを擬装することが必要なのだ。きみには肉屋や料理人や焼き肉係など、きみの目から殺害の恐ろしさをかくし、きみのために死んだ肉体を料理してくれる人間が必要なのだ。それは、味覚がそういう擬装にあざむかれて、異様なものを吐きだすことなく、目にするだけでもとてもがまんできない死骸を喜んで味わうためなのだ。」

＊

右の文章はわたしの主題には関係のないことだとしても、これを書き写したいという気持ちにわたしは逆らえなかったのだ。しかし、そのためわたしに不平を言うような読者はほとんどいないだろうとわたしは信じている。

それに、子どもにどんな食事をあたえるにしても、ふつうの単純な料理にだけなれさせることにすれば、あとは好きなように食べさせ、走りまわらせ、遊ばせるがいい。そうすれば、子どもはぜったいに食べすぎるようなことはせず、消化不良を起こすようなこともないと思ってさしつかえない。しかし、長いあいだ腹をすかせておくようなことをすると、そして、子どもがあなたがたの目を盗む方法を発見するようになると、かれらはできるだけのことをしてつぐないをつけ、腹がいっぱいになるまで、はちきれるまで食うことになる。わたしたちの食欲に際限がなくなるのは、自然の規則とは別の規則をあたえようとするからにほかならない。たえず制限したり、命令したり、つけくわえたり、へらしたり、わたしたちはなにをするのにも秤《はかり》を手にもっている。しかし、この秤は、わたしたちの気まぐれを基準にしているのであって、胃袋を基準にしているのではない。これについてもやはりわたしはじっさいに見たことをひきあいにだす。農家では、パンの箱も果物の倉もいつもあけっぱなしだが、子どもも大人も同じように、消化不良ということはどういうことか知らないのだ。

それにしても、わたしの方法でやればありえないことだとは思うのだが、子どもが食べすぎるようなことがあったら、なにかかれの好みにあった遊びでそれをやめさせるのはじつにやさしいことで、子どもは知らないうちに栄養不良でやつれさせてしまうことだってできるだろう。まったく確実で容易な方法がどうしてどの教師にもわからないのだろう。ヘロドトスが語っているところによれば、*リュディア人はひどい飢餓にせまられて、空腹をまぎらし、何日間も食うことを考えることなくすごさせるような競技やそのほかの遊びごとを工夫することになったという。(四七)あなたがたの博学な教師はたぶん百回もその文章を読んでいるのだが、それが子どもに適用できるとは気がつかなかったのだ。かれらのうちのだれかは、子どもというものは喜んで食事をやめて学課を勉強しにいくものではない、と言うかもしれない。先生、あなたのおっしゃるとおりだ。わたしはそういう楽しみごとは考慮にいれなかったのだ。

味覚にたいする嗅覚は、触覚にたいする視覚と同じようなものだ。嗅覚はいろいろな物質がどんなふうにそれを刺激するかを味覚よりも先に知り、味覚に注意してやる。そしてあらかじめうける印象に応じて、あるものをもとめさせたり、さけさせたりする。未開人はわたしたちとはまったくちがったふうに刺激される嗅覚をもち、よい匂い、悪い匂いをまったくちがったふうに判断するということをわたしは聞いたことがある。わたしもそれは十分信じられることだと思う。匂いそれ自体は弱い感覚だ。それは感官よりも想像力を刺激し、それがあたえるものよりも、むしろ期待させるものによって影響をおよぼす。そうだとすれば、その生活法によってほかの人の味覚とはひじょうにちがったものになっている人の味覚は、味について、したがってまたそれを予告する匂いについても、まったくはんたいの判断を行なわせることになるはずだ。ダッタン人は死んだ馬の悪臭をはなつ肉をかいで、わたしたちの国の狩人が腐りかけた鷓鴣《しゃこ》の匂いを嗅いだときと同じ程度の快さを感じるだろう。

たとえば花壇の花の匂いを感じるといったどうでもいいような感覚は、歩いてばかりいるので散歩などしたくない人、また十分に仕事をしないのでじっとしていることに快感をおぼえることのない人にはわからないだろう。いつも飢えている人は、食べられそうなものがあることを知らせてくれない香水の匂いなど、それほど快く感じることはできない。

嗅覚は想像力の感覚である。神経にいっそう強い調子をあたえ、それは脳に多くの刺激をあたえることになる。そのためにしばらくのあいだ気分をいきいきとさせ、そしてついには疲れさせてしまう。嗅覚は恋愛においてよく知られている効果をもつ。化粧室のあまい匂いは人が考えているほど役にたたない落とし穴ではない。そしてわたしには、愛人が胸にさしている花の匂いに胸をわくわくさせるようなこともない、感じのにぶい、賢明な人を祝福しなければならないのか、それともあわれまなければならないのか、よくわからない。

嗅覚は、だから、最初のころはそれほど強くはたらくはずはない。まだ情念がほとんど刺激することもない想像力は感動をうけることがあまりないからだし、まだ十分に経験がないので、ある感官がわたしたちに約束するものをほかの感官によって予知することができないからだ。このような結果は観察によっても完全にみとめられる。そして大多数の子どもでは、この感覚がまだにぶく、ほとんどもうろうとしていることはたしかだ。それは子どもの感官が大人と同じ程度に鋭敏でないからではなく、たぶん大人より鋭敏なのだが、子どもはそれにほかのどんな観念も結びつけないので、それにともなう喜びや苦しみの感情に容易に動かされないからだし、それによってわたしたちのようになぐさめられたり、傷つけられたりしないからだ。この説明法からはなれることなく、また、両性の比較解剖学の助けをかりることなく、なぜ女性は一般に男性よりも匂いに強く刺激されるかという理由を容易にみいだすことができるとわたしは信じている。

カナダの未開人は若いときからひじょうに鋭敏な嗅覚をもち、犬がいてもそれを狩りにもちいようとはせず、自分で犬の役割りをはたすということだ。じっさい、犬が獲物を嗅ぎつけるように昼飯を嗅ぎあてるように子どもを教育するとしたら、たぶん、かれらの嗅覚をそれと同じ程度に発達させることができるにちがいないとわたしは考える。しかしわたしは、結局のところ、この感覚から子どものためにそれほど有効なもちいかたをひきだせるとは思わない。ただこの感覚と味覚との関係を教えることは別だ。自然はわたしたちがどうしてもその関係を知らなければならないように心をくばっているのだ。自然は味覚のはたらきを嗅覚のはたらきとほとんど離れがたいものにしている。それらの器官をすぐ近くにおき、直接に両者をつなぐ通路を口のなかにおいているので、わたしたちは味わうときにはかならず匂いを嗅ぐことになる。わたしはただ、この自然の関係を変化させ、子どもをだまそうとして、たとえばにがい薬を快い香料でつつむようなことをしないように望みたい。そのばあいにも二つの感覚の不一致はあまりにも大きく、子どもをだますことはできない。よくはたらくほうの感官が他方の作用を吸収して、子どもがそれほどいやがらずに薬を飲むことにはならない。その嫌悪は同時にかれを刺激するどちらの感覚にもひろがる。弱いほうの感覚を感じるときにも、想像が強いほうの感覚も呼び起こすことになる。ひじょうにあまい香りもいやな匂いにすぎなくなる。こうしてわたしたちは思慮のない心づかいをして、不快な感覚の量を大きくし、快い感覚をへらしているのだ。

つづく編において第六感ともいうべきものの修得について語ることがわたしに残されている。それは共通感覚と呼ばれるが、それはすべての人に共通のものだからというよりも、ほかの感官の十分によく規制された使用から生じ、あらゆるあらわれの綜合によって事物の性質をわたしたちに教えてくれるからである。この第六感は、だから、特別の器官をもたない。それは頭脳のうちにあるだけで、純粋に内面的なその感覚は知覚、あるいは観念と呼ばれる。わたしたちの知識のひろさがはかられるのはそれらの観念の数によってである。精神の正確さをつくりだすのはそれらの観念の明確さ、明瞭さである。人間の理性と呼ばれるものはそれらの観念を比較する技術である。そこで、感覚的理性、あるいは子どもの理性とわたしが呼んでいたものは、いくつかの感覚の綜合によって単純な観念をつくりあげることにある。そして、知的な理性、あるいは人間の理性とわたしが呼ぶものは、いくつかの単純な観念の綜合によって複合的な観念を形づくることにある。

そこで、わたしの方法が自然の方法であり、その適用においてわたしが誤っていないとすれば、わたしたちは感覚の国を通って子どもの理性の境界までわたしたちの生徒を連れてきたことになる。その境界を越えてわたしたちが踏みだそうとしている第一歩は大人の一歩でなければならない。しかし、この新しい道にはいるに先だって、わたしたちが通過してきた道にしばらく目を投じよう。人生のそれぞれの時期、それぞれの状態にはそれ相応の完成というものがあり、それに固有の成熟というものがある。わたしたちはしばしばできあがった人間ということについて語られるのを聞く。ところで、できあがった子どもというものを考えてみよう。この見ものはわたしたちにとっていっそう新しいものであろうし、たぶん、いっそう楽しくないものでもなかろう。

有限な存在者の存在はまことにあわれな、限られたものであり、そこにあるものだけを見るなら、わたしたちはけっして心を動かされはしない。現実の対象を飾るのは幻影だ。だから、わたしたちの目にふれるものに想像が魅力を添えなければ、そこに感じられる喜びはむなしく器官にのみかぎられ、心はいつも冷淡にかまえている。秋のさまざまな財宝によって飾られた大地は、豊かな富をくりひろげ、目は感嘆してそれをながめているが、その感嘆には心にふれるものがない。それは感情からよりも反省から生まれる。春は、ほとんど裸のままの野原はまだなにものにも覆われていない。森は木陰をあたえず、緑の草はやっと芽ばえたばかり。しかも人の心はそれを見て感動する。そうして自然がよみがえってくるのをながめて、人は自分も新しくよみがえってくるのを感じる。喜びの影がわたしたちをとりまいている。あの快楽の友、あらゆる甘美な感情をともにしようといつも待ちかまえているあの快い涙が、もうわたしたちの目縁《まぶち》にうかんでいる。しかし、ぶどう収穫の季節のながめは、どんなにいきいきとして活気があり、楽しそうに見えても、人はいつもかわいた目でそれをながめる。

どうしてこういうちがいがあるのか。それは想像が春のながめに春につづいてやってくる季節のながめを結びつけるからだ。目がみとめるあの柔らかい芽に、想像は、花を、果実を、木陰を、ときにはその木陰が隠すことになるひそかな情景を添えて見せる。想像はつづいてくることになる時季を一点に集め、対象がそうなるようにではなく、そうなってほしいように見る。それを選ぶのは想像の自由なのだから。ところが、秋には、もはやそこにあるものしか見ることができない。春になればと思っても、冬が行く手をさえぎっているし、凍りついた想像は雪と霜のうえに息たえてしまう。

成熟期の完成よりも好ましいものとして、美しい子ども時代をながめることにみいだされる魅力の源はそれと同じだ。ある人の姿をながめることにわたしたちがほんとうの喜びを味わうのはいつか。それは、その人の行動の記憶がその人の過去をふりかえらせるとき、わたしたちの目にいわばその人を若がえらせるときだ。その人は現在どういう人であるか考えなければならなくなると、あるいは、年をとってどういう人になるか予想しなければならなくなると、おとろえていく自然という観念がわたしたちの喜びを消しさってしまう。一人の人間が大股で墓にむかって進んで行くのを見ることにはなんの喜びも湧かないし、死の姿はいっさいのものをみにくくする。

しかし、十歳ないし十二歳の子ども、健康でたくましい、その年齢においては十分に完成している子どもの姿を心に描いてみるとき、現在を考えても未来を考えても喜ばしく感じられない観念は一つも思い浮かべられない。湧きたつようにいきいきとして、活気があり、心をむしばむ心配もなく、長い先の苦しい見透しもなく、現在の状態にすっかり身をまかせ、かれの外へひろがっていこうとしているように見えるあふれるばかりの生命を楽しんでいる、そういう子どもの姿をわたしは見る。かれのうちに日々にのびていき、瞬間ごとに新しいしるしを示す感官、精神、力をもちいている別の時期におけるかれの姿をわたしは予見する。子どもとしてのかれをながめるとき、かれはわたしを喜ばせる。大人になったかれを想像するとき、かれはいっそうわたしを喜ばせる。かれの熱い血がわたしの血を温めてくれるような気がする。かれの生命によってわたしは生きているのかと思う。その活発な様子はわたしを若がえらせてくれる。

時計が鳴る。なんという変わりかた。たちまちかれの目はくもり、快活さは消えてしまう。喜びよ、さらば。無邪気な遊びよ、さらば。いかめしい、怒ったような一人の男がかれの手をとり、おごそかな口調で、「さあ、あなた」と言って、子どもを連れて行く。かれらがはいっていく部屋には書物が見える。書物！　かれの年齢にとってはなんという悲しい飾りもの。あわれな子どもは連れられて行く。自分のまわりにあるすべてのものに恨めしげなまなざしをそそぎ、無言のまま去って行く。目には涙がいっぱいたまっていても、流すこともできず、胸は嘆きにしめつけられながら、ためいきをもらすこともできずに。

おお、おまえはそういうことをなに一つ恐れることはないのだ。おまえにとっては生活のどんな時も束縛と苦しみの時ではないのだ。おまえはなんの不安もなく朝のおとずれをむかえ、すこしも待ち遠しい気持ちをもたずに夜のおとずれをむかえ、ひたすらおまえの楽しみによって時をかぞえているのだ。わたしのしあわせな子ども、わたしの愛すべき生徒よ、さあ、ここに来て、あの不幸な子がいなくなって悲しみに沈んでいるわたしたちをおまえの存在によってなぐさめておくれ。さあ、来ておくれ……。かれはやってくる。かれが近づいて来るのを見て、わたしは喜びが湧きあがってくるのを感じる。かれもその喜びをともにしていることを知る。かれの友だち、かれの仲間のところへ、かれの遊び仲間のところへ、かれはやって来たのだ。わたしの顔を見て、まもなく楽しい遊びごとをすることになるのをかれはよく知っているのだ。わたしたちはおたがいにけっして相手に束縛されることはなく、いつでも仲よくしている。そしてわたしたちは、ほかのだれと一緒になったときよりも楽しく一緒に暮らしている。

かれの姿、様子、身のこなしは、自信と満足感を示している。かれの顔は健康に輝いている。しっかりした足どりは力づよい感じを感じさせる。なま白くはないがまだ繊細な顔色には柔弱な女々《めめ》しい面影はぜんぜん見られない。すでに大気と太陽はそこに男子の尊敬すべきしるしをあたえている。まだ丸味のある筋肉はつくられつつある容貌のいくつかの線を示しはじめている。まだ感情の火を燃えたたせていない両眼は、少なくとも生まれながら(四八)の清朗さをそのままにたもち、長い悲しみに暗くされたこともなく、涙がとめどなく頬をつたって流れたこともない。すばやいが、しっかりしたかれの動きのうちに、その年齢の活発さを、なにものにもとらわれない健気さを、多くの訓練によって獲得された経験を見るがいい。かれはうちとけた、自由な、しかし傲慢でも生意気でもない態度を示している。たえず書物のうえにかがみこんでいるようなことをさせられたことのない顔は下ばかりむいてはいない。かれには「顔をあげなさい」という必要はない。恥じらいや恐れを感じて面を伏せるようなことは全然なかったのだ。

みんなが集まっているまんなかにかれをすわらせよう。みなさん、この子をためしてごらんなさい。安心してなにかきいてごらんなさい。この子は、人をうるさがらせたり、おしゃべりをしたり、ぶしつけなことをきいたりする恐れはありません。あなたがたをつかまえて、自分だけの相手をさせようとする心配はないでしょう。あなたがたがこの子の手からのがれられなくなる心配はないでしょう。

しかしまた、耳ざわりのいい話をこの子に期待してはいけません。わたしがこの子に教えておいたことをあなたがたに話すことを期待してもいけません。飾りけのない、たくまない、虚栄心を混じえない、素朴で単純な真実だけを期待してください。この子は自分がした悪いこと、あるいは考えた悪いことを、よいことと同じように、まったく自由に、あなたがたに話すでしょう。自分の言ったことがあなたがたにあたえる印象などすこしも気にしないでしょう。この子はその初期の教育からうけたまったく素朴な調子でことばをもちいるでしょう。

人は子どもの将来をよいほうに考えがちだが、たまたまかれらの口をついて出るなにかうまいめぐりあわせによることばからひきだそうとする希望を、ほとんどいつもひっくりかえすことになる多くの失敗にたえず恨めしい思いをしている。わたしの子どもはめったにそういう希望をあたえないが、けっしてそういう恨みを感じさせまい。かれは無用なことは一言もいわないし、だれも耳を傾けていないことがわかっているおしゃべりをして、頭をからっぽにするようなことはしないからだ。かれの観念はかぎられてはいるが、明確だ。かれはなに一つ暗記していないが、経験によって多くのことを知っている。ほかの子どもにくらべて書物をそれほどよく読めないが、自然という書物はもっとよく読める。かれの才気は舌のうえにはないが、頭のなかにある。かれは記憶力よりもむしろ判断力をもっている。一つの国語しか話せないが、自分が話すことを理解している。そして、ほかの子どもが話すようにうまく話せないが、そのかわり、ほかの子どもがするよりもよくなにかすることができる。

かれはしきたり、習慣、習性とはどういうものか知らない。かれがきのうしたことはきょうすることになんの影響もあたえない。(四九) かれはけっして公式にしたがわない。権威にも実例にも屈しない。そして自分にふさわしいようにしか行動もしないし、話もしない。だから、教えこまれた話やわざとらしい態度をかれに期待してはならない。いつもかれの観念の忠実な表現と、かれの傾向から生まれる行動だけを期待していい。

あなたがたはかれのうちに、かれの現在の状態に関係のある道徳的観念をすこしばかりみいだすだろう。大人に関係のある状態についてはどんな観念もみいだせないだろう。子どもはまだ社会の能動的な一員ではないのに、そういうものがかれにとってなんの役にたつのか。自由について、所有権について、さらに、約束ごとということについても、かれに話して聞かせるがいい。そこまではかれも知ることができる。なぜ自分のものは自分のものなのか、なぜ自分のものでないものは自分のものでないのか、それは知っているが、それ以上のことになると、かれにはもうなにもわからない。義務とか服従とかいうことを話してやっても、あなたがたがなにを言おうとしているのかかれにはわからない。なにかいいつけてもかれはいうことをきくまい。しかし、こう言うがいい。あなたがわたしにこういうことをしてくれたら、わたしも別の機会に同じことをしてあげよう、と。かれはすぐにあなたがたが望んでいることをするだろう。かれはひたすら自分の領分をひろげ、おかしがたいものとなることがわかっている権利をあなたがたにたいして獲得することを願っているからだ。おそらくはさらに、ある地位をしめ、人々の仲間にくわわり、多少とも役にたつ者と考えられるようになることも、かれはいやとは言うまい。しかし、この最後の動機をもつようになったときには、かれはすでに自然からはずれているのだ。そしてあなたがたは、虚栄心にたいしてあらかじめいっさいの扉をしめきったことにはならない。

かれのほうでは、なにか助けてもらう必要があれば、だれでもかまわずそこにいる人に用事をたのむだろう。国王にも自分の従僕にたのむのと同じような調子でたのむだろう。すべての人間は、いまのところ、かれの目から見れば平等な人間なのだ。かれがなにかたのんでいる様子を見ると、だれもかれに義理があるわけではないことをかれはよく知っていることがわかる。自分がもとめているものは一つの恩恵としてあたえられることをかれは知っているのだ。かれはまた、人間愛がそういうものを人にあたえさせることになるのを知っている。かれのことばは簡潔だ。かれの声、まなざし、態度は、人が承知してくれるばあいにも拒絶するばあいにも同じようにならされていることを示している。それは奴隷のはいつくばったいやしい服従でもなく、支配者の命令的な調子でもない。自分と同じような人間にたいする謙虚な信頼をもって、自由ではあるが感じやすく弱い存在の高貴な、人の心にふれるやさしみをもって、自由で強い親切な存在の助けをもとめているのだ。あなたがたがかれのもとめているものをあたえたとしても、かれはありがとうとも言わないだろう。しかし、自分には一つの負債ができたことを感じるだろう。ことわったとしても、かれは不平を言わないだろう。くりかえしたのむようなことはしないだろう。そんなことをしてもむだだということを知っているのだ。かれは、あの人はわたしにことわった、とは考えないで、それはできないことだったのだ、と考えるだろう。ところで、わたしがすでに言ったように、はっきりとわかっている必然的なことにたいしては、人は反抗するようなことはほとんどない。

かれをひとりで自由にさせておくがいい。かれが行動するのをなにも言わずに見ているがいい。かれがすること、そしてどういうふうにするかを注意して見ているがいい。自分が自由であることを示す必要はないから、かれはけっして騒々しいことはしまい。ただ自分が自由であることを示すためになにかするようなことはあるまい。自分はいつも自分の主人だということをかれは知っているのではないか。かれはすばしっこく、身が軽く、いきいきとしている。かれの動作はその年齢の活発さを完全に示している。しかし、目的のない動きは一つも見られない。なにをしようとするにしても、かれはけっして自分の力を超えたことをくわだてない。自分の力をよくためしてみて、それを承知しているからだ。かれのもちいる手段はいつもかれの計画に適したものが選ばれ、そして成功することが確実でなければ、かれはめったに行動するようなことはしまい。かれの目は注意ぶかく、正確だろう。かれは目にするあらゆるものについて他人にくだらない質問をするようなことはしまい。そんなことはしないで、自分ですべてをしらべ、人にたずねるまえに骨を折って自分が知りたいと思っていることを発見しようとするだろう。思いがけない困難におちいっても、ほかの者のようにあわてないだろう。危険にであっても、やはりそれほど恐れないだろう。かれの想像力はまだ無活動の状態にとどまっているし、わたしはそれを刺激するようなことはなにもしてないから、かれはそこにあるものだけを見、危険をその額面どおりにうけとって、冷静な態度を失わない。必然はかれのうえにあまりにもしばしばのしかかってくるから、かれはそれに反抗するようなことはまだしない。生まれたときから必然のくびきをうけているから、それにすっかりなれきっているのだ。かれにはいつでもあらゆることにたいする準備ができている。

仕事をするにしても、遊ぶにしても、どちらもかれにとっては同じことだ。かれの遊戯はかれの仕事なのだ。かれはそこになんのちがいも感じない。かれはかれがするいっさいのことに人をほほえませる熱心さを示し、人を喜ばせる自由を発揮し、同時にかれの才能と知識の程度を示して見せる。一人のかわいい子が、いきいきとした快活な目、満足した朗らかな様子、開放的な晴れやかな顔で、戯れながらこのうえなくまじめなことをしたり、このうえなくくだらない遊びごとに熱中していたりするのを見る、それはこの年ごろにふさわしい光景、魅力ある快い光景ではあるまいか。

こんどは、くらべてみることによってかれがどういう子であるか知ることをお望みだろうか。かれをほかの子どもの仲間に入れて、するようにさせておくがいい。どの子がほんとうにいちばんよく教育されているか、どの子がその年齢にふさわしい完成度にいちばん近づいているか、すぐにわかるだろう。都会の子どものなかでは、かれより器用な者は一人もいない。しかも、かれはほかのだれよりも強い。農村の子どものあいだでは、かれは体力においてはかれらと同じであり、器用さにおいてはかれらにまさっている。子どもの能力でできるあらゆることにおいて、かれは都会の子ども農村の子どものいずれよりもよく判断し、推論し、先のことを見透すことができる。行動すること、走り、跳び、物を動かし、大きなものをとりのけ、距離を推定し、遊戯を考えだし、褒美を獲得する、そういうことについて見るなら、自然はかれの命令に服していると言いたくなるだろう。それほどやすやすとあらゆるものを自分の意志に従わせることができるのだ。かれは自分の同輩を導き、指導するようにつくられている。才能、経験が権利と権威に代わるものになっているのだ。あなたがたの好きな衣裳と称号をかれにあたえるがいい。そんなものはほとんど関係がない。かれはいたるところで先頭に立ち、いたるところでほかの子どもの長になるだろう。かれらはいつも自分たちにたいするかれの優越をみとめるだろう。命令することを望まずにかれは支配者となるだろう。服従しているとは考えないでかれらは服従していることになる。

かれは子どもとしての成熟期に達している。かれは子どもとしての生活を生きてきた。かれはその完成を自分の幸福を犠牲にして手に入れたのではない。そうではなく、二つのものはたがいに協力し合っていたのだ。その年齢にふさわしい理性を完全に獲得しつつ、かれの素質が許すかぎりにおいて、かれは幸福であり、自由であったのだ。かりに宿命の鎌がわたしたちの希望の花を刈りとることになったとしても、わたしたちはかれの生と死とを同時に悲しむ必要はない。わたしたちがかれにあたえた苦しみを思い出してわたしたちの悲しみをさらに深くすることはない。わたしたちはこうつぶやくだろう。少なくともかれはその子ども時代を楽しんだのだ。わたしたちは自然がかれにあたえたものをなに一つ失わせるようなことはしなかったのだ、と。

この初期の教育の大きな不都合は、それが聡明な人にしかわからないということ、そしてこれほどの苦労をして育てた子どもも、凡俗な人の目には腕白小僧としか映らないということだ。教師というものは弟子の利害よりも自分の利害を考えている。かれは時間をむだにしてはいないこと、そして、あたえられる金を正当にもうけていることを証明しようと努力する。かれはすぐにならべたてることができる知識を、いつでも人にひけらかすことができる知識を弟子にあたえる。弟子に教えることが役にたつかどうかはどうでもいいので、それが容易に人の目に見えさえすればいいのだ。かれはやたらに、見さかいもなく、たくさんのくだらないことを生徒の記憶につめこむ。子どもを試験してみる段になると、そういうしろものを子どもにひろげさせる。子どもはそれをならべてみせると、人は満足する。それから子どもは荷物をしまって、むこうへいく。わたしの生徒はそんな物持ちではない。かれにはひろげてみせる荷物はない。自分自身のほかには人に示してみせるものをなに一つもたない。ところで、子どもというものは、大人も同じことだが、ひと目見てわかるものではない。ひと目見て子どもの性格を示す特徴をとらえることができる観察者がどこにいるか。それはたしかにいる。しかし、その数は少ない。そして十万人の父親のなかで、その数にはいる人は一人もいないだろう。

あまりにいろんなことをきかれるとだれでもうんざりして、いやになってしまう。子どもはなおさらのことだ。何分かたつとかれらの注意力は疲れて、しつこい質問者がたずねることをもう聞こうとはせず、いいかげんな返事しかしなくなる。そんなふうに子どもを試験するのは無益であり、衒学者のすることだ。しばしば、不意にとらえた一言がながながと話すことよりもよく子どもの分別と才気を示すことがある。といっても、その一言が教えこまれたことであったり、まぐれあたりのことであったりしないように注意しなければならない。子どもの判断力を評価するには、評価する人自身、豊かな判断力をもたなければならない。

故ハイド卿から聞いた話だが、かれの友人の一人は、三年間家を留守にしていたのち、イタリアから帰ってきて、九歳か十歳になる息子の進歩ぶりをためしてみようとした。かれらは、ある夕方、家庭教師と子どもと一緒に野原に散歩に行ったが、そこには生徒たちがタコをあげて遊んでいた。父親は歩きながら、子どもにたずねた。「そこに影が映っているタコはどのへんにあるのかね。」即座に、空を見あげようともせず、子どもは答えた。「街道のうえに。」そして事実、とハイド卿はつけくわえて言っていた、街道は太陽とわたしたちのあいだにあったのです、と。父親は息子のことばを聞いて、かれを抱擁し、試験はそれだけにとどめて、なんにも言わずに歩いていった。あくる日、かれは家庭教師にその報酬のほかに終身年金の証書を送った。

この父親はどれほどの人物だったことか。そして、なんというすばらしい息子がかれに約束されていたことか。*質問はまさに年齢にふさわしい質問である。返事はまったく簡潔である。しかしそれはどれほど明確な子どもの判断力を予想させることか考えてみるがいい。こんなふうであってこそあのアリストテレスの弟子*はどんな馬丁も飼い馴らすことができなかった有名な駿馬《しゅんめ》を馴らすことになったのだ。

第三編

青年期に達するまでの人生の期間ぜんたいは無力の時期だが、この最初の時期のあいだに、力の発達が欲望の発達を追い越して、まだ完全に無力ではあるが、成長しつつある生物が相対的に強くなる時期がある。かれの欲望はまだすべてが発達していないので、現実の力はかれが感じる欲望をみたしてなおあまりあるものとなる。人間としてはかれはきわめて弱い存在だが、子どもとしてはきわめて強い存在となる。

人間の弱さはどこから生じるか。その力と欲望とのあいだにみられる不平等から生じるのだ。わたしたちを弱いものにするのはわたしたちの情念なのだ。それを満足させるには自然がわたしたちにあたえている以上の力が必要となるからだ。だから欲望をへらせばいい。そうすれば力がふえたのと同じことになる。望むことよりも多くのことができる者は余分の力をもつことになる。その人はたしかにきわめて強い存在だ。これが子ども時代の第三の状態であり、わたしはこれからそれについて語らなければならない。わたしはひきつづいてこの時期も子ども時代と呼ぶことにするが、それはこの時期を言いあらわす適当なことばがないからだ。つまりこの時期は青年期に近づいているのだが、まだ思春期に達していないのだ。

十二歳ないし十三歳になると、子どもの力はその欲望にくらべてはるかに急速にのびていく。もっとも激しい、恐ろしい欲望はまだかれのうちには感じられない。その器官もまだ未完成の状態にあって、そこから抜けだすために、意志によって強制されるのを待っているかのようにみえる。苛烈な大気と季節にもほとんど無感覚なかれは、平気な顔でそれに耐え、高まってくる熱は衣服に代わるものとなる。食欲は調味料に代わるものとなる。体の養いとなるものはすべて、かれの年齢にあってはうまいものだ。ねむくなれば大地に身を横たえてねむる。どこへ行ってもかれは自分の必要とするいっさいのものが身のまわりにあることを知る。かれは想像から生まれる欲望に苦しめられることはない。人々の意見はかれにたいしてなにごともなしえない。かれの欲望はかれの手より先のところに及ぶことはない。自分のことは自分でできるばかりでなく、かれは自分に必要な力よりもっと多くの力をもつ。この時期はかれがそういう状態におかれる人生の唯一の時期だ。

わたしは反論を予感する。人々は、子どもはわたしがあたえているよりも多くの欲望をもつとは言わないだろうが、わたしがあたえているような力をもつことを否定するだろう。わたしはわたしの生徒について語っているのであって、家のなかを旅行し、箱庭をたがやし、ボール紙の重荷を背負う動く人形について語っているのではない、ということを人々は考えないだろう。成人の力は成人にならなければあらわれない、それにふさわしい血管のなかでつくりだされ、体じゅうにひろがる生命の気、これだけが筋肉に統一性、活動性、調子、弾力性をあたえることができるのであって、そこからほんとうの力が生まれてくるのだ、と人々は言うだろう。それは書斎の哲学だ。しかしわたしは経験にうったえる。わたしはあなたがたの領地で、たくましい男の子たちが、かれらの父親とまったく同じように、たがやし、掘りかえし、鋤を握り、ぶどう酒を樽に詰め、車をひっぱっているのを見ている。かれらの声音《こわね》でそれとわからなければ、人はかれらを大人とまちがえるにちがいない。わたしたちの都会においても、鍛冶屋、刃物工、蹄鉄工などの若い職人は、親方とほとんど同じくらい頑健であり、適当な時期に訓練されたならば、技能においてもほとんど劣らないことになる。ちがいがあるとしても、ちがいがあることはわたしもみとめるが、そのちがいは、くりかえして言うが、大人の激しい欲望と子どものかぎられた欲望とのちがいにくらべればはるかに小さい。それに、これは肉体的な力にかぎったことではなく、それをおぎない導く精神の力とその範囲についても言えることだ。

個人が欲する以上のことができるこの時期は、その人が絶対的にもっとも大きな力をもつ時期ではないが、すでに述べたように、相対的にもっとも大きな力をもつ時期だ。それはかれの生涯においてもっとも貴重な時期、ただ一度しかおとずれない時期だ。きわめて短い時期、つぎに見られるように、いっそう有効にもちいる必要があるだけになおさら短く感じられる時期だ。

そこで、現在はありあまるほどもっているが、別の時期になればたりなくなるその能力と体力を、かれはいったいどんなことにもちいるのか。かれはそれを必要が生じたときに役にたつことにもちいようとつとめるだろう。いわば、現在あるもののうち余分のものを未来にふりむける。頑健な子どもが弱い大人のために貯蓄するわけだ。しかし、かれは盗難にあうおそれのある金庫のなかにも、離れたところにある納屋のうちにも品物をおかないだろう。自分が手に入れたものをほんとうに自分のものにするために、自分の腕のうちに、頭のなかに、自分自身のなかに、それをしまっておくことにするだろう。そこで、ここに仕事、勉強、研究の時期がくるのだが、この時期をわたしは勝手に選んでいるわけではないこと、自然そのものがそれを示していることに注意していただきたい。

人間の知性には限界がある。そしてひとりの人間はいっさいのことを知るわけにはいかないばかりでなく、ほかの人間が知っているすこしばかりのことを完全に知りつくすこともできない。まちがった命題の一つ一つに対立する命題はすべて正しいのだから、真理の数は誤謬の数と同じように無限にある。だから、学ぶのに適当な時期を選ばなければならないのと同じように、学ぶことも選ばなければならない。わたしたちの能力で学べる知識のうちで、あるものはまちがっていたり、あるいは役にたたないものだったり、あるいは、それをもっている者の自負心をはぐくむものだったりする。わたしたちの幸福にほんとうに役だつ少数の知識だけが、賢明な人の、したがってまた賢明な人に仕立てあげたいと思っている子どもの、研究の対象となるにふさわしい。存在するものではなく、有用なものだけを知ることが必要なのだ。

この少数のもののなかから、ここではさらに、それを理解するにはもうすっかりできあがった悟性を必要とする真理は除かなければならない。子どもには獲得することができない人間関係についての知識を前提とするもの、それ自体としては真理だが、経験に乏しい魂に、ほかの問題についてまちがった考えかたをさせるもの、そういうものは除かなければならない。

そこでわたしたちは、存在する事物にくらべればまことに小さな円のなかに閉じこめられることになる。しかし、この小さな円も、子どもの精神の尺度で考えれば、どんなに広大な領域を形づくっていることか。人間の悟性の闇よ、なんという無謀な者の手があなたのヴェールにあえてふれようとしたのか。わたしたちのむなしい学問のおかげでその不幸な少年の周囲になんという深淵が掘られていくのをわたしは見ることか。ああ、そういう危険な細道を通ってかれを導いていこうとする者、そしてかれの目のまえに自然の神聖な幕《とばり》をひきあけようとする者よ、恐れおののくがいい。まずかれの頭ときみの頭を十分にたしかめておくことだ。どちらか、たぶん二人とも、頭が狂うおそれのあることを覚悟するがいい。見かけは美しいうそを、人を酔わせるむなしい高慢心を恐れるがいい。無知はけっして悪を生みださなかったこと、誤謬だけが有害であること、そして人はなにか知らないためにではなく、知ってると思っているために誤ること、そういうことを忘れずに、たえず心にとめておくがいい。

あなたがたにとっては、幾何学における進歩はかれの知性の発達程度を示すもの、その確実な尺度になるかもしれない。しかし、有用なものとそうでないものとがかれに見わけられるようになったら、理論的な研究をかれにやらせるには、多くの手心と工夫をする必要がある。たとえば、二つの直線の比例中項をもとめさせようとするなら、まずあたえられた長方形とひとしい面積の正方形をみいだす必要があるようにするがいい。二つの比例中項をもとめるなら、まず興味をひく立方体とひとしい体積の別の立方体をつくる問題を出してやることが必要だろう。こういったことだ。どんなふうにわたしたちは段階を追って善と悪とを区別する道徳的な観念に近づいていくかを見ていただきたい。これまでのところは、わたしたちは必然の法則のほかには法則というものを知らなかったが、これからは有用なものに注意をむけることになる。やがてわたしたちは、わたしたちにふさわしいもの、役にたつものに到達することになる。

同一の本能が人間のさまざまな能力を刺激する。のびていこうとする体の活動について知識をもとめようとする精神の活動があらわれる。はじめは子どもは体を動かしているだけだが、ついでかれらには好奇心が湧いてくる。そしてこの好奇心は、正しく導かれるなら、わたしたちが到達している時期の原動力となる。それにしても自然から生まれる傾向を臆見から生まれる傾向と区別することにしよう。物知りと思われたいという欲望だけにもとづいている知識欲もあるし、身近にあるものでも、遠くにあるものでも、興味を感じさせるすべてのものにたいする人間に自然の好奇心から生まれる知識欲もある。快適な生活にたいする生来の欲望と、この欲望を十分にみたすことができないこととは、たえず人間に快適な生活に役だつ新たな手段をもとめさせる。これが好奇心の最初の根源となる。この根源は人間の心に自然にあたえられたものだが、それはわたしたちの情念と知識の程度に応じてのみ発達する。一人の哲学者がどこかの無人島に流され、いろいろな器械と書物をもっていって、そこでひとりで余生を送ることになるのは確実だ、といったばあいを考えてみるがいい。その哲学者は、世界の体系や引力の法則や微分法などについてはもうほとんど心をわずらわせることはあるまい。たぶん一生のあいだ一冊の書物もひらいて見ないだろう。しかしかれは、それがどんなに大きな島だろうと、その隅々まで訪ねて見ることをけっしてやめないだろう。だから、わたしたちの最初の研究からさらに、その好みが人間にとって自然でないような知識は捨ててしまうことにしよう。そして、本能がわたしたちにもとめさせる知識だけにかぎることにしよう。

人類のおかれている島、それは大地だ。わたしたちの目にもっともよく見られるもの、それは太陽だ。わたしたち自身から離れていくとすぐに、わたしたちはまず大地と太陽をながめることになる。だから、ほとんどすべての未開の民族の哲学はもっぱら大地の想像による区分と太陽の神性について論じている。

なんというかけはなれたことを！　とたぶん人は言うだろう。さきほどまでわたしたちは、わたしたちの身にふれ、直接わたしたちをとりまいているものだけを問題にしていた。ここでとつぜん、地球をかけめぐり、宇宙の果てに跳びあがることになる！　この跳躍はわたしたちの力の増大と精神の傾向の結果なのだ。無力と不十分の状態にあっては、自己を保存しようとする配慮がわたしたちをわたしたちの内部へ集中させる。力と可能の状態にあっては、自己の存在を拡大したいという欲望がわたしたちを外へ連れだし、できるだけ遠いところへ飛び立たせる。とはいえ、知的な世界のことはまだわからないから、わたしたちの思考は視界のかなたにはおよばず、悟性はそれが測定する空間とともにひろがっていくにすぎない。

わたしたちの感覚を観念に転化しよう。しかし、感覚的な対象からいっぺんに知的な対象に跳び移るようなことはしまい。感覚的なものを通ってこそわたしたちは知的なものに到達することになるのだ。精神の最初のはたらきにおいては、感覚がつねに精神の案内者となるようにしなければならない。世界のほかにはどんな書物も、事実のほかにはどんな授業もあたえてはならない。読む子どもは考えない。読むだけだ。かれは知識を身につけないで、ことばを学ぶ。

あなたがたの生徒の注意を自然現象にむけさせるがいい。やがてかれは好奇心をもつようになるだろう。しかし、好奇心をはぐくむには、けっしていそいでそれをみたしてやってはいけない。かれの能力にふさわしいいろいろな問題を出して、それを自分で解かせるがいい。なにごとも、あなたが教えたからではなく、自分で理解したからこそ知っている、というふうにしなければならない。かれは学問を学びとるのではなく、それをつくりださなければならない。かれの頭のなかに理性のかわりに権威をおくようなことをすれば、かれはもはや理性をはたらかせなくなるだろう。もはや他の人々の臆見に翻弄されるだけだろう。

あなたはその子に地理を教えようとして、地球儀、天球儀、地図をもってきてやろうとする。なんというたくさんの道具。そうしたあらゆる代用品はなんのために？　なぜはじめに対象そのものを示してやろうとはしないのか。そうすれば、子どもには少なくともあなたがどんなものについて語っているのかわかるだろう。

よく晴れた日の夕方、目をさえぎるもののない地平線に太陽の沈んでいくさまがすっかり見えるようなところへ散歩に行って、太陽が沈む地点を示してくれるものをよく見ておく。あくる朝、新鮮な空気を吸うために、太陽が昇るまえに、また同じところへ行ってみる。太陽は先ぶれの火矢を放ってすでにそのあらわれを予告している。朝焼けはひろがり、東の方は真赤に燃えて見える。その輝きをながめて、太陽があらわれるにはまだ間《ま》があるころから、人は期待に胸をおどらせ、いまかいまかと待っている。ついに太陽が姿を見せる。輝かしい一点がきらめく光りを放ち、たちまちのうちに空間のすべてをみたす。闇のヴェールは消え落ちる。人間は自分の棲処《すみか》をみとめ、大地がすっかり美しくなっているのに気がつく。緑の野は夜のあいだに新しい生気を得ている。それを照らす生まれいずる日、金色に染める最初の光線は、それが目に光りと色を反射してキラキラ光る露の網目に覆われている光景を見せてくれる。合唱隊の小鳥たちが集まってきて、一斉に生命の父へ挨拶を送る。このとき黙している小鳥は一羽もいない。小鳥たちのさえずりは、まだ弱々しく、一日のほかの時刻にくらべてもっとゆっくりとやさしく聞こえ、安らかな眠りから覚めたばかりのものうい感じを感じさせる。そうしたあらゆるものが集まって、感官にさわやかな印象をもたらし、それは魂にまで沁みわたっていくように思われる。それはどんな人でもうっとりとせずにはいられない恍惚の三十分間であり、そういう壮大で、美しく、甘美な光景にはだれひとりとして無関心ではいられない。*

自分が味わっている感動で心がいっぱいになった教師は、その感動を子どもにつたえたいと思う。かれは自分が心を動かされている感覚に注意をむけさせることによって子どもの心を動かすことができると考える。まったくばかげたことだ。自然の光景の生命は人の心のなかにある。その光景を見るためにはそれを感じていなければならない。子どもはいろいろな対象をみとめるが、それらをむすびつけている関係をみとめることはできない。それらの合奏の甘美なハーモニーを聴きとることができない。子どもがまだ獲得していない経験なしには、かれがまだ味わったことのない感情なしには、そういう感覚のすべてから同時に生じてくる複合的な印象を感じとることはできない。草も生えてない平野を長いこと歩きまわったことがないのに、燃えるような砂に足の裏を焼かれたことがないのに、陽が降りそそぐ岩山の息づまるような照り返しにあえいだことがないのに、どうして美しい朝のさわやかな空気を味わうことができよう。かぐわしい花、うっとりさせる緑の野、しめった蒸気をただよわせる露が、柔らかい芝草のうえを歩く心地よさが、どうして感官を魅惑することができよう。恋と快楽の音色《ねいろ》をまだ知らないのに、どうして小鳥たちの歌声がたまらない感動を呼び起こすことがありえよう。美しい一日をみたすべき人々の面影を想像が描いて見せることもできないのに、その一日が明けていくのをどんな感激をもって見ることができよう。さらにまた、何者の手によって自然が美しく飾られているのか知らないのに、どうしてその美しい光景に感動することができよう。

子どもに理解できない話を子どもにしてはならない。描写、雄弁、比喩、詩は無用だ。いまのところ感情や趣味は問題にならない。明快に、単純に、そして冷静につづけていくことだ。ちがった調子で語りはじめる時はかならずあまりにもはやくやってくるだろう。

わたしたちの格率の精神によって育てられ、自分のうちからあらゆる道具をひきだし、自分にはできないことがわかったあとでなければ、けっして他人の助けを借りないようになされているかれは、まだ知らないことにであったときにはいつも、なんにも言わずに長いことかかってそれをしらべている。かれは考えぶかく、やたらに人に質問するようなことはしない。だから、適当なときにものをかれに見せるだけにしておくがいい。そして、かれの好奇心が十分それにとらえられていることがわかったとき、なにか簡単な質問をして、それによって問題を解決する道を示してやるようにするがいい。

いまのばあいには、昇る太陽をかれと一緒にゆっくりとながめ、その方向にある山々とその近くにあるほかのものに注意をむけさせ、それらについてなんでも好きなように話をさせたあとで、夢でも見ている人のようにしばらくのあいだ沈黙していて、それからこう言ってやることにする。わたしは、きのうの夕方、太陽があすこに沈んだこと、そしてけさはあすこに昇ったことを考えている。どうしてそういうことが起こるのだろう。それ以上のことを言ってはいけない。かれがなにか質問しても、答えてはいけない。ほかの話をするがいい。かれの勝手にさせておくがいい。そうすれば、きっとかれはそのことを考えるだろう、と思っていい。

子どもが注意ぶかくなるようにするには、そして、なにか感覚的な真理がはっきりとわかるようにするには、かれがそれを発見するまでのいく日かのあいだ、それがかれを不安にしておくことがどうしても必要だ。そうしても十分にわからなければ、それをもっとはっきりさせてやる方法がある。その方法とは問題をひっくりかえすことだ。太陽は沈んでからどういうふうにして昇ることになるのか、かれはそれを知らないとしても、少なくとも、昇ってからどういうふうにして沈むことになるのかは知っている。それは見ていればわかることだ。だからはじめの問題をあとの問題によって説明すればいい。あなたがたの生徒が完全な白痴でなければ、類似はあまりにもはっきりしてるから、それがわからないはずはない。これが宇宙誌の最初の授業となる。

わたしたちはいつもゆっくりと感覚的な観念を追って進んでいくから、一つの観念に長いあいだなれしたしんだあとでほかの観念に移ることにしているから、さらにまた、生徒を強制して注意をはらわせるようなことはけっしてしないから、右の最初の授業から太陽の軌道と大地の形とについての知識にいたるまでには長いことかかる。しかし、天体のあらゆる見かけの運動は同一の原理にもとづいているし、最初の観察はほかのあらゆる観察に導くことになるから、太陽の一日の回転から蝕の計算にいたるには、昼と夜とを十分に理解するばあいよりも、いっそう長い時間が必要であるにしても、それほどの努力を必要としない。

太陽は世界のまわりをまわっているのだから、円を描いている。そしてあらゆる円には中心があるはずだ。わたしたちはすでにそのことを知っている。この中心は地球のまんなかにあるのだから見ることができない。しかし、それに対応する相対する二点を平面上に示すことができる。三点を通って両端が天空にまで延びている一本の串は世界と太陽の一日の運動の軸となる。その尖端のうえでまわっている円いコマはその軸でまわっている天空をあらわす。コマの二つの尖端は二つの極だ。子どもはその一つを知って大いに満足することになる。わたしはそれが小熊座の尾のところにあることを教えてやる。これは夜の楽しみとなる。すこしずつ星にしたしみを覚えるようになり、そこから、惑星を知り、星座を観察しようとする最初の興味が湧いてくる。

わたしたちは聖ヨハネの日〔六月二十四日〕に日の出を見た。わたしたちはクリスマスか、それともほかの晴れた冬の日にまた日の出を見に行く。あなたがたも知ってるように、わたしたちは寝坊ではないし、寒さを冒すこともわたしたちにとっては遊びなのだ。わたしはこの第二回目の観察も第一回目のときと同じ場所で行なうようにする。そして、注意を呼び起こすために、なにかうまい方法をつかって、わたしたちのどちらかがこんなことを叫ばずにはいられないようにする。おや、おかしなことがあるものだ。太陽はもう同じところから昇ってこない。こちらがわたしたちのまえに見たところだ。ところが、いまではあすこに昇った……結局、夏太陽が昇る方向と冬太陽が昇る方向とがあることになる……。若き教師よ、これがあなたの行くべき道だ。こうした例証だけで十分にあなたは、世界を世界として、太陽を太陽として、きわめて明快に天体運動について教えることができるはずだ。

一般的にいって、実物を示すことが不可能なばあいのほかには、実物にかえるに記号をもってするようなことをしてはならない。その記号が子どもの注意力を吸収して、それがあらわしている事物を忘れさせるからだ。

渾天儀《こんてんぎ》＊という器械はうまく組み立てられていないし、釣り合いもよくとれていないように思われる。あの環の交錯とそこにみとめられる奇怪な形は魔法の文字のような印象をあたえ、子どもの心をおびえさせる。地球はあまりにも小さく、天空の圏はあまりにも大きく、あまりにもたくさんある。あるもの、たとえば季節線などは、まったく無用なものだ。それぞれの圏は地球よりも幅がひろい。ボール紙の厚みはそれに立体感をあたえ、それがじっさいに存在する環状のものであるかのように考えさせる。だから、これらの圏は想像したものだと子どもに言うと、子どもは目のまえにあるものがなんだかわからなくなり、なにひとつ理解できなくなる。

わたしたちは子どもの状態に自分をおいて考えることはけっしてできない。かれらの考えにはいりこむことができないで、わたしたちの考えをかれらにあたえて、いつもわたしたち自身の論理を追い、多くの真理の連鎖によって、不条理と誤謬を子どもの頭のなかに積みあげているにすぎない。

学問を研究するには分析と綜合のどちらをとるべきかについて人々は論争している。いつもどちらかを選ぶ必要があるわけではない。ときには同じ研究の過程でも分解したり合成したりすることができるし、子どもは分析しているものとばかり考えているときに、教授的な方法で子どもを導いていくこともできる。そこで、同時に二つの方法をもちいることにすれば、それらはたがいに証明として役だつことになる。同時に相反する二つの地点から出発して、同じ道を歩いていることに気がつかない子どもは、同じ結果に到達してとてもびっくりさせられるだろうが、その驚きはたいへん愉快に感じられるだけだろう。たとえば、そういう二つの出発点から地理学をとりあげてみたい。そして、地球の公転の研究に、自分の住んでいる土地からはじめて地球の部分の測定をむすびつけることにしよう。子どもが天球を研究しているとき、そうして天に身をおいているとき、かれを大地の区分に連れもどすがいい。そしてまずはじめに自分の住んでいる場所を示してやるがいい。

地理学における最初の二つの地点は、かれが住んでいる都市と父親の別荘ということになる。ついでそのあいだにある土地、それから近くにある川、そして最後に太陽の存在と方向の定めかた、ということになるが、これはほかの学科との合流点になる。すべてそういうことについての図は、かれに自分で描かせるがいい。それはきわめてかんたんな図で、はじめはたった二つのものからできているが、すこしずつ、ほかのものの距離と位置を知るか推定するにつれて、それらをつけくわえていく。わたしたちは、物指しをかれの目のなかにおくことによって、あらかじめどんな大きな利益をかれにあたえておいたことになるか、それはもうあなたがたにもわかっている。

それにもかかわらず、たしかに、すこしはかれを指導してやる必要があるだろう。しかし、ごくすこし、それとわからない程度にだ。かれがまちがったことをしても、そのままにしておき、誤りを訂正してやるようなことはせず、なんにも言わずに、自分で誤りがわかり、それを自分で訂正するまで待っていることだ。あるいは、せいぜい、適当な機会に、なんらかの手段をもちいて誤りに気づかせるがいい。けっして誤りをおかすことがなければ、それほどよく学ぶことにはならないだろう。それにまた、問題は土地の地形を正確に知ることではなくて、それを知る手段を知ることなのだ。地図が頭のなかにはいっているかどうかはどうでもいいことなので、地図があらわしているものを十分によく理解していれば、そして、地図をつくるのに必要な技術について明確な観念をもっていればそれでいいのだ。あなたがたの生徒の学識とわたしの生徒の無知とのあいだにはすでにこうしたちがいがあることをよくごらんいただきたい。あなたがたの生徒は地図を知っているが、わたしの生徒は地図をつくるのだ。ここで部屋がまた新しいもので飾られることになる。

わたしの教育の精神は子どもにたくさんのことを教えることではなく、正確で明瞭な観念のほかにはなに一つかれの頭脳にはいりこませないことにある、ということをいつも忘れないでいただきたい。たとえかれがなに一つ知らなくても、わたしはかまわない。ただかれがまちがったことを覚えるようなことさえしなければそれでいい。そしてわたしがかれの頭のなかに真理をおいてやるのは、ただ、真理のかわりに覚えこむかもしれない誤謬からかれをまもってやるためなのだ。理性、判断力はゆっくりと歩いてくるが、偏見は群れをなして走ってくる。そういう偏見からかれをまもってやる必要があるのだ。ところが、学問そのものを目的とするならば、あなたがたは底しれぬ、果てしない海、暗礁だらけの海にはいっていくことになり、そこから抜けだすことができなくなる。知識への愛にとらえられ、その魅力に心をさそわれて、あれもこれもと追っかけまわしてとどまることを知らない人を見るとき、わたしは、海辺で貝殻を拾い集め、まずそれでポケットをいっぱいにし、ついで、また見つけた貝殻に気持ちをそそられ、投げ捨ててはまた拾い、しまいには、あんまりたくさんあるのでやりきれなくなり、どれをとっておいたらいいかわからなくなって、とうとうみんな捨てて、手ぶらで家へ帰って行く、そんな子どもを見ているような気がする。

最初の時期のあいだは、時間は長かった。時のもちいかたをあやまることを恐れて、わたしたちは時を失うことしか考えなかった。いまではまったくはんたいに、いずれ役にたつあらゆることをするために十分な時間がわたしたちにはあたえられていない。情念がまもなくやってくることを、そして、ひとたび情念が戸をたたくことになると、あなたがたの生徒はもうほかのものには注意をはらわなくなることを考えなければならない。やすらかな知性の時期はひじょうに短く、たちまちに過ぎ去っていき、この時期にはほかにもいろいろとしなければならないことがあるのだから、子どもを物知りにすることができればそれで十分と考えるのは愚かなことだ。子どもに学問を教えることが問題なのではなく、学問を愛する趣味をあたえ、この趣味がもっと発達したときに学問をまなぶための方法を教えることが問題なのだ。これこそたしかに、あらゆるよい教育の根本原則だ。

一つのものに長いこと注意をむけるようすこしずつならしていかなければならない時期にもなっている。しかし、けっして強制ではなく、いつも楽しみと欲求とがそういう注意を生みだすのでなければならない。それがかれにはつらく思われ、ついにはやりきれなくなる、といったことにならないよう十分に気をつけなければならない。だからたえず見はっていなければならない。そして、どんなことになっても、なんでもかれが退屈しないうちにやめることだ。なにか学ぶということはそれほど大切ではないので、心ならずもなにかするようなことはけっしてない、ということのほうが大切だからだ。

かれのほうから質問してきたら、好奇心を十分にみたしてやるのではなく、それをはぐくむのに必要な程度の返事をしたらいい。ことに、なにか知ろうとして質問するのではなく、いきあたりばったりにくだらない質問をしてあなたがたを困らせようとしていることがわかったなら、返事するのをすぐにやめることだ。そのばあいには、かれはもう事物には関心をもたないで、ただ自分の質問に答えさせようとしているにすぎないことはたしかだ。かれが発することばよりもむしろかれに話をさせる動機に気をつけなければならない。こういう注意は、これまではそれほど必要でなかったのだが、子どもが議論をするようになるとすぐに、このうえない重要性をもつものとなる。

それによってすべての学問が共通の原理にむすびつき、あいついで展開されていく一般的な真理の鎖ともいうべきものがある。この鎖が哲学者たちの方法である。ここで問題になるのはこの鎖ではない。それとはまったくちがった鎖があり、それによってそれぞれの個別的なものがほかのものを招きよせ、つねにそれにつづくものを示して見せてくれる。それらのものがすべて要求する注意を、たえまない好奇心によってはぐくんでいくこの順序は、大部分の人が従っているもので、とくに子どもに必要なものだ。わたしたちは、地図をつくるために方向をきめるばあい、子午線を引かなければならなかった。朝と夕方とのひとしい影の二つの交点は十三歳の天文学者にとってはりっぱな子午線をあたえる。しかしこの子午線は消えてしまう。それを引くには時間がかかる。それはいつも同じ場所で仕事をすることをやむなくさせる。いろいろな心づかい、いろいろな拘束が、やがてかれにやりきれない思いをさせるにちがいない。わたしたちにはそれがわかっていた。そこであらかじめその対策を考えることになる。

ここでわたしはまた細かいことをながながと語ることになる。読者よ、わたしにはあなたがたのぶつぶつ言う声が聞こえてくる。でもかまわない。あなたがたがじれったがるからといって、わたしはこの編のもっとも有益な部分を割愛するようなことはしたくない。覚悟をきめてわたしの長話を聞いていただきたい。わたしのほうでもあなたがたの不満は覚悟のうえで話をするのだから。

久しいまえから、わたしたち、わたしの生徒とわたしとは、琥珀《こはく》、ガラス、蠟など、さまざまな物体は、摩擦するとワラをひきつけること、そしてほかのものはそれをひきつけないことに気がついていた。偶然、わたしたちはもっと奇妙な力をもった物体をみつける。それは摩擦しなくても、すこしはなれたところからやすり屑やそのほかの鉄屑をひきつける。そういう性質がどんなに長いあいだわたしたちの興味をひいていることだろう。もっとも、わたしたちにはそれ以上のことはなにもわからない。やがてわたしたちは、そういう性質が鉄そのものにもつたえられ、鉄がある方向に磁化されていることを知る。ある日わたしたちは市《いち》へ行く。(五〇)一人の奇術師がたらいの水に浮かんでいる蠟でできたアヒルを一片のパンでひきよせている。びっくりはしたが、わたしたちは、これは魔法使いだ、などとは言わない。魔法使いとはどういうものか、わたしたちは知らないからだ。原因のわからない結果にたえず驚きを感じながらも、わたしたちはけっしてなにごともいそいで判断しようとはせず、無知の状態から抜けだす機会をみいだすことになるまで、落ち着いて無知の状態にとどまっている。

家に帰ってきて、しきりに市《いち》のアヒルのことを話し合っているうちに、わたしたちはそれと同じものをつくってみようと考えることになる。わたしたちはよく磁化された一本の丈夫な針をもってきて、それを白い蠟でくるみ、できるだけうまくアヒルの形にこしらえ、針がアヒルの体をつらぬき、針の頭が嘴《くちばし》になるようにする。そのアヒルを水に浮かべ、鍵輪を嘴へ近づけると、市のアヒルがパンのかけらについてきたのとまったく同じように、わたしたちのアヒルも鍵についてくるのを見て、わたしたちがどんなにうれしくなったかは、容易にわかるだろう。アヒルは静止させるとどの方向をむいてとまるか、そのことはいずれまたあとで観察することになる。現在のところは、対象にすっかり心をとらえられているわたしたちは、もっとくわしいことを知ろうとは考えない。

すぐにその日の夕方、わたしたちはしかけをしたパンをポケットにしのばせて、また市《いち》へでかけていく。そして奇術師がその奇術をやって見せるとすぐに、やっとがまんしていたわが幼い博士は、奇術師にむかって、その奇術は別にむずかしいことではない、ぼくにだってそんなことはできる、と言う。そんならやってごらんなさい。かれはすぐにポケットから鉄屑のいれてあるパンをとりだす。台に近づきながら、かれは胸をどきどきさせている。ほとんどふるえながら、パンをさしだす。アヒルはやってきてパンについてくる。子どもはうれしさに叫び声をあげ、小おどりしている。見物人の拍手喝采に頭がぼうっとしてわれを忘れている。あわてた手品使いは、それでもやってきてかれを抱擁し、賞讃し、ぜひあしたもいらしていただきたいとたのみ、あしたはもっとたくさんの人を集めてあなたの巧妙な腕まえに感心させることにするから、と言いそえる。わが幼い自然学者は得意になってなにかしゃべろうとする。しかしわたしはすぐにかれを黙らせ、人々の賞讃をあびているかれを連れ去る。

子どもは、あくる日になるまで、明らかに落ち着かない様子で、時計の針をながめている。かれは会った人をみんな誘う。できることなら人類ぜんたいに自分の光栄に立ち会ってもらいたいと思っている。やっとの思いで時刻を待っている。まだ間《ま》があるのにでかけていく。例のところへ飛んでいく。小屋はもういっぱいになっている。なかにはいりながら、幼い心はうれしくなる。まずほかの奇術が行なわれることになっている。奇術師はまえの日よりもすぐれた技《わざ》を見せ、驚くばかりのことをやってのける。子どもにはそういうことはなに一つ目にはいらない。かれは体を動かし、汗をかき、やっと息をしている。じれったさにふるえてくる手でポケットのなかのパンのかけらをいじりながら時をすごす。やっとかれの番になる。親方は晴れがましい口上でかれを見物に紹介する。かれはややおもはゆい気持ちで進み出て、パンをとりだす……。人生の思いがけない移り変わり！　アヒルは、きのうはあれほどよくなついていたのに、きょうは手に負えなくなっている。アヒルは嘴をさしださないで、おしりをむけて逃げていく。まえにはあれほどよくついてきたのに、こんどはまったくそっけない態度で、パンとそれをさしだす人の手をさけている。いくたびもむだな試みをして、そのたびにやじられたあとで、子どもは、だまされた、これは別のアヒルを初めのアヒルとすりかえたのだ、と言って不平をならし、奇術師に、できるならこれをひきよせて見ろ、と言う。

　奇術師は、それには答えないで、パンをとりだし、それをアヒルのまえにもっていく。たちまちアヒルはパンについてきて、それをひっこめようとする手のあとを追う。子どもはそのパンをつかむ。しかし、まえよりうまくいくどころか、アヒルはかれをばかにして、たらいのふちをぐるぐるまわっているではないか。とうとうかれは完全に降参してそこをはなれ、やじる声に、もういたたまれなくなる。

そこで奇術師は、子どもがもってきたパンをとりあげて、自分のパンでやったときと同じようにうまくやってのける。かれはみんなの見ているまえでパンのなかから鉄屑をとりだす。これまたわたしたちにとっては恥ずかしい笑いの種。ついで中味を抜きとったそのパンで、かれはまえと同じようにアヒルをひきよせる。もう一つのパンをみんなの見ているまえで第三者に切らせ、それをつかって同じことをやって見せる。手袋でも、指の先でもやっぱり同じことをやって見せる。最後に、かれはそこをはなれて小屋のまんなかへ行って、こういう人たち独特の誇張した調子で、アヒルはわたしの手についてくるのと同じ程度にわたしの声にもついてくるだろうと宣言して、なにか言うと、アヒルはそのとおりにする。右へと言えば右へ行き、帰ってこいと言えば帰ってくるし、曲がれと言えば曲がる。つぎつぎに命令してもいつもそのとおりに動く。高まる拍手はわたしたちにはいっそう耐えがたい侮辱と感じられる。わたしたちは人に気づかれないように逃げだしてくる。そして、あとでみんなに結果を話してやるつもりでいたのだが、そんなことをするのはやめて、部屋に閉じこもる。

あくる朝、だれか戸をたたく者がある。わたしが戸をあけてみると、そこにあの奇術師が立っている。かれは謙虚な態度でわたしたちのしたことに苦情を述べる。わたしがなにをしたからといって、あなたがたは、わたしの技にたいする信用を失わせ、わたしの生活手段を奪うようなことをなさろうとしたのですか。蠟でできたアヒルをひきよせる術には、一人のまともな人間からパンをとりあげてもその名誉を手に入れる必要があるような、どんなすばらしいことがあるのでしょう。ほんとうのところ、だんなさま、わたしになにかほかの才能があって、それで暮らしていけるなら、わたしだってあんな才能を誇るようなことは、まあ、しないでしょうよ。ああいうけちくさい技をみがいて人生をすごしてきた男は、ちょっとのあいだしかやっていないあなたがたより、そういうことにかけてはよく知ってることは、あなたがたにもおわかりになるはず。わたしがはじめから名人芸を見せなかったのは、知ってることを考えもなしにいそいでさらけだしてしまってはいけないからです。わたしはいつもいちばんすぐれた奇術を必要なばあいにそなえてとっておくことにしているので、あれのほかにも、わたしはまだまだ、さしでたことをするお坊っちゃんがたを閉口させるものをもっているのですよ。しかし、だんなさま、わたしは、あなたがたをあんなに困らせた秘密をよろこんでお教えしたうえ、それをつかってわたしのじゃまをするようなことはしないで、このつぎにはもうすこし慎重にしていただくように、お願いしにまいったのです。

そう言ってかれはその道具を見せてくれたが、それは一個の強力な磁石にほかならないこと、それを一人の子どもが台の下に隠れて人に気づかれないように動かしていたことを知って、わたしたちはすっかり驚いてしまう。

男は道具をしまう。そこで、わたしたちは、お礼を述べ、宥《ゆる》しをもとめたあとで、なにかかれに贈り物をしようとする。かれはことわる。いや、だんなさま、わたしは喜んであなたがたから贈り物をいただくというわけにはまいりません。あなたがたのお気に染まなくても、わたしはあなたがたに恩を着せておきたいのです。それだけがわたしの仕返しです。どんな身分の者にも寛大な心があるということを覚えておいてください。わたしはわたしの奇術にはお金をはらってもらいますが、わたしの授業にはお金はいただきません。

出て行くときに、かれはとくにわたしにむかって、はっきりした訓戒のことばを述べる。わたしはこのお子さんは喜んでお宥しします。なんにも知らないためによくないことをしたのですからね。けれども、だんなさま、あなたは、このお子さんの過ちをごぞんじのはずだったのに、なぜそういうことをさせてしまったのですか。あなたがたはご一緒に暮らしているのですから、年長者として、あなたはお子さんのすることに気をくばり、忠告をあたえなければならない。あなたの経験が権威となってお子さんを導いていかなければならない。大きくなって、子どものころに行なった不正に自責を感じながら、お子さんはきっと、それを注意してくれなかったあなたを責めることでしょうよ。(五二)

かれは帰っていく。あとに残されたわたしたちは、二人ともすっかり恥じいっている。わたしは自分のたるんだやりかたを心にとがめる。わたしは子どもに、このつぎからはかれの身のためにそういうことはしないようにして、過ちをしでかさないうちにかれに注意してやることを約束する。わたしたちの関係が変わっていく時、そして教師のきびしさが遊び仲間の好意に代わらなければならない時が近づいているのだ。こういう変化は段階的にもたらされなければならない。すべてを見透さなければならない。しかも、はるか遠くからすべてを見透さなければならない。

あくる日、わたしたちはまた市《いち》へでかけていって、わたしたちにはその秘密がわかっている奇術をもういちど見物することになる。わたしたちは深い尊敬の念をもって例の手品使いソクラテスに近づく。かれの顔を見あげる勇気もないくらいだ。かれはいろいろと親切にしてくれ、特別席に案内してくれるので、なおさらわたしたちは恐縮する。かれはいつものようにその奇術をやって見せる。しかし長いことアヒルの奇術を得々として楽しみ、誇らしげにたびたびわたしたちのほうを見ている。わたしたちはなにもかも知っているのだが、秘密をもらすようなことはしない。もしもわたしの生徒がちょっとでも口をひらく気になったとしたら、そんな子どもはやっつけてしまわなければなるまい。

この実例の細部はすべて見かけ以上に重要なことだ。一つのことにどれほど多くの教訓がふくまれていることか。虚栄心からくる最初の衝動がどれほど多くのつらい結果を招くことか。若き教師よ、十分に気をつけてこの最初の衝動を見はることだ。あなたがそこからこんなふうに辱しめと失敗（五二）をもたらすことができるなら、長いあいだ二度とこういうことは起こらないと信じていい。なんてめんどうなお膳だて、とあなたは言うだろう。そのとおり。しかもすべては、わたしたちにとって子午線のかわりとなる羅針盤をつくるためなのだ。

磁石がほかの物体をつらぬいて作用することを学んだわたしたちは、なにをおいてもわたしたちが見たのと同じようなしかけをつくろうとする。刳型のテーブル、このテーブルにあわせたごく浅い、すこしばかりの水でいっぱいになるたらい、まえよりもやや念をいれてつくったアヒル、といったものだ。たびたびたらいのまわりで気をつけているうちに、やがてわたしたちは、静止しているときのアヒルがいつもほぼ同一の方向をとることに気がつく。こういう実験をつづけ、その方向をしらべてみると、南から北へむかっていることがわかる。それ以上のことはいらない。わたしたちの羅針盤は発見されたのだ。あるいは発見されたも同然だ。こうしてわたしたちは物理学の領域にはいったのだ。

地球上にはさまざまな風土がある。そしてそれらの風土における温度はさまざまである。極に近づくにしたがって季節の変化はしだいにいちじるしくなる。物体はすべて冷たいところでは収縮し、熱にあえば膨脹する。この作用は液体においていっそうよく測定され、とくにアルコール性の液体ではっきりとわかる。温度計はそれを利用してつくられている。* 風は人の面をうつ。空気はだからある種の物質、流体である。人はそれを見る手段をもたないが、感じることができる。コップをさかさまにして水のなかに入れても、空気が出ていく隙間を残さなければ、水はコップをみたすことができない。空気にはだから抵抗がある。さらにコップを水の中に押しこむと、水は空気のある空間にはいっていくが、完全にその空間をみたすことができない。空気はだからある程度まで圧縮することができる。風船に圧縮した空気をみたすと、ほかのどんな物質をみたしたときよりもよくはずむ。空気はだから弾性体だ。浴槽のなかで横になって腕を水の外に水平にもちあげていると、腕にひどい重さがかかっていることを感じる。空気はだから重さのある物質だ。空気とほかの流体とを均衡状態におくことによって、この重さをはかることができる。晴雨計、サイフォン、空気銃、空気ポンプはそれを利用してつくられる。静力学および水力学の法則はすべて、まったく同じような大ざっぱな実験によってみいだされる。すべてこういったことでなにかするのに物理実験室にはいることをわたしは望まない。わたしはそういうところにある器具や器械設備はみんなきらいだ。学問的な空気は学問を殺す。そういう器械はすべて子どもをおびえさせる。それとも、それらの形は子どもがそれらの作用にむけるべき注意をなかばひきつけることになるか、全然うばいさってしまうことになる。

わたしは、わたしたちの器械をすべてわたしたちの手でつくることにしたい。それにわたしは、実験をやるまえにまず器械をつくるようなことはしたくない。そうではなく、ほとんど偶然に実験をはじめてみたあとで、それを検証する器械をすこしずつつくりだしていくことにしたい。わたしたちの器械はそれほど完全でも精密でもなくていい、それがどういうものであるべきかについて、また、そこから生じる作用について、わたしたちがいっそう明確な観念をもっていればいいと思う。静力学の最初の授業のために、わたしは秤をさがしにいくようなことはしないで、椅子の背に一本の棒を横におき、均衡状態にある棒の二つの部分の長さをはかる。両端に、あるいはひとしい、あるいはひとしくない重さをくわえる。そして、必要なだけ棒をひっぱったり、おしやったりして、ついに、均衡は重量と竿の長さとの相関的な比率から生まれることをみいだす。ここでわたしの小物理学者は、秤など見たこともないうちに、もうそれを補正することができるようになる。

　こんなふうに自分から学ぶことについては、他人に教えられて知ることについてよりも、疑いもなく、いっそう明確な観念をもつことになる。それに、理性を卑屈にして権威に服従することになれさせるようなことにならないばかりでなく、いろいろな関連をみいだしたり、観念をむすびつけたり、道具をつくりだしたりすることにいっそうたくみになる。ところが、すべてそういうことをあたえられるがままにとりいれていると、わたしたちの精神はなまけぐせがついてしまう。いつも召使いの手をかりて服を着、靴をはき、用をたし、馬車で運ばれていく人の体がやがては力をなくし、手足がつかえなくなってしまうのと同じことだ。ボワローは苦労して詩をつくることをラシーヌに教えたと誇っていた*。学問の研究を簡略にするすばらしい方法はいろいろとあるようだが、努力して学ぶ方法をだれか教えてくれることがわたしたちには大いに必要なのではあるまいか。

　時間がかかって骨の折れるそうした研究法のなによりもいちじるしい長所は、理論的な研究をしているあいだにも、いつも体を活動状態におき、手足をしなやかにし、たえず手を労働と人間にとって有益なもちいかたにむくようにつくりあげていくことだ。実験においてわたしたちを導き、感官の正確さに代わるものとなるためにつくりだされた多くの道具は、感官の訓練をなおざりにさせる。測角器は角の大きさを推定する必要をなくさせる。正確に距離をはかっていた目は、目に代わって距離をはかってくれる測鎖《そくさ》に仕事をまかせることになる。天秤はそれをつかえばわかる重さを手で判断することを不必要にする。わたしたちの道具が巧妙になればなるほど、わたしたちの器官は粗雑になり不器用になる。身のまわりにやたらに器械を寄せ集めているうちに、わたしたちは自分のうちに器械をみいだせなくなってくる。

ところが、そういう器械をつくるために器械のかわりをつとめていた技能をもちい、器械なしですませるために必要だった頭を器械をつくるためにつかうことにすれば、わたしたちはなに一つ失うことなしに得をすることになり、自然に技術をつけくわえ、まえより不器用にならずに、いっそう利巧になれる。子どもをたえず書物のうえにかがみこませておくようなことはしないで、工作場で勉強させることにすれば、子どもの手は精神のためになるようにはたらく。子どもは哲学者になりながら、自分は労働者にすぎないと思っている。さらに、こういう訓練には別の効用がある。それについてはすぐあとで述べるが、そこで、どんなふうに人は哲学の遊戯から人間のほんとうの職能へと高められるか見ることになるだろう。

子どもには、たとえ青年期に近づいていても、純粋に理論的な知識はふさわしいものではない、ということはすでに述べた。しかし、理論物理学に深入りさせるようなことはしないでも、子どものあらゆる経験がなんらかの演繹によってたがいにむすびつけられ、その連鎖の助けをかりて頭のなかに整然と排列され、必要に応じてそれらを思い出すことができるようにするがいい。孤立した事実を、そして理論も、長いあいだ記憶にとどめておくことは、それらを記憶に呼び起こす手がかりが欠けているばあいには、ひじょうにむずかしいからだ。

自然法則の探求においては、いつも、もっともありふれた、そしてもっともはっきりした現象からはじめるがいい。そして、そういう現象を、理論としてではなく、事実としてとらえるように生徒をならすがいい。わたしは一つの石をとりあげる。それを宙におこうとするようなふりをする。わたしは手をひらく。石は落ちる。わたしがすることに注意していたエミールの顔を見て、わたしはきく。なぜその石は落ちたのですか？

この質問に答えられない子どもがどこにいるか。どこにもいない。エミールでさえ、わたしが骨を折ってそれに答えられないようにしておかなかったなら、答えられるだろう。みんな、石は重いから落ちる、と言うだろう。では、重いものとはなにか。それは落ちるものだ。それでは、石は落ちるから落ちるのか。ここでわたしの幼い哲学者はだまって考えこむ。これが理論物理学の最初の授業だ。そしてこれは、そういうたぐいのことでかれのためになるにしてもならないにしても、とにかく良識を養う授業となるだろう。

子どもの知性が発達するにつれて、ほかに重要な考慮から、子どもの勉強することをもっと選択してやらなければならなくなる。自分というものを十分によく知るようになり、自分にとってよい生活とはどういうものかわかってくると、かなりひろい範囲の関連をとらえることができるようになり、自分に適したものと適しないものとが判断できるようになってくると、子どもにはもう、仕事と遊びとのちがいが感じられ、遊びは仕事の骨休みとしか考えられないようになる。そこで、現実に役にたつことが子どもの勉強にとりいれられることになり、たんなる遊びに示していたよりいっそう持続的な熱意をそれにむけさせることになる。たえず新しく生まれてくる必然の掟《おきて》は、もっと不愉快な悪をまぬがれるためには不愉快なことでもしなければならないことをはやくから人間に教える。これが先見の明ということの効用であり、この先見の明をよくもちいるか悪くもちいるかによって、人間のあらゆる知恵とあらゆる不幸が生まれてくる。

人はみな幸福でありたいと思っている。しかし、幸福になれるには、幸福とはどういうことであるかをまず知らなければなるまい。自然人の幸福はその生活と同様に単純だ。それは苦しまないことにある。それは健康、自由、必要なものから成りたっている。倫理的な人間の幸福は別物だ。しかしここで問題になるのはそういう幸福ではない。子ども、とくに、虚栄心を呼びさまされていない子ども、まだ臆見という毒物によって腐敗させられていない子どもの興味をそそることができるのは、純粋に肉体に属するものだけだということを、わたしはなんどでもくりかえして言わずにはいられない。

子どもが、必要を感じるまえにそれを予見するならば、かれらの知性はすでにひじょうに進んでいるのであり、時間というものの値うちを知りはじめているのだ。そうなったら、有用なことに時間をもちいさせるようにしなければならない。しかし、それは、その年齢にも感じられる有用性、子どもの知識で十分にわかる程度の有用性をもったことでなければならない。道徳的秩序に属すること、社会的な効用に属することはすべて、そんなにはやくから子どもに示すべきではない。子どもにはそういうことは理解できないからだ。漠然と、ためになるからと言ったところで、子どもにはなんのためかわからないのに、そして、大きくなってから得をするだろうからと保証したところで、さしあたって子どもにはその得がどういうことかわかりもせず、それになんの興味も感じないのに、いろんなことをさせようとするのは能のないやりかただ。

子どもは、そう言われたからといってなにかするようではいけない。子どもにとっては、自分でよいと思っていることのほかにはよいことはない。いつも子どもの知識よりも先ばしったことをさせようとするあなたがたは、先見の明をもちいていると思っているが、あなたがたにはそれが欠けているのだ。おそらく子どもがけっしてつかう機会のないなにかつまらない道具をあたえようとして、あなたがたは、人間がもっている万能の道具を、つまり良識を、子どもからとりあげるのだ。あなたがたは子どもを、いつも人の意のままに動かされ、他人の手で動かされる器械のようなものにしかなれないようにしつけているのだ。あなたがたは、子どもが小さいときは従順であることを望んでいる。それは、大きくなって、信じやすく、だまされやすい人間になることを望んでいることになる。あなたがたはたえず子どもにむかって言う。「わたしがあなたにもとめていることは、みんなあなたの利益になることなのですよ。ただ、あなたにはまだそれがわからない。わたしには、わたしがもとめていることをあなたがしようとしまいと、なんのかかわりがあるでしょう。あなたが勉強するのは、ただ、あなた自身のためなのです。」こういうすばらしいことば、子どもをすなおにしようと思って、現在あなたがたが言ってきかせるこういうことばは、将来、幻想家、錬金術師、藪医者、詐欺師が、あらゆる種類の気ちがいが、おとし穴に誘いこむために、自分の気ちがい沙汰を信じこませるために、かれに語ることばを首尾よくうけいれさせることになる。

大人は、子どもがその有用性を理解できない多くのことを知っていなければならない。しかし、大人が知っていなければならないことをすべて子どもが学ぶ必要があるのだろうか、また、学ぶことができるのだろうか。子どもにはその時期に有益なすべてのことを教えるようにするがいい。それだけで、かれの一日の時間は十二分に利用されていることがわかるだろう。なぜ、こんにちかれにふさわしい勉強をやめさせて、かれが到達できるかどうかまったくおぼつかない時期の勉強をさせるのか。しかし、とあなたがたは言うだろう、実践する時になって知っていなければならないことを学ぶのは時宜をえたことだろうか。わたしにはわからない。ただ、わたしにわかっていることは、もっとはやく学ぶことはできない、ということだ。わたしたちのほんとうの教師は経験と感情なのであり、けっして人間は人間にふさわしいことをかれがおかれている関連の外で十分によく感じることはないからだ。子どもは自分が人間になるように生まれついていることを知っているし、人間の状態についてかれがもつことのできるあらゆる観念はかれの知識をひろめる機会となる。しかし、人間の状態についての、かれの能力をこえた観念にたいしては完全に無知でいなければならない。わたしの書物ぜんたいはこの教育原則をたえず証明しているにすぎない。

わたしたちの生徒に「有用な」ということばの観念をあたえることができるようになると、わたしたちは、かれを指導していくうえにさらに一つの大きな手がかりをもつことになる。このことばは、かれにとってはその年齢相応の意味しかもたず、また、かれにはそれと現在のよき生活との関連がはっきりとわかるので、かれにつよい印象をあたえるからだ。あなたがたの子どもはこのことばからなんの印象もうけない。あなたがたはそれについてかれらの能力にふさわしい観念をあたえるような心づかいをしていないし、また、ほかの人間がかれらにとって有用なことをすることをひきうけてくれるので、かれらは自分でそういうことを考える必要は全然ないし、有用とはどういうことか知らないからだ。

「それはなんの役にたつのですか。」これが今後、神聖なことばとなる。わたしたちの生活のあらゆる行動においてかれとわたしとどちらが正しいかを決定することばとなる。これがかれのあらゆる質問にたいしてかならずわたしのほうから発せられる質問となる。そしてこれは子どもに多くのばかげたくだらない質問をやめさせる手段となる。そういう質問によって子どもはまわりにいるすべての人をたえまなく無益に疲れさせているのだが、それは、そこからなんらかの利益をひきだすためであるよりも、むしろ、人々にたいしてある種の権力をふるうためなのだ。もっとも重要な教訓として、有用なことのほかにはなにも知ろうとはしないように教えられている者は、ソクラテスのように質問する。その質問の理由を自分でなっとくしたうえでなければ、かれはけっして質問するようなことはしない。相手は質問に答えるまえにその理由をきくだろう、ということをかれは承知しているのだ。

生徒にはたらきかけるうえに、あなたがたの手にわたしがどんな強力な手段をあたえているか見ていただきたい。なにごとについても理由を知らない生徒は、あなたがたの好きなときに、ほとんど沈黙を余儀なくさせられることになる。そしてあなたがたには、はんたいに、生徒に提案するあらゆることの有用性を証明するうえに、あなたがたの知識と経験が完全に有利な立場をあたえることになるのではないか。というのは、思いちがいをしないでいただきたい、例の質問をかれにすることは、かれにも同じ質問をさせることになるからだ。そして、あなたがたは、その後どんなことを提案するにしても、かれもあなたがたにならって、かならず「それはなんの役にたつのですか」と言うだろう、と予期しなければならない。

おそらくはここに、教師にとってさけることがこのうえなくむずかしいおとし穴がある。もし、子どもに質問されて、ただその場をきりぬけることだけを考えて、かれにはまだ理解できない理由をただ一つでも告げるならば、かれは、あなたがたはあなたがたの観念によって議論しているのであって、かれの観念によって議論しているのではないことを知り、あなたが言ってることはあなたがたの年齢の人にはけっこうだが、かれの年齢の者にはそうではないと考えるだろう。かれはもうあなたがたに信頼をもたなくなり、なにもかもだめになる。ところが、生徒に答えることができないままにしておいて、あえて自分の非をみとめようとする先生がどこにいるだろう。みんな、たとえ自分に非があっても、それをみとめないことにしているのだ。しかし、わたしは、たとえこちらに非はなくても、わたしの理由を生徒にわからせることができなければ、こちらがわるいとみとめることにしたい。こうすれば、わたしのやりかたは、いつもかれの精神にはっきりわかるので、けっして疑念をもたせるようなことにはなるまいし、わたしは、自分の落度をいちおうみとめることによって、みんなが落度をかくすことによってたもてる以上の信用をたもつことができるにちがいない。

第一に、生徒が学ぶべきことをあなたがたが指示してやる必要はめったにない、ということをよく考えていただきたい。生徒のほうで、それを要求し、探求し、発見しなければならないのだ。あなたがたはそれをかれの手の届くところにおき、巧みにその要求を生じさせ、それをみたす手段を提供すればいいのだ。だから、あなたがたはあまりひんぱんに質問してはならないが、どういうことを質問すべきかは十分に考えなければならない、ということになる。また、あなたがたがかれに質問するばあいよりもかれがあなたがたに質問するばあいのほうがはるかに多いことになるだろうから、あなたがたはとにかくやりこめられる機会は少ないだろうし、いっそう多くかれにむかってこう言ってやることにもなる。「あなたがわたしにたずねていることは、なんのために知る必要があるのですか。」

さらに、かれがあれこれと学ぶことはそれほど大切なことではなく、学んでいること、そして学んでいることの効用を十分に理解すればいいのだから、あなたがたが言ってることについて、かれに有益な説明をあたえることができなくなったら、ぜんぜん説明をあたえないことだ。遠慮なしにこう言うがいい。「わたしはあなたに適当な答えをすることができない。わたしはまちがっていたのです。その話はもうやめましょう。」あなたがたの教えていたことがじっさいに不適当なことだったとしたら、ぜんぜんそれを捨ててしまってもなんの害もない。そうでなかったとしたら、すこし注意してやれば、やがてその有用性をかれにわからせる機会をみいだせるだろう。

わたしはことばでする説明は好まない。年少の者はそれにあまり注意をはらわないし、ほとんど記憶にとどめない。実物！　実物！　わたしたちはことばに力をあたえすぎている、ということをわたしはいくらくりかえしてもけっして十分だとは思わない。わたしたちのおしゃべりな教育によって、わたしたちはおしゃべりどもをつくりあげているにすぎない。

わたしが生徒と一緒になって太陽の運動と方向を知る方法とを研究しているとき、とつぜん、かれがわたしをさえぎって、こういうことはみんななんの役にたつのか、とたずねたとしよう。わたしはかれにどんなすばらしい話をしてやることだろう。その質問に答えることによって、どれほど多くのことをかれに教えてやる機会をとらえることだろう。そこにわたしたちの話をきいている人々がいるときにはなおさらのことだ。(五三)わたしはかれに話してやるだろう。旅行の有益なこと、商業の有利なことについて、それぞれの風土に特有の産物について、さまざまな民族の風習について、暦の利用について、農耕に必要な季節の循環の算定法について、航海術について、海上で方向を定め、どこにいるのかわからなくても正確に航路をすすむ方法について。政治学、博物学、天文学、さらに道徳も、そして国際法も、わたしの説明のうちに含まれることになり、わたしの生徒にあらゆる学問についての偉大な観念をあたえ、それらを学びたいという大きな望みをいだかせるようにするだろう。すべてを語りおえたとき、わたしはまちがいのない衒学者ぶりをならべて見せたことになるだろうが、それにたして、生徒は一片の観念さえ理解していないことになるだろう。かれはあいかわらず方向を知ることがなんの役にたつのかぜひききたいものだと思っているのだろうが、わたしが腹をたてはしないかと心配して思いきってきくことができない。かれは、むしろ、心ならずも聴かされたことがわかったようなふりをするほうがいいと考える。こんなふうにすばらしい教育が行なわれているのだ。

しかし、わたしたちのエミールは、もっと田舎ふうに育てられているし、かれには、わたしたちがたいへんな苦労をして鈍い理解力をあたえているから、そういうことはいっさい耳に入れようとしないだろう。一語でも理解できないことばを聞くと、すぐに逃げだして、部屋のなかをふざけまわり、わたしにひとりで長談義をさせておくだろう。もっと粗野な解答をもとめることにしよう。わたしの学問的な扮装はかれにたいしてはなんの効果もない。

わたしたちは森の位置をモンモランシーの北方に観測していた。そのときかれは「それがなんの役にたつのですか」というやっかいな質問でわたしをさえぎった。なるほど、とわたしはかれに言った、それはゆっくり考えてみる必要がありますね。そして、こういう勉強がなんのたしにもならないとわかったら、もう二度とやらないことにしましょう。わたしたちは有益な楽しみごとにはこと欠かないのですからね。わたしたちはほかの勉強をすることにして、その日はもう地理のことは問題にしない。

あくる朝、わたしはかれに、朝飯まえにひとまわり散歩してこようと言う。かれには願ってもないことだ。子どもにはいつでも駆けまわる支度はできているし、それにこの子は健脚だ。わたしたちは森のなかにはいっていく。草原を歩きまわる。わたしたちは道に迷う。どこにいるのかわからなくなる。そして、帰途につくことになっても、もう帰りの道をみつけることができない。時間はすぎていく。暑くなる。腹がへってくる。わたしたちは足をはやめて、あちらこちらとむなしくさまよい歩くが、どちらへいっても木立、石山、草原ばかりで、わたしたちがいる地点についてなんの手がかりもえられない。すっかり暑くなり、疲れきって、腹がぺこぺこになったわたしたちは、いくら歩いていってもなおさら道がわからなくなるだけだ。とうとうわたしたちは腰を下ろして、身を休め、思案してみることにする。ほかの子どもと同じように育てられたものと想定してみると、エミールは思案するどころではない。かれは泣いている。わたしたちはモンモランシーの入り口にいること、ただひとむらの雑木林がわたしたちの目にモンモランシーをかくしていることがかれにはわからない。だが、かれにとってはその雑木林は森林なのだ。かれくらいの背丈の人間は藪のなかにもすっかり埋もれてしまう。

しばらくだまっていたあとで、わたしは心配そうな顔つきでかれに言う。ねえ、エミール、ここから抜けでるにはどうしたらいいだろう。

エミール（汗にまみれ、大粒の涙をこぼしながら）　ぼくには全然わかりません。ぼくはくたびれて、おなかがすいちゃった。喉がかわいた。もうとてもやりきれない。

ジャン・ジャック　わたしのほうはまだましだとでも思ってるんですか。それに、泣けば朝飯にありつけるというなら、わたしが泣かずにすませると思ってるんですか。泣いたってしかたない。わたしたちはどこにいるのか知ることが必要なんですよ。あなたの時計を見ましょう。いま何時ですか。

エミール　ちょうどおひるです。だからぼくはおなかがすいちゃった。

ジャン・ジャック　ほんとうに、おひるだ。わたしもおなかがすいた。

エミール　ああ、あなたはさぞおなかがすいたでしょうね。

ジャン・ジャック　困ったことに昼飯はここまでわたしを探しにきてくれない。いま、おひるだ。わたしたちはちょうどこの時刻に、きのう、モンモランシーから森の位置を観測していた。もし、それと同じように、森からモンモランシーの位置を観測することができたらねえ……。

エミール　そうですね。でも、きのうは、ぼくらには森が見えたけど、ここからは町は見えません。

ジャン・ジャック　だから困る。……町が見えなくても、町の位置を知ることができたらいいのだが……。

エミール　ほんとうに！

ジャン・ジャック　わたしたちはこう言ってましたね、森は……

エミール　モンモランシーの北にある、って。

ジャン・ジャック　するとモンモランシーは……

エミール　森の南にあることになる。

ジャン・ジャック　正午に北をみつける方法をわたしたちは知ってたかしら。

エミール　ええ、影のさす方向でわかります。

ジャン・ジャック　では、南は？

エミール　どうしたらいいでしょう。

ジャン・ジャック　南は北の反対です。

エミール　ほんとうだ。影と反対の方向を見ればいい。ああ、こっちが南だ。南だ。たしかに、モンモランシーはこっちの方向にある。こっちのほうへ行ってみましょう。

ジャン・ジャック　それがいいかもしれませんね。この木立のなかの細道を行ってみましょう。

エミール（手をうち、喜びの声をあげながら）　あっ、モンモランシーが見える。ほら、ぼくらの真正面に、すっかり見える。さあ、朝飯を、昼飯を食べにいきましょう。いそいで駆けていきましょう。天文学ってなにかの役にたつもんですね。

たとえこの最後のことばを口に出さなかったとしても、かれはあとでそう考えるだろう、ということに注意するがいい。それはどちらでもいいことで、ただ、わたしがそういうことを言うのでなければいいのだ。ところで、かれがこの日の教訓を一生忘れないことは確実だと思っていい。しかし、すべてこういうことを、部屋のなかにいて、かりにこうだとしたらと言って考えさせるとしたら、わたしの話はあくる日にはもう忘れられてしまったろう。できるかぎり行動によって語らなければならない。そして、実行することができないようなことのほかには口で話してはならない。

あらゆる種類の勉強についていちいち例をあげて説明しなければならないと考えるほどわたしが読者を軽蔑しているとは、読者も考えていないだろう。しかし、どんなことが問題となるにしても、教師は十分に気をつけて生徒の能力に応じた証明をあたえるようにと、わたしはなんどでも言わずにはいられない。もういちど言っておくが、困るのは、理解しないことではなく、理解したと考えることだからだ。

思い出したが、わたしはある子どもに化学にたいする興味を起こさせたいと思って、いくつかの金属の沈澱を見せたあとで、どんなふうにしてインクをつくるかを説明していた。インクの黒い色は、硫酸塩から分離してアルカリ液に沈澱した、細かい鉄の粒子によるものにほかならない、とわたしは話した。わたしが博学な説明をあたえているときに、幼い裏切り者は、わたしが教えこんだ質問によって、いきなりわたしのことばをさえぎった。わたしはすっかり当惑してしまった。

しばらく思案したあとで、わたしの考えは決まった。わたしは屋敷の穴倉にあるぶどう酒を取りにやらせ、それから別に安ぶどう酒を酒屋に買いにやらせた。わたしは小さな瓶に一定のアルカリ溶液を入れた。そして、その二種類のぶどう酒をついだ二つのコップをまえにおいて(五四)、こんな話をした。

いろんな品物にまぜものをしてそれを実際のものよりよく見せかける、そういうことが行なわれている。そういうまぜものは人々の目と舌をだます。しかし、それは有害であって、まぜものをしたものを、見かけはよさそうでも、まえよりも悪いものにしている。

とくに飲みもの、そしてとくにぶどう酒にはまぜものをすることが多い。そのごまかしは見わけることがむずかしいし、にせものをつくる者にいっそう多くの利益をもたらすからでもある。

渋いぶどう酒、あるいは酸っぱいぶどう酒には密陀僧《みつだそう》をまぜてごまかす。密陀僧は鉛からつくったものだ。鉛は酸に合わさるとたいへん口あたりのいい塩《えん》を生じ、ぶどう酒の渋味を舌に感じさせなくするが、それを飲むと毒になる。だから、どうかと思うようなぶどう酒を飲むばあいには、まえもって、それが密陀僧を含んでいるかいないかしらべる必要がある。そこで、それを見わけるために、わたしはつぎのようなやりかたをする。

ぶどう酒の液には、それから火酒がつくられるのを見てもわかるように、可燃性のアルコールが含まれているが、そればかりでなく、それから酢や酒石もつくられるのを見てもわかるように、酸も含まれている。

酸は金属物質と関係があり、金属が酸と結合して溶解すると合成塩ができる。たとえば錆は鉄が空気あるいは水のなかに含まれる酸によって溶解したものにほかならないし、緑青《ろくしょう》は酢によって溶解した銅にほかならない。

しかしこの酸は金属物質よりもアルカリ物質にいっそう関係があるから、いま述べた合成塩にアルカリ物質が干渉すると、酸は結合していた金属から分離させられて、アルカリと結びつく。

そこで、金属物質は、それを溶解していた酸から離れ、沈澱して、液を不透明にする。だから、これら二種類のぶどう酒の一方に密陀僧が含まれているとすれば、酸が密陀僧を溶かしているのだ。そこにいまアルカリ液をそそぐと、酸を分離させてアルカリと結合させることになる。鉛は溶解状態から解放され、もとの形であらわれて、液をにごらせ、やがてコップの底に沈澱することになる。

ぶどう酒のなかに鉛もそのほかの金属も存在しないならば(五五)、アルカリはなにごともなく酸と結合し(五六)、すべては溶解状態にあって、どんな沈澱物も見られないことになる。

そう言ってわたしは、そのアルカリ液をあいついで二つのコップにそそぎいれた。家にあったぶどう酒は透明のままだったが、もう一つのほうは、たちまちにごってきて、一時間後にはコップの底に鉛が沈澱しているのがはっきりと見られた。

ごらんのとおり、とわたしは言った、こちらは自然のままの純粋のぶどう酒で、これは飲んでもさしつかえないが、こちらにはまぜものがあって、毒になる。これは、なんの役にたつのかとあなたがたずねた知識によってわかることだ。つまり、インクがどうしてつくられるかよく知っている者は、まぜものをしたぶどう酒を見わけることもできるのだ。

わたしはこういう実例を示して大いに満足していたが、しかし子どもがいっこう感心したようにも見えないことに気がついた。しばらくたってやっとわたしには、自分はばかなことをしただけだ、ということがわかってきた。十二歳の子どもには、わたしの説明についてくることは不可能だったことは言わないとしても、その実験の有益なことは子どもにはのみこめなかったのだ。かれは二種のぶどう酒を味わってみて、どちらもおいしいと思い、わたしが十分に説明したつもりでいた、まぜものということばになんの観念も結びつけていなかったからだ。それに、「不健康」とか「毒」とかいうことばにいたっては、かれにとってはなんの意味もないことばだった。そういうことについては、医師フィリッポスの話をした子どもと同じだった。それはどんな子どもでも同じことだ。

その結びつきをみとめることができない因果関係、それについてなんの観念ももっていないよいこと、悪いこと、けっして感じたことのない必要、そういうものはわたしたちにとってはなんの意味もない。そういうものによってわたしたちの興味をそそり、なにかそれに関係のあることをさせようとしても、それは不可能だ。人は、十五歳のとき賢者の幸福を、三十歳のとき天国の栄光を見るのと同じ目をもって見る。そのどちらも十分に理解していないのに、それを獲得しようと努力するようなことはあまりしない。さらに、たとえ理解したとしても、それを望まなければ、それを自分にふさわしいものと感じなければ、やはりたいしたことはしまい。教えていることが有益なことであることを子どもに説いてきかせるのは容易だ。しかし、説いてきかせても、なっとくさせることができなければなんにもならない。冷静な理性がわたしたちになにか承認させたり非難させたりしても、それはなんにもならない。わたしたちを行動に駆りたてるのは情熱だけだが、まだ感じていない利害にたいしてどうして情熱をもつことができよう。

子どもには見ることができないものをけっして示してはいけない。人間性というものがかれにとってほとんど縁のないものであるあいだは、かれを人間の状態に高めることはできないのだから、人間を子どもの状態にひきさげるがいい。別の時期にかれの役にたちうることを考えながらも、役にたつことがいまでもかれにわかることだけを語るようにするがいい。さらに、けっしてほかの子どもとくらべないこと、すこしでも論理的にものごとを考えるようになったら、かけくらべをするときでも、競走相手のことを考えさせないこと。嫉妬心や虚栄心によってしか学べないことは学ばないほうがよっぽどましだと思う。わたしはただ、かれがなしとげた進歩を毎年注意してやることにしよう。それをつぎの年になしとげる進歩とくらべることにしよう。わたしはこう言ってやろう。あなたはいろいろな点で成長した。あれがあなたが跳びこえた堀、あなたがもった重荷。これが小石を投げることができた距離、一息で走った道、等々。いまではあなたにはどれほどのことができるか、しらべてみましょう、と。こう言ってわたしは、だれにたいしても嫉妬を感じさせるようなことなしに、かれに刺激をあたえる。かれは自分を追い越そうとするだろう。かれはそうしなければならないのだ。かれが自分自身の競争者になったところで、なんの不都合もないと思う。

わたしは書物はきらいだ。書物は知りもしないことについて語ることを教えるだけだ。ヘルメスは学問の基本的なことを石の柱にきざみつけて、かれが発見したことを大洪水からまもろうとしたという。かれがそれを人間の頭にはっきりしるしておいたとしたら、それは伝統によって保存されることになったろう。よくできた頭脳はいちばん確実に人間の知識がきざみこまれる建造物だ。

多くの書物のなかにちらばっている多くの教えを寄せ集め、容易にわかるように、興味をもってたどれるように、そして、子どもにも刺激になるように、ありふれた一つの対象にそれらをまとめる方法はないものだろうか。人間のあらゆる自然の必要が子どもの精神によくわかるように示され、その必要をみたす手段が同じように容易にあいついでくりひろげられていく、といった状況をつくりだすことができるなら、そういう状況のいきいきとした素朴な描写によってこそ、子どもの想像力に最初の訓練をあたえなければならない。

熱心な哲学者よ、わたしにはもうあなたの想像力が燃えあがるのが見える。早合点しないでいただきたい。そういう状況はみいだされているのだ。それは、あなたには関係のないことだが、あなた自身が描いてみせるよりはるかによく描かれている、とにかくいっそうの真実性と単純さをもって描かれているのだ。わたしたちにはどうしても書物が必要だというなら、わたしの考えでは、自然教育のもっともよくできた概説を提供する一巻の書物が存在するのだ。この本はわたしのエミールが読むはじめての本になるだろう。この一巻だけが長い期間にわたってかれの書棚におかれる書物になるだろうし、それはまたそこにいつまでも特別の地位を占める本になるだろう。それは自然科学にかんするわたしたちの話はすべてその注解となるにすぎないようなテキストになるだろう。それは、わたしたちが成長していくあいだ、わたしたちの判断力の程度をためすものとなるだろう。そして、わたしたちの趣味がそこなわれないかぎり、それを読むことはいつもわたしたちを楽しませるだろう。いったい、そのすばらしい本とはどんな本なのか。アリストテレスか、プリニウスか、ビュフォンか。いや、ロビンソン・クルーソーだ。*

ロビンソン・クルーソーは、かれの島にあって、ひとりで、仲間の助けをかりることなく、どんな技術の道具ももたず、しかも生きながらえ、自分の身をまもっていくことができ、さらに、快適な生活といえるようなものさえ手にいれることができた。これはあらゆる年齢の人にとって興味のあることだし、いろいろな方法で子どもにとって楽しいものにすることができる。こうしてわたしたちは無人島を実現させることになり、それはわたしにとってまず比較の対象になる。そういう状態は、たしかに、社会的な人間の状態ではない。おそらくエミールの状態となるものでもあるまい。しかし、そういう状態によってこそ、ほかのあらゆる状態を評価しなければならない。偏見にうちかち、事物のほんとうの関連にもとづいて判断を整理するもっとも確実な方法は、孤立した人間の地位に自分をおいて考えてみること、そして、なにごとにおいても、そういう人間が自己の利害を考えて自分で判断をくだすように判断することだ。

この物語は、あらゆるがらくたをとりのけると、その島の近くでのロビンソンの遭難にはじまり、かれを島から救い出しにきた船の到着で終わっているが、これは、いま問題にしている時期のあいだ、いつもエミールを楽しませるとともに教えるものとなるだろう。かれはそれに夢中になって、たえずかれの城や山羊や農場のことを考え、同じようなばあいに知っていなければならないあらゆることを、書物でではなく、事物に即してくわしく学び、自分がロビンソンになったつもりで、毛皮を身にまとい、大きな帽子をかぶり、大きな刀をもち、パラソルだけはいらないだろうが、挿絵に見るようなあらゆる奇妙なもちものをもった自分の姿を見る、といった調子であってもらいたい。あれこれのものがなくなったとき、どうしたらいいかと心配したり、主人公の行動を検討して、なにか忘れてはいないか、もっとうまくやることはできないものかしらべ、かれの過失に慎重な注意をはらい、それを教訓にして、同じようなばあいに自分はそういう過失をしないようにする、といったふうになってもらいたい。自分もどこかへでかけていって同じような建設事業にたずさわろうとかれは考えるにちがいないからだ。それはまさに、この幸福な時期の空中楼閣だ。この時期には、必要なものと自由とがあれば、ほかに幸福というものは考えられない。

こういう狂気沙汰は、ただそれをうまく利用するためにつくりだすことをこころえた有能な人にとっては、どんなに有効な手段になることだろう。子どもは、島で必要になるものをはやくたくわえようとして、教師が教える以上の熱心さで学ぶことになる。役にたつことならなんでも知ろうとするだろうし、それ以外のことは知ろうとはしないだろう。あなたがたはもうかれを指導する必要はないだろう。ただ手綱《たづな》をひきしめていればいいことになる。それに、かれがそういうことにだけ幸福をみいだしているうちに、はやくかれをその島に落ち着かせてやることにしよう。今後も島で生活したいと考えるにしても、もうひとりでは暮らしたくないと考える日が、いまでもほとんどかれの心にふれないフライデーだけではいつまでもすませられない日が、近づいているのだ。

自然的な技術は一人の人間で十分にできることだが、それをやっているうちに、多くの人の協力を必要とする工業的な技術がもとめられることになる。前者は孤独な人間でも、未開人でもできることだが、後者は社会においてのみ生じてくるもので、社会を必要なものとしている。肉体的な必要しか知らないかぎり、人はみな自分で自分の用をたすことができる。余分なものがとりいれられると、労働の分割と配分がぜひとも必要になる。つまり、ひとりで働いている人間は一人の人間の生活資料しか得ることができないが、百人の人間が協力して働けば、二百人の人間の生活に必要なものが得られるのだ。そこで、一部の人間が働くことをやめてしまうと、働く人々が協力してなんにもしない人間の有閑生活の埋め合わせをしなければならない。

あなたがたがなによりも気をつかわなければならないことは、生徒の理解力をこえた社会関係についての観念をすべてかれの精神から遠ざけることだ。しかし、知識のつながりによって、人間相互の依存状態を示さないわけにはいかなくなったときには、道徳的な面からそれを示すようなことはしないで、まず、人間をたがいに必要なものにしている工業と機械的な技術にあらゆる注意を集中させるがいい。工場から工場へと連れてあるきながら、どんなことでも自分で仕事をせずにただ見学するようなことはけっしてさせてはならない。そして、工場で行なわれているすべてのこと、あるいはとにかく、そこで見たすべてのことの理由を完全に知ったうえでなければそこから出てくるようなことはけっしてさせてはならない。そのためには、あなたがた自身が働いて、あらゆるところで手本を示してやるがいい。かれを親方に仕立てあげるために、いたるところで徒弟になるがいい。そして、一時間の労働は一日の説明を聞いてかれが覚えるよりも多くのことをかれに教えると考えていい。

さまざまな技術にはそれらの現実の有用性に逆比例して一般の評価があたえられている。この評価はほかならぬそれらの無用性に正比例してきめられるが、これは当然のことだ。もっとも有用な技術はもっとも儲けの少ないものだ。労働者の数は人間の必要に比例しているし、すべての人に必要な労働はかならず貧乏人が支払うことのできる価格しかもたないからだ。ところが、職人ではなく、芸術家と呼ばれ、有閑人や金持ちのためにだけ仕事をしているあの重要な人物たちは、かれらのつくりだすたわいのないものに勝手な価格をつけているし、そういうくだらない作品の値うちは人々の意見によってのみ決まるので、価格そのものがその値うちの一部をなすことになり、それが高価なものであればあるほど評価も高まることになる。金持ちがそういうものを尊重するのは、その効用によるのではなく、貧乏人には手が出ないからなのだ。「民衆がうらやむようなものでなければわたしはほしくない」*というわけだ。

こういうばかげた偏見をもたせることになったら、あなたがた自身それを助長するとしたら、たとえば、貴金属細工師の店にはいるときには、錠前屋の店にはいるときよりも敬意を示したとしたら、あなたがたの生徒はどうなることだろう。どこへいっても気まぐれにつけられた価格が現実の効用からひきだされる価値と矛盾しているのを見るとしたら、そして、ものの値段が高ければ高いほど価値がないとしたら、技術のほんとうの値うちとものの正しい価値とについて生徒はどんな判断をくだすことになるだろう。そういう観念をひとたびかれらの頭に植えつけるようなことをしたら、かれらを教育するのはもうあきらめるがいい。あなたがたがどんなことをしたところで、かれらは世間の人と同じように教育されることになるだろう。あなたがたは十四年間の苦労をむだにしたことになるのだ。

エミールは自分の島の施設を考えながら、それとはちがった見方をすることになるだろう。ロビンソンはサイードのあらゆるくだらない装身具よりも刃物師の店をはるかに重要に考えたことだろう。かれにとっては、刃物師はきわめて尊敬すべき人のように思われ、サイードはつまらない山師のように思われたことだろう。

「わたしの息子は世間に出て暮らすように生まれついている。かれは賢者たちとともにではなく、気ちがいどもとともに暮らすことになるのだ。だからかれらの気ちがい沙汰を知る必要がある。かれらはそういうものによって導かれることを欲しているのだから。事物についての現実的な知識はけっこうなものかもしれない。しかし、人間とその判断についての知識はもっとけっこうなものだ。人間の社会においては、人間のもっとも重要な道具は人間なのであって、もっとも賢明な人とはこの道具をもっともよくもちいる人だからだ。子どもができあがったものとしてみいだすことになる秩序、それに従って自分を律しなければならない秩序とはまったく反対の空想的な秩序についての観念を子どもにあたえることがなんの役にたつのか。子どもにはまず賢者になることを教えるがいい。そのあとで、どういう点でほかの者は気ちがいであるかを判断することを教えるのだ。」

こういうもっともらしい格率にもとづいて、父親たちのあやまった思慮は子どもを偏見の奴隷にしようとしているのであって、かれらは子どもを偏見で養い、かれら自身、その情念の道具にしようと考えているらちもない連中のなぶりものになっているのだ。人間を知ることができるようになるためには、そのまえにどれほど多くのことを知らなければならないことだろう。人間は賢者の最後に研究すべきことであるのに、あなたがたはそれを子どもの最初に研究すべきことにしようとしているのだ。子どもにわたしたちの考えを教えるまえに、まずそれを評価することを教えるがいい。気ちがい沙汰を正しいこととするのはそれを知ることになるだろうか。賢明になるためには、賢明でないことを見わける必要がある。人々の判断を判断することも、かれらの誤りを見わけることもできないのに、どうしてあなたがたの子どもは人々を知ることができよう。人々の考えていることが真実であるかいつわりであるか知らないとしたら、かれらが考えていることを知るのはよくないことだ。だから、まず事物がそれ自体どういうものであるかを子どもに教えるがいい。それから、それがわたしたちの目にどう映るかを教えることだ。そうすれば子どもは意見を真実とくらべることができ、俗衆を超えたところに身をおくことができるだろう。偏見をとりいれることはそれを知ることにはならないし、民衆と同化してはかれらを導いていくことはできない。ところが、世論を評価することを教えるまえに、まず世論を教えこんだのでは、どんなことをしてみたところで、世論は子どもの意見となり、それを打ち破ることができなくなるのは確実だと思っていい。結局のところ、若者を分別のある人間にするには、わたしたちの判断を押しつけるようなことはしないで、かれの判断力を十分に鍛えなければならない。

御承知のように、これまでわたしは人間については生徒に語らなかった。語ったところで、かれには十二分に良識があって、わたしの言うことを耳に入れはしなかったろう。仲間との関係はかれにとってはまだ十分はっきりとは感じられないから、かれは自分から推してほかの人々を判断することはできない。かれは自分ひとりのほかには人間的な存在を知らないし、自分自身を知ることさえまだとてもできない。しかし、自分というものについていくらも考えていないとしても、少なくともかれが考えていることは正しい。かれはほかの人々がどんな状態にあるかは知らないが、自分の状態を知り、そこに安住している。かれには知ることができない社会的な掟《おきて》によってではなく、わたしたちはかれを必然の鎖によってしばりつけている。かれはいまのところまだほとんど物理的な存在にすぎない。だから、ひきつづいてそういうものとしてとりあつかうことにしよう。

自分の利益、安全、維持、快適な生活、そういうものとのはっきりした関連によってこそ、かれは自然のあらゆる物体と人間のあらゆる労働を評価しなければならない。そこで、かれの目には鉄は金よりも、ガラスはダイヤモンドよりもはるかに高価なものと見えなければならない。同様にかれは、ランプルールやル・ブランのような者、また、ヨーロッパのすべての宝石細工師よりも、靴屋、石屋にはるかに大きな尊敬をはらう。菓子屋はとくにかれの目にはひじょうに重要な人物のように見えるし、かれは科学アカデミーの全会員よりもロンバール街のささやかなキャンデー屋を重く見ることだろう。金銀細工師、彫刻師、塗師、刺繡師などは、かれの考えでは、まったく無用な遊びにふけっているのらくら者にすぎない。時計屋にもそれほど大きな評価をあたえない。このしあわせな子どもは時を楽しんでいるがそれにしばられてはいない。時を利用しているがその値うちを知らない。時の流れをいつもなごやかにしている情念の無風状態は、必要に応じて時をはかる器械を無用なものにしている。(五七) かれに時計をあたえたり、泣かせたりしたとき、わたしは、人々の役にたつように、そしてわたしの言うことをわかってもらうために、世間なみのエミールを考えていたのだ。ほんもののエミールは、ほかの子どもとまったくちがった子どもは、なんの例にもならないからだ。

同じように自然の、そしていっそう正しい一つの秩序があり、それによってわたしたちはすべての技術をそれらを結びつけている必然関係において考察し、もっとも独立しているものを第一位におき、もっとも多くほかのものに依存しているものを最後におく。この秩序は、社会一般の秩序にたいして重要な考察を提供しているのだが、まえに述べたことと同じようなことであり、人々の評価においても同じように顚倒して考えられている。そこで、原料の使用はなんの名誉もともなわず、ほとんど儲けにもならない職業において行なわれ、それが人の手を変えるにつれて、手間賃は高くなり、仕事も高尚になる。そういう原料を人間の役にたつようにする最初の労働よりもそれに最終的な形をあたえる精密な技術のほうがいっそう高度の技能を必要とし、いっそう多くの報酬にあたいするというのは正しいことかどうか、それは検討しまい。ただわたしは、あらゆることにおいて、その効用がもっとも一般的でもっとも不可欠な技術こそ、疑いもなく、もっとも尊敬されてしかるべきだ、そして、ほかの技術をそれほど必要としない技術はいっそう自由で、独立状態にいっそう近いものだから、もっとも従属的なものにくらべていっそう尊敬されてしかるべきだ、と言っておく。これが技術と産業を評価するほんとうの基準だ。そのほかのものはすべていいかげんなもので、人々の意見に依存している。

あらゆる技術のなかで第一位におかれるもの、もっとも尊敬されるべきものは、農業だ。わたしは鍛冶屋を第二位に、大工を第三位に、といったふうにしたい。一般の偏見によってまちがったことを教えられていない子どもなら、まさしくこんなふうに考えることだろう。エミールはこういうことについて、かれのロビンソンからじつに多くの重要な考察をひきだすことになるのではないか。技術は細分化されることによってのみ、それぞれその道具を無限にふやしていくことによってのみ、完全なものになるのを見て、かれはどう考えることだろう。かれはこうつぶやくだろう。ああいう人たちはみんな、りこうなばかものだ。まるで自分の手や指がなにかの役にたつのを恐れているかのように、たくさんの道具をつくりだして、手や指をつかわないようにしている。たった一つの技術をもちいるのに、無数のほかの技術にしばられている。一人一人の労働者に一つの都市が必要なのだ。わたしの仲間とわたしはといえば、わたしたちは、わたしたちを導いてくれるものをわたしたちの技能のうちにおいている。わたしたちがつくる道具はわたしたちと一緒にどこへでももっていけるのだ。パリでその才能を誇っているああいう人たちは、みんな、わたしたちの島ではなに一つできないだろうし、ここではわたしたちの徒弟にならなければならないだろう。

読者よ、ここにわたしたちの生徒の体の訓練と手の器用さだけを見てはならない。そういう子どもらしい好奇心にわたしたちがどういう指導をあたえているかも考えていただきたい。感覚を、創意に富む精神を、先見の明を考えていただきたい。かれのためにわたしたちがどんな頭脳をつくりあげようとしているかを考えていただきたい。かれが見るすべてのもの、かれが行なうすべてのことにおいて、かれはすべてを知ろうとするだろう、あらゆることの理由を知ろうとするだろう。道具から道具へ、かれはいつも最初の道具に溯ろうとするだろう。仮定にすぎないことをなに一つみとめようとはしないだろう。自分がもたない予備知識を必要とすることを学ぶのを拒絶するだろう。バネをつくっているのを見れば、鋼鉄がどうやって鉱山から採掘されたかを知りたいと思うだろう。箱の部品を組み立てているのを見れば、どんなふうに樹木が切られたかを知りたいと思うだろう。自分で仕事をするときには、自分がつかう一つ一つの道具を見て、かならずこう答えるだろう。もしこの道具がなかったとしたら、これと同じ道具をつくるには、あるいは、こういう道具をつかわないですませるには、どうしたらいいのか。

しかしまた、教師が熱をいれている勉強でさけることがむずかしい過ちは、いつも自分と同じような興味を子どもも感じていると考えることだ。あなたがたは仕事がおもしろくて夢中になっているとき、子どものほうはたいくつしながらもそれをはっきり言うことができない、ということにならないように気をつけるがいい。子どもはそのことに没頭しなければならない。しかしあなたがたは子どもに没頭しなければならない。たえず子どものすることを観察し、その様子をうかがいながらも、そういうそぶりを見せてはいけない。かれが考えることをなんでもあらかじめ知っていて、考えてはならないことを遠ざけ、さらに、かれが自分はそのことに役にたつと感じるばかりでなく、自分のしていることがどう役にたつかを十分に理解することによって、喜んでそれをするようにしむけなければならない。

技術の交流は技能の交換によって、商業の交流は事物の交換によって、銀行の交流は手形と貨幣の交換によって成りたつ。こういう観念にはたがいに関連があるが、その基本となる概念はすでに得られている。わたしたちはそういうことの基礎を、すでに幼年時代に、園丁ロベールの助けをかりてあたえている。いまわたしたちに残されているのは、そういう観念を一般化し、もっと多くの実例にそれらを拡張して、それ自体においてて考えられた取り引きの機構を、各国特有の産物についてのくわしい自然誌、航海についての技術と科学のくわしい知識、さらに、場所の隔たり、陸地、海洋、河川などの位置から生じる運送の難易、などによって明らかにされる取り引きの機構を理解させることだ。

交換がなければ社会は存在しえないし、共通の尺度がなければ交換は存在しえないし、平等ということがなければ共通の尺度は存在しえない。だから、あらゆる社会には、第一の法則として、あるいは人間における、あるいは事物における、契約によるなんらかの平等がある。

人々のあいだの契約による平等は、自然の平等とはまったくちがったもので、それは実定法を、つまり政府と法律を必要ならしめる。子どもの政治についての知識は明確で限られたものでなければならない。子どもは政府一般については、すでにいくらかの観念をもっている所有権に関連したこと以外には知るべきでない。

事物のあいだの契約による平等は貨幣を発明させた。つまり貨幣とはさまざまな種類の事物の価値にたいする比較の表章にすぎない。そしてこの意味で貨幣は社会のほんとうの絆《きずな》である。しかしどんなものでも貨幣になりうる。昔は家畜がそうだった。貝殻はいまでもいくつかの民族の貨幣になっている。スパルタでは鉄が貨幣だった。スエーデンでは皮革がそうだった。わたしたちのところでは金と銀が貨幣である。

金属は容易に持ち運びができるので、一般にすべての交換を媒介するものとして選ばれた。そしてそれらの金属は貨幣に変えられ、交換のたびに大きさや重さをはかる労をはぶくことになった。つまり貨幣の刻印はそういう刻印のついた貨幣はこれこれの重さをもつということを示しているにすぎない。そして君主だけが貨幣を鋳造する権利をもつ。その保証が一国民のあいだで権威をもつことを要求する権利は君主だけにあるからだ。

この発明の効用は、こんなふうに説明すれば、どんな愚かな者にもわからせることができる。ちがった性質のもの、たとえば織物と小麦を直接に比較するのはむずかしいことだ。ところが、共通の尺度、つまり貨幣をつくりだせば、製造業者と耕作者とはかれらが交換したいと思っているものの価値をその共通の尺度にくらべてみることが容易にできる。ある量の織物がある額の金《かね》にひとしく、ある量の小麦もまた同じ額の金にひとしいとするなら、商人はかれの織物とひきかえにその小麦をうけとれば、公正な交換をしたことになる。こんなふうに、貨幣によってちがった種類の財は通約されうるものになり、たがいに比較されうるものになる。

それ以上すすんではいけない。そしてこういう制度の道徳的な結果の説明にたちいってはならない。どんなことにおいても、誤用について述べるまえに効用について十分に述べる必要がある。どうしてしるしが実物を忘れさせることになるか、どうして貨幣から人々の意見のあらゆる幻影が生まれたか、どうして金《かね》が豊かにある国はあらゆる点で貧しくなるか、というようなことを子どもに説明しようとするなら、あなたがたはそういう子どもを、哲学者あつかいにしているばかりでなく、賢者あつかいにしていることにもなるだろうし、哲学者でさえそうよくわかっていないことを子どもに理解させようとしていることになるだろう。

こうして生徒の好奇心をじつに多くの興味あることにむけさせることができるのではないか。それには、生徒の手のとどくところにある現実的、物質的な関連の外に出る必要はまったくないし、生徒の理解できない観念をたった一つでもかれの精神に呼び起こさせることもないのだ。教師の技術は、なんにも関連のない細かいことについて観察を積み重ねるようなことはけっしてさせないで、市民社会のよい秩序、悪い秩序を十分に判断するために将来生徒が知っていなければならない重大な関係にたえずかれを接近させることだ。生徒の興味をそそる話をかれにあたえられた頭の回転方式に合わせることができなければならない。ほかの生徒の注意力をかすめることさえできない問題も、エミールを六カ月間なやませることになるだろう。

わたしたちはある大金持ちの家の昼食会にでかけていく。わたしたちは宴会の準備を、大勢の客、大勢の召使いを、たくさんの皿を、優雅で繊細なもてなしをみいだす。こういう快楽とお祭りのあらゆる道具だてには、なにかしら人の心を酔わせ、こういうことになれていない者をぼうっとさせるものがある。わたしはすべてそういうものが年のいかないわたしの生徒にあたえる効果を予感する。食事がながながとつづいているとき、料理がつぎつぎに運ばれてくるとき、食卓のまわりでさまざまな話がにぎやかに交わされているとき、わたしはかれの耳に口をよせて、こう言ってやる。あなたは、この食卓の上に見られるすべてのものがここにくるまでに、どれだけの人の手を通ってきたと思いますか。このかんたんなことばによって、わたしはかれの頭のなかにどれほど多くの観念を呼び覚ますことか。たちまち酔いしれた感じはすっかりさめてしまう。かれは瞑想し、反省し、計算し、不安になる。哲学者たちが酒のせいで、おそらくは隣りにいる女性たちのせいで、陽気になり、くだらない話をして、まるで子どもみたいになっているときに、かれはひとり隅のほうで哲学しているのだ。かれはわたしに質問する。わたしは答えることを拒絶し、いずれあとで、と言う。かれはいらいらして、食べることも飲むことも忘れ、一刻もはやく食卓をはなれてわたしとゆっくり話したいと思っている。かれの好奇心にとってすばらしい対象。かれの教育にとってすばらしいテキスト。なにものによってもそこなわれていない健全な判断力をもって、ぜいたくということについてかれはどう考えることだろう。世界のすべての地域が徴発をうけたこと、おそらくは一千万の人が長いあいだ働いたこと、おそらくは何千という人が生命を失ったこと、しかも、それがすべて、晩にはトイレットに捨てることになるものをおひるに豪華な器《うつわ》にいれてかれのところへもってくるためになされたことを知ったとき、かれはどう考えることだろう。

すべてそういう観察からかれが心のなかでひそかにひきだしている結論を注意ぶかく探ってみるがいい。わたしが考えているほどよくあなたがたがかれを見はっていなかったとしたら、かれは別の方向に考察をむけ、自分の昼食の支度をするためにそんなにも多くの人が気をつかい協力しているのを見て、自分は世の中で重要な人物だと考えることになるかもしれない。そういう考えかたが予感されるばあいにも、かれがそう考えるまえにあなたがたは容易にそれをやめさせることができる、あるいはとにかく、すぐにそういう印象をうちけしてしまうことができる。まだ事物を物質的な享受によってしかとりいれることを知らないかれは、それが自分に適当か不適当かを感覚的な関連によってしか判断することができない。運動によって準備され、空腹によって、自由によって、喜びによって味つけされる簡素な田舎ふうの昼飯を、そういう仰々しい四角ばった宴会とくらべてみれば、大がかりな宴会もなんら実質的な利益をもたらすものではなく、かれの胃袋は農家の食卓をはなれるときにも金満家の食卓をはなれるときとまったく同じようにみたされていて、ほんとうに自分のものと呼べるようなものが一方には他方におけるよりもすこしでも余計にあるわけではないことを十分にさとらせることができるだろう。

こういうばあいに教師はかれにどんなことを話してきかせるだろうか想像してみよう。あの二種類の食事のことをよく思い出してごらんなさい。そして自分で考えてごらんなさい、どちらの食事にいっそう楽しさを感じたか、どちらにいっそう多くの喜びをみいだしたか、どちらのばあいにいっそう多くの食欲を感じて食べたか、いっそう愉快な気持ちで飲んだか、心から笑い興じたか。どちらの食卓でいつまでも退屈しなかったか、ひっきりなしに新しい料理をもちだされる必要もなかったか、と。それにしてもそのちがいを考えてごらんなさい。あなたがたいへんおいしいと思っているあの黒パンは、あの農夫が刈り入れた小麦でつくられているのです。色が黒く精製されてはいないが、喉《のど》のかわきをとめてくれる体にいいかれのぶどう酒は、かれのぶどう畑でできたものなのです。ナプキンはかれの麻からできたもの、冬、かれの妻、娘、女中がつむいだ糸でつくられたものなのです。かれの家族の人々の手のほかにはどんな人の手もかれの食卓の準備にあずかっていない。かれにとってはすぐ近くにある粉ひき小屋と近所の市場が世界の限界なのです。あのもう一つの食卓で、遠く離れた国から、多くの人の手によってもたらされたもっとたくさんのすべてのものについてあなたは現実的になにを楽しんだのですか。もしそういうものがみんなあなたにもっとおいしい食事をさせてくれなかったとしたら、そういう豊かなものがあなたにとってどういう得になったのですか。そこにはあなたのためになるどういうものがあったのですか。かりにあなたがあの屋敷の主人であったとしても、と教師はつけくわえて言うだろう、そういうことはみんなあなたにとってやはりなんの関係もないことだったでしょう。他人の目にあなたの楽しみをひけらかそうと気をくばっていたのでは、楽しみがなくなってしまったでしょうから。あなたは骨を折ることになり、他人が楽しむことになるのですから。

こういう話はまことにけっこうなことだろう。だがそれは、エミールにとってはなんの価値もない。それはかれの能力を超えたことだし、それにかれは他人に反省をおしつけられることはないからだ。だから、かれにはもっと単純に語るがいい。そういう二つの経験をしたあとで、ある朝、かれにこう言うがいい。わたしたちはきょうはどこへ昼飯を食べにいこうか。食卓の大半を覆っているあのたくさんの銀の皿、そしてデザートには鏡のうえにもちだされるあの造花の花壇のあるところ、大きくふくらんだスカートをはいている婦人たち、あなたを操《あやつ》り人形のようにとりあつかい、知らないことをしゃべらせようとするあの婦人たちのいるところへ行こうか。それともここから二里はなれたあの村へ、あんなに喜んでわたしたちを迎えてくれ、あんなにおいしいクリームをごちそうしてくれるあの親切な人たちの家へ行くことにしようか、と。どちらをエミールが選ぶかは疑問の余地はない。かれはおしゃべりではないし、虚栄心ももたないからだ。かれは拘束に耐えられないし、わたしたちの微妙な味のするごちそうもなに一つかれを喜ばせはしないからだ。はんたいにかれは、いつも田舎を駆けまわりたいと思っているし、おいしい果物、おいしい野菜、おいしいクリーム、そして善良な人たちをたいへん好んでいる。(五八) 歩いているうちに、おのずからこんな考えが浮かんでくる。「わたしの見るところでは、あの大がかりな食事のために働いているたくさんの人たちはまったくむだな骨折りをしているのだ、それとも、その人たちはわたしたちの楽しみなどはほとんど考えていないのだ。」

　わたしが示す例はおそらくある者にとってはけっこうなことだが、そのほかの多くの者にとってはそうではないだろう。しかし、その精神をとるならば、必要に応じて例を変えることは十分にできるだろう。その選択はそれぞれの子どもに固有の天分を研究することによって決まるのであり、この研究はかれらに自分を示す機会があたえられることによってひらけてくる。いまここでわたしたちが考察しなければならない三年か四年のあいだに、どんなにめぐまれた素質をもって生まれている子どもにも、いずれ自分で学ぶために十分なすべての技術とすべての自然科学についての観念をあたえることができるとは考えられないだろう。しかし、こういうふうに、知る必要があるすべてのことをかれの目のまえにくりひろげることによって、わたしたちは、かれの趣味や才能をのばし、かれの天分がめざしていることにむかって第一歩を踏みださせ、そして自然を助けるためにひらいてやらなければならない道をわたしたちに示してくれるような状態に子どもをおくことになる。

こういう限られてはいるが正確な知識の連鎖からもたらされるもう一つの利益は、知識をそのつながりにおいて、その関連において子どもに示し、すべてをその正しい位置において子どもに評価させ、多くの人が自分の心がけている才能を重く見て、自分が捨ててしまったことを軽く見るという偏見をふせぐことだ。全体の秩序を十分によく見ている者は、それぞれの部分があるべき位置を知っている。一つの部分を十分によく見ていて、それを根底から知っている者は、学問のある人になれるかもしれない。しかし前者は分別のある人になる。そして、あなたがたもよく覚えているように、わたしたちが獲得しようとしているのは学問ではなく、むしろ判断力なのだ。

いずれにしても、わたしの方法はわたしの例とは別のものだ。それはいろいろな時期における人間の能力をはかること、そしてその能力にふさわしい仕事を選ぶことに基礎をおいている。ほかにももっとうまくやれるような方法は容易にみいだせると思うが、しかし、それが人類に、年齢に、性にそれほど適切なものでないとしたら、同じような成功をもたらすことはおぼつかないと思う。

この第二の時期をはじめるにあたって、わたしたちは、欲望以上にある豊かな力を利用して、わたしたちの外へ出て行くことになった。わたしたちは大空にかけあがった。大地を測定した。自然の法則を学んだ。一言でいえば、わたしたちは島のぜんたいを歩きまわったのだ。いまやわたしたちはふたたび自分のところへ帰ってきた。知らず知らずのうちに、ふたたびわたしたちの住居の近くに来た。家にはいろうとするとき、わたしたちをおびやかす敵、わたしたちの住居を奪おうとしている敵が、まだそこを占領していないとしたら、まことにしあわせなことだ。

＊

わたしたちをとりまいているすべてのものを観察したあとで、わたしたちはさらになにをしなければならないか。わたしたちがとりいれることができるすべてのものをわたしたちの役にたつように変えること、そして、わたしたちの好奇心を利用して快適な生活に役だてることだ。これまでにわたしたちはあらゆる種類の道具を手に入れたが、どれがわたしたちに必要になるのか知らなかった。あるいは、わたしたちの道具は、わたしたち自身には無用のもので、他人の役にたつのかもしれない。そして、たぶん、わたしたちもまた、他人の道具を必要とするのだろう。そこでわたしたちはみな、そういう交換によって得をすることになるだろう。しかし、交換をするためには、わたしたちはおたがいの必要を知らなければならない。各人は他人がもっているもので自分の役にたつものを、そしてそのかわりに他人に提供できるものを知らなければならない。十人の人がいて、それぞれの人が十種類の必要をもつとしよう。それぞれの人は自分に必要なものを手に入れるために、十種類の仕事をしなければならない。しかし、天分と才能のちがいを考えれば、ある人はその仕事のあるものがそれほどうまくできないだろうし、またある人はほかの仕事がうまくできないだろう。それぞれちがったことにむいているのに、みんなが同じ仕事をしては、十分なものが得られないことになる。この十人の人で一つの社会をつくることにしよう。そして各人が自分のために、そしてほかの九人のために、自分にいちばん適した種類の仕事をすることにしよう。各人は他の人々の才能から利益を得て、自分ひとりですべての才能をもっているのと同じことになる。各人は自分の才能をたえずみがくことによって、それを完全なものにすることになる。そこで、十人とも完全に必要なものを手に入れることができ、さらに余分なものを他人にあたえることができるようになる。これがわたしたちの社会制度のすべての表面的な原則だ。

いまその結果を検討することはわたしの主題ではない。それはわたしが別の書物で検討したことだ*。

この原則に立つと、自分を孤立した存在とみなして、まったくなにものにもとらわれず、自分だけでたりる生活をしようとするような人は、みじめな者にしかなれない。生きていくことさえ不可能になる。土地はすべて人の所有になっているし、かれは自分の体しかもたないから、どこから必要なものを手に入れることができるのか。自然の状態から抜けでることによって、わたしたちは仲間の者にも自然の状態から抜けでることを強制しているのだ。他の人々の意志を無視して自然の状態にとどまっていることはだれにもできない。それに、生きることも不可能なのにそこにとどまっていようとするのは、じっさいにはそこから出てしまうことになる。自然の第一の法則は自己保存を心がけることにあるからだ。

こうしてすこしずつ子どもの精神のうちに社会関係についての観念が形づくられる。子どもがじっさいに社会の能動的な一員になれる以前に、すでにその観念が形づくられる。エミールは、自分がつかう道具を手に入れるためには他人のつかうものも必要であること、そのおかげで自分に必要なもので他人がもっているものを交換によって手に入れることができるのを知る。わたしは容易にそういう交換の必要をかれに感じさせ、それを利用できるようにしてやる。

「閣下、わたしは生きていかなければならないのです。」あるめぐまれない諷刺作家はかれのいやしい職業をとがめた大臣にむかってそういうことを言った。「わたしはその必要をみとめない。」高官は冷淡に作家に答えた。こういう返事は大臣のことばとしてはけっこうだが、どんな人にせよ、ほかの人の口から出たとしたら、残酷なことばであり、まちがったことでもある。あらゆる人間は生きなければならない。この主張に人はその人間愛の多少に応じて多かれ少なかれ切実な意味をあたえるのだが、自分自身についてそれを主張する者にとっては、これは争いがたいことだとわたしは考える。自然がわたしたちに感じさせる嫌悪のなかで、いちばん強いのは死にたいする嫌悪なのだ。したがって生きるためにほかにどうにも手段のない者にとっては自然によってどんなことでも許されている。有徳な人が生命を軽んじて、自分の義務をつくすために生命を犠牲にすることを学ぶようになるいろいろな原則は、右のような原始的な素朴さからはるかにかけはなれたことだ。なんの努力をしなくても善良でありうる民族、そして徳をもたなくても正しい人になれる民族はしあわせだ。もし世界のどこかに悪いことをしなければだれも生きていかれないようなみじめな国、市民たちが必要のために悪者にならなければならないような国があるとするなら、絞首刑にしなければならないのは、悪事をはたらく人間ではなくて、悪事をはたらくことを余儀なくさせている人間だ。

エミールが生命とはどういうものか知るようになったら、それを保存することを教えるのがわたしの第一に心がけることになる。これまでわたしは身分、地位、財産などの差別をみとめていないが、これからもいままで以上にみとめるようなことはほとんどしないだろう。人間はどんな身分の人間でも同じだからだ。富める者は貧しい者よりも大きい胃袋をもっているわけではなく、いっそうよく消化するわけでもない。主人は奴隷よりも長くて強い腕をもっているわけではない。高貴の人は人民に属する人よりも背が高いわけではない。そして、結局のところ、自然の必要はすべての人にとって同じなのだから、それをみたす手段はすべての人にとって同じであるはずだ。人間の教育を人間にとってふさわしいものにするがいい。人間でないものにふさわしいものにしてはいけない。あなたがたは、ある身分だけにふさわしい人間をつくろうと努力して、その人をほかの身分にあってはぜんぜん役にたたない人間にしていること、そして運命の女神の気が変われば、その人を不幸な人間にするために努力しただけになることがわからないのだろうか。大貴族が乞食《こじき》になって、みじめな状態におちいりながら、その生まれからくる偏見をもちつづけていることくらいこっけいなことがあろうか。貧しくなった金持ちが、貧しい者にあたえられる軽蔑を思って、このうえないみじめな人間になったとみずから感じることくらい卑しむべきことがあろうか。生活の道としては、一方には公然の悪者という職業があるだけで、他方には「わたしは生きていかなければならない」というすばらしいことばを口にしながら卑屈なことをする下僕の仕事があるだけだ。

　あなたがたは社会の現在の秩序に信頼して、それがさけがたい革命におびやかされていることを考えない。そしてあなたがたの子どもが直面することになるかもしれない革命を予見することも、防止することも不可能であることを考えない。高貴の人は卑小な者になり、富める者は貧しい者になり、君主は臣下になる。そういう運命の打撃はまれにしか起こらないから、あなたがたはそういうことはまぬがれられると考えているのだろうか。わたしたちは危機の状態と革命の時代に近づきつつある。(五九) その時あなたがたはどうなるか、だれがあなたがたに責任をもつことができよう。人間がつくったものはすべて人間がぶちこわすことができる。自然が押したしるしのほかには消すことのできないしるしはない。そして自然は王侯も金持ちも貴族もつくらないのだ。そこで、もっぱら高い身分にある者として教育されたお大名は低い身分に落ちたときどうするのか。はでな暮らしをしなければ生きていけない金満家は貧乏になったときどうするのか。自分の身をつかうことを知らず、自分の存在を自分の外にあるものにまかせている豪勢な能なしはすべてを失ったときどうするのか。そういうことになったとき、自分から離れていく身分をすすんで捨てることができ、運命の打撃にもかかわらず、人間として生き残れる者はしあわせだ。戦いに敗れ、狂乱のはてに王座の残骸に埋もれようとする王者を賞讃したければ賞讃するがいい。わたしはそういう王者を軽蔑する。わたしの見るところでは、そういう者は王冠のおかげで存在するにすぎず、王でなくなればまったく何者でもなくなるのだ。ところが、王冠を失ってもそんなものを必要とせずにいられる者は王者よりも高い地位にあることになる。国王の位などは卑怯者でも悪人でもばか者でも、だれでもけっこう占めることができるのだが、かれはそこから人間の地位へ、ごくわずかの人しか占めることができない地位へ昇るのだ。そのときかれは、運命にうちかち、勇敢にたちむかう。かれのものはすべてかれひとりの力で得られたものだ。そしてかれは、自分のほかに見せるものがなくなったときにも、無意味な存在ではない。かれは何者かだ。そうだ、わたしはコリントで学校の先生になったシラクサの王やローマで書記になったマケドニアの王のほうが、支配者でなくなればどうなるか知らなかったみじめなタルクィニウスや、その哀れな状態をあざわらおうとする人々のなぶりものになり、宮廷から宮廷へとさ迷いあるいて、いたるところに助けを乞いながらいたるところで辱しめにあい、もう自分の力ではできない職業のほかにはすることを知らなかったあの三つの王国の所有者の後継ぎより、百倍も好きだ。*

人間であり市民である者は、だれであろうと、自分自身のほかにはどんな財産も社会にあたえることはできない。ほかの財産はすべてかれがどう考えようと社会のものだ。そこで、ある人が富んでいるなら、その人はその富を利用していないか、公衆もそれを利用していることになる。第一の場合にはその人は自分がつかわないでいるものを他人から盗みとっているのであり、第二の場合にもその人は他人になに一つあたえていないのだ。だからその人がその財産だけで支払いをしているかぎりは、かれの社会的な負債はすべてそのまま残ることになる。しかし、わたしの父はその財産を得たときに、社会に貢献したのだ……。そうかもしれない。あなたの父はその負債を払ったのだ。しかし、あなたの負債を払ったのではない。あなたは財産のない家に生まれたばあいよりもいっそう多くの負債を他の人々に負っている。あなたはめぐまれた身分に生まれたからだ。ある人が社会のためにしたことが別の人間の社会にたいする負債をまぬがれさせるというのは正当なことではない。人はみな自分のもっているものをいっさい借りているのだから、自分のためにしか支払いをすることができないし、どんな父親にしろ、仲間にとって無用な人間でいられる権利を息子に譲り渡すことはできないのだ。ところが、あなたの考えによれば、父親は息子にその富を、つまり労働の証拠と代償を、譲り渡すことによって、まさにそういうことをしているのだ。自分でかせがないものをなにもしないで食っている者は、それを盗んでいるのだ。だから、なにもしないのに国家から支払いをうけている年金生活者は、わたしの目から見れば、通りかかった人を犠牲にして生活している山賊とほとんど変わりない。社会の外にあって孤立している人間は、だれにに一つ借りているわけではないから、好きなように生活する権利をもっている。しかし社会にあっては、人間は必然的に他人の犠牲によって生活しているのだから、かれはその生活費を労働によって返さなければならない。これには例外はない。だから、働くことは社会的人間の欠くことのできない義務だ。金持ちでも貧乏人でも、強い者でも弱い者でも、遊んで暮らしている市民はみんな悪者だ。

ところで、人間に生活物資を供給することができるすべての仕事のなかで、もっとも自然の状態に近いのは手をつかう労働だ。あらゆる身分のなかで、運命と人間とからもっとも独立しているのは職人の身分だ。職人は自分の労働だけに依存している。職人は自由だ。農夫が奴隷であるのと全く反対に自由だ。つまり農夫はその耕作地にしばりつけられ、収穫は他人の手で処分される。敵や王侯や強大な隣人や訴訟が、農民の手からその畠をとりあげることもある。その畠のために、人はいろんなやりかたで農夫を苦しめることもある。しかし、職人はどこにいても、人が迫害をくわえようとしたら、さっさと荷物をまとめることができる。かれは自分の腕をたずさえてそこを立ち去る。それにしても農業は人間のいちばん基本的な職業だ。それは人間がいとなみうる職業のなかでいちばんりっぱな、いちばん有用な、したがってまたいちばん高貴な職業だ。わたしはエミールに、農業を学びなさい、とは言わない。かれはそれを知っているのだ。田園の仕事はすべてかれにとって親しいものになっている。かれははじめに農業をやったのであり、たえずその仕事に帰って行く。だからわたしはかれにこう言おう。きみの先祖の土地をたがやすのだ。しかし、もしその土地を失ったら、あるいは土地をもたなかったら、どうしたらいいのか。なにか職業を学ぶことにしよう。

わたしの息子に職業を！　わたしの息子を職人に！　先生、それは本気なのでしょうか。奥さん、わたしはあなたよりもずっと本気に考えています。あなたは御子息を貴族とか、侯爵とか、大公とかいうもの以外にはなれないようにしようとしていらっしゃる。そしてたぶんいつかは、なんにもならないものよりももっとつまらないものにしようとしていらっしゃる。ところが、わたしは、けっして失うようなことがない地位を、どんな時代にもかれを尊敬させることになる地位をあたえたいと思っている。わたしはかれを人間の状態にひきあげたいと思っている。そして、あなたがなんとおっしゃろうと、あなたから受けるすべての資格においてよりも、この人間という資格において、かれは自分と肩をならべる者をそう多くはもたないことになるでしょう。

文字にとらわれず、精神を生かせ。なにか職業を知るためにそれを学ぶことよりも、むしろ職業というものを軽蔑する偏見を克服することが問題なのだ。あなたがたは生きるために働かなければならないような状態にはけっしてたちいたらないだろう。まことに困った、あなたがたにとって困ったことだ。でもかまわない。必要によって働かなくてもいい。名誉のために働くのだ。あなたがたの身分よりも高いところにあがるために職人の身分に成り下がるがいい。運命と事物を服従させるために、まずそういうものから独立するのだ。意見によって支配するために、まず意見を支配するのだ。

わたしがあなたがたにもとめているのはなんらかの才能ではないことを忘れないでいただきたい。それは一つの職業なのだ。ほんとうの職業なのだ。純粋に機械的な技術なのだ。頭よりも手を働かせ、大きな財産をもたらすようなことはないが、そういうものなしですませられる技術なのだ。パンにこと欠く恐れからははるかに遠いところにある家にあっても、父親が遠い先のことまで考えて、子どもの教育に気をくばるばかりでなく、どんなことになっても子どもが生活していけるように、役にたつ知識をあたえようと心がけているのをわたしは知っている。そういう先見の明をもつ父親たちは、ひじょうに多くのことをしているつもりでいるが、かれらはなにもしていないのだ。かれらが子どものために残してやろうと考えている救いの道は、子どもに克服させようとしている偶然そのものに依存しているからだ。つまり、いくらすばらしい才能をもっていても、それをもちいることができるめぐまれた境遇にいなければ、そういうものを一つももっていないのと同じように、貧困のために死んでしまうことになる。

運動とか策謀とかいうことが問題になってくると、豊かな状態を維持するためにそれをもちいるのと同じように、貧しい生活のなかから以前と同じ状態にはいあがるのに必要なものを獲得するためにもそれをもちいなければならない。あなたがたが、その成功は芸術家の名声によって決まるような芸術を修めているとしたら、ひきたててくれる人がいなければ獲得できない職務に適した者になるなら、世間にいや気がさし、世間で成功するにはぜひ必要な手段を軽蔑するようになったちょうどそのときに、そういうものがいったいなんの役にたつだろう。あなたがたは政治学と王侯の利害について研究した。それはたいへんけっこうなことだ。しかし、大臣や宮廷の女性や事務局の長官に近づくことができなければ、かれらの気に入るこつをこころえていなければ、すべての人があつらえむきの悪者をあなたがたのうちに見てくれなければ、そういう知識をあなたがたはどうするつもりなのか。あなたがたは建築家か画家になる。よろしい。しかし、あなたがたの才能をみとめさせなければならない。あなたがたはいきなりサロンに作品を陳列するつもりでいるのか。とんでもない。そんなわけにはいかないだろう。アカデミーに席を占めなければならない。そうなっても、壁の隅のどこか目だたない場所を獲得するにも庇護者がいなければならないのだ。定規や絵筆は捨てるがいい。辻馬車をやとって、門から門へと駆けまわるのだ。そうしてこそ名声は獲得される。ところで、あなたがたも御承知のはずだが、そういう名士の家の門にはかならず番兵か門番がいて、かれらには手ぶりでなければことばが通じないし、かれらの耳は手のなかにあるのだ。あなたがたは学んだことを教えようとするのだろうか。そして地理学、あるいは数学の、または語学、音楽、デッサンの教師になろうとするのだろうか。そのためにも生徒をみつけなければならない。したがって推選者をみつけなければならない。学者であるよりも山師であることが必要なのだ、そしてあなたがたの職業のほかに職業を知らないとしたらいつまでたっても無学者でいなければならないのだ、と覚悟するがいい。

ごらんのとおり、そういう輝かしい生活の道はすべてまことに不堅実なもので、それを利用するためにはほかにいろいろな道があなたがたには必要になる。それに、そんな卑屈な状態におちいったとしたら、あなたがたはどうなることだろう。失敗はあなたがたを教えることなく卑しくするばかりだ。これまでのどんなときよりも世論のなぶりものになっているあなたがたに、どうして偏見にうちかち、運命を支配することができよう。生きるためには必要な卑劣なことや悪い習慣を、どうして軽蔑することができよう。

あなたがたは富に依存しているだけだったが、いまでは富める人に依存している。あなたがたは奴隷状態をいっそうひどいものにし、それに貧困という重荷をつけくわえただけだ。いまではあなたがたは自由を失って貧しくなっている。それは人間がおちこむ最悪の状態だ。

しかし、体を養うためにではなく魂を養うためにできているそういう高尚な知識を生活のたよりにするようなことをしないで、必要が生じたときにはあなたがたの手に、あなたがたの手でできることに助けをもとめることにするなら、すべての困難は消え失せ、あらゆる策動は無用になる。そうすることにすれば、生活の道はいつもひらけてくる。誠実な心、名誉を重んじる心はもう生活の障害にはならない。もう、おえらがたのまえで卑屈なまねをしたり、うそをついたりする必要はない。悪者どものまえでものやわらかな態度をとったり、いやしいふるまいをしたりする必要はない。あらゆる人のいやしいごきげんとりになることもない。金を借りることも、盗むこともない。なに一つもっていないばあいには借りるのも盗むのもほぼ同じようなことだ。他人の意見はなにも気になるまい。だれにもおせじをつかう必要はないし、ばか者に媚びることも、門番に懇願することも、娼婦に金をやることも、もっと悪いことだが、そういう女をほめたたえることもない。やくざが国政を牛耳《ぎゅうじ》っていたところで、あなたがたにはなんのかかわりもない。そういうことは、あなたがたがつつましい生活を送って、まともな人間として生き、パンをかせぐことをさまたげはしまい。あなたがたは、どこでもいい、学んだ職業をやっている店へはいっていく。親方、わたしは仕事をしたいのです。職人か、そこで仕事をするがいい。昼飯の時間になるまでに、あなたがたは昼飯代をかせげるだろう。まめに働いてむだづかいをしなければ、一週間たたないうちに、つぎの一週間を暮らせるだけのものをもうけられるだろう。あなたがたは自由に、健康に、正直に、勤勉に、正しく生きることになるだろう。こういうふうにして時間をかせぐのは、時間をむだにすることにはならない。

　わたしはどうしてもエミールになにか職業を学ばせることにしたい。少なくともなにか品《ひん》のいい職業を、とあなたがたは言うのだろうか。品のいいとはどういう意味か。公衆の役にたつ職業はどんなことでも品がいいのではなかろうか。ロックの貴公子のようにかれが刺繍師や金箔師や塗師になることをわたしは望まない。音楽家や俳優や書物をかく人間（六〇）になることも望まない。そういう職業やそれに類似したほかの職業を除いて、かれは好きな職業をえらぶがいい。わたしはなにごとにおいてもかれを拘束するようなことはしない。かれが靴屋になったほうが詩人になるより好ましいとわたしは思う。道路の舗装をするほうが陶器の花を描くより好ましいと思う。あなたがたは言うだろう。

しかし、警官、スパイ、死刑執行人も有用な人たちだ、と。そういう人間が有用でなくなるのは政府しだいだ。しかし、そういう話はしないことにしよう。わたしはまちがっていた。有用な職業をえらぶというだけではたりない。さらにいえば、それにたずさわる人がいとうべき素質や、人間性と両立しない素質をもつことを必要としない仕事でなければならない。そこで、さっきのことばをくりかえすことになるが、品のいい職業をえらぶことにしよう。それにしても、有用性のないところには品もないということをいつも忘れないでおくことにしよう。

その書物には偉大な計画とけちくさい見解がいっぱい見られる今世紀のある有名な著者[六二]は、かれが属する教団のすべての僧侶と同じように、正式の妻をもたないという誓いをたてていた。しかし、姦通ということについてほかの人よりもつつしみぶかい態度をとっていたその人は、美しい女中をおいて、その行き過ぎた誓約によって人類にあたえた損害をできるだけつぐなう決心をしたということだ。かれは別の市民を国にあたえることを市民の義務と考え、そういうもので国に支払う租税で職人階級の人間をふやしていた。子どもが成長すると、かれはどの子どもにもそれぞれ好みに合った職業を学ばせていた。ただ、つまらない職業、無益な職業、はやりすたりのある職業は除外していた。たとえばかつら師の職業はけっして必要なものではないし、自然がわたしたちに髪をあたえることをやめないかぎり、いずれは無用な職業になるのだろうが、そういう職業は除外したのだ。

これがエミールの職業の選択においてわたしたちを導くべき方針だ。しかし、そういう選択はわたしたちのすることではなく、むしろエミールのすることだ。かれの頭に沁みこんでいる格率は無用なことにたいする当然の軽蔑をかれにもちつづけさせるだろうから、かれはけっして自分の時間をなんの価値もないことについやそうとはしないだろうが、かれは現実の効用ということ以外には事物の価値をみとめないのだ。かれには島にいるロビンソンの役にたちうるような職業が必要なのだ。

子どものまえにつぎつぎと自然と技術の生産物をひろげて見せ、かれの好奇心を刺激し、好奇心がかれを導いていく跡を追っていくことによって、わたしたちは子どもの趣味、好み、傾向を研究し、子どもになにかはっきりした天分があるなら、その最初の火花のひらめきを見ることができる。しかし、一般の過ち、あなたがたが用心しなければならない過ちは、偶然の機会にもたらされた結果を豊かな才能のせいにすること、人間と猿に共通する模倣の精神、人がしていることを見て、それがなんの役にたつかもわからずに、なんでもしようとする気持ちを機械的に両者に起こさせる精神を、あれこれの技術へのいちじるしい好みと考えることだ。世の中には、自分がやっている技術にたいする生まれつきの才能をもつこともなく、しかもごく幼いときから、そういうことをやらされている職人、そしてとくに芸術家がいっぱいいる。人々はなにかほかに都合のいいことがあってそういうことをさせているのか、あるいは、もし子どもが、はやくからまったく別の技術を見ていたら、やっぱりそういうことにたいしてもつことになったかもしれない表面的な熱意にだまされているのだ。ある者は太鼓の音を聞いて自分は将軍だと信じこみ、ある者は家を建てるのを見て建築家になろうと考える。人はみな自分の見ている職業が人から尊敬されていると考えるとき、それに心を誘われる。

主人が絵を描いたりデッサンをとったりしているのを見ていて、自分も画家になろうと考えついた、そういう従僕をわたしは知っている。そう決心するとすぐに、かれは鉛筆をとりあげ、その後ずっとそれを捨てず、鉛筆を捨てたときにはこんどは絵筆をとりあげたが、これは一生捨てるようなことはしないだろう。人から教わることもなく、規則を学ぶこともせず、かれは手あたりしだいにデッサンをとりはじめた。まる三年間というものかれはそのまずいデッサンのうえにかがみこんでいた。勤めのほかにはどんなことがあってもそれをやめず、それほどの素質もないのでたいして進歩しなかったにもかかわらず、けっしてあきらめることはなかった。たいへん暑い夏の六カ月のあいだ、そこを通っただけでも息のつまりそうな南向きの狭い控えの間で一日じゅう椅子に腰かけて、というよりは釘づけになって、一つの地球儀をまえにして、それを描いてはまた描きなおし、どうにも手のつけられない執念ぶかさで、たえずはじめてはまたやりなおし、自分の仕事に満足できる程度にかなりうまく円みを表現できるまでやっていた、そういうかれの姿をわたしは見たことがある。最後には、主人に援助され、芸術家に指導されて、かれはお仕着せをぬいで絵筆で暮らしていけるところまでいった。ある程度までがんばりは才能のかわりになる。しかし、かれはその程度にまでは到達したが、それ以上に出ることはけっしてないだろう。このまじめな男の粘りづよさと人に負けまいとする気持ちはほめてやっていい。かれはとにかくその努力、忠実さ、行ないによって人々に尊敬されるだろうが、扉のうえの装飾のようなものしか描くことはないだろう。かれの熱意にだまされて、それをほんとうの才能と思いちがいしないでいられた人があるだろうか。喜んである仕事をすることとその仕事に適していることとのあいだには大きなちがいがある。自分の素質ではなくむしろその欲求を示している子ども、そして人は素質を研究することを知らずに、いつもその欲求によって子どもを判断しているのだが、そういう子どものほんとうの天分と趣味をたしかめるには、人が考えている以上に細かい観察が必要なのだ。わたしはだれか分別のある人が子どもを観察する技術についての論考を提供してくれたらと思っている。この技術を知ることはひじょうに大切なことなのだ。父親たちと教師たちはまだその基本的なことさえ知らないでいる。

しかし、わたしたちはここで職業の選択に必要以上の重要性をあたえているようだ。手仕事だけが問題なのだから、その選択はエミールにとってはなんでもないことだ。それにかれの修業はわたしたちがこれまでにやらせてきた訓練によってすでに半分以上すんでいるのだ。あなたがたがどんなことをやらせたいと思っても、かれにはなんでもする用意ができている。かれはもう鋤や鍬をつかうことができる。ろくろ、槌、かんな、やすりをつかうことができる。あらゆる職業の道具はもうおなじみのものになっている。ただ、それらの道具を手ばやく、らくらくとつかうことをだれかから教わって、同じ道具をつかっている優秀な職人と同じくらい敏捷に仕事ができるようになることだけが問題なのだ。そして、かれにはこの点において、すべてにまさる大きな長所がある。それは軽快な体、しなやかな手足をもっているから、容易にあらゆる姿勢をとることができ、努力しなくてもあらゆる種類の運動をながくつづけられることだ。さらに、かれは正確でよく訓練された器官をもっている。技術に関係のある機械学はすべてかれの知るところとなっている。親方として仕事をするには、慣れることが必要なだけだが、慣れるには時間をかけなければならない。これから選択しなければならないわけだが、かれはどの職業に十分の時間をかけてそれに熟練するようになればいいのか。いまや問題になるのはそれだけだ。

男子にはその性にふさわしい職業を、そして若者にはその年齢にふさわしい職業をあたえることだ。家に閉じこもって腰をかけてする職業、体を柔弱にするような職業はすべて若い男の好むことではないし、かれにふさわしくもない。若い男が自分から仕立屋になりたいと思うことはけっしてない。男性のすることではないそういう女性の仕事を男性にやらせるには技巧が必要だ。(六二)縫針と剣とは同じ手であやつることはできない。もしわたしが主権者だとしたら、わたしは裁縫と縫針でする仕事は、女性たちと、女性と同じような仕事をせざるをえないびっこの男たちのほかには許さないことにする。かりに宦官《かんがん》などという者が必要なものだとしても、そういう者を特別にこしらえている東洋人はまったくばかげていると思う。自然がこしらえたものだけで、生まれながら勇気をもたないあのたくさんの卑怯な男子だけで、なぜ満足できないのか。そういう者は、必要とあれば、ほかにもいくらでもいるだろう。無気力な男、虚弱な男、臆病な男はすべて自然によってじっとして生活するように定められている。そういう男は女性とともにあるいは女性のように生きるように生まれついている。そういう男がなにか女性にふさわしい職業をするというならそれはけっこうなことだ。そして、もし、どうしてもほんものの宦官が必要だというなら、男子にふさわしくない職業を選ぶことによって男子の名誉を汚している男をそういう状態におとしいれればいい。かれらの選択は自然の過ちを示している。この過ちをどんなふうにでも矯正するがいい。どんなことをしても、よいことをしたことになるだろう。

わたしは生徒が不健康な職業にたずさわることはとめるが、骨の折れる職業にたずさわることはとめない。危険をともなう職業でもかまわない。そういう職業は同時に体力と勇気を養う。それは男性だけにふさわしい。女性たちはそういうことをしようとはしない。それなのに、どうして男性は女性の領分を侵すことに恥じを感じないのか。

闘いをこととする女性は少なく、闘技者のパンを食べる女性は少ない。
しかもきみたちは羊毛をつむぎ、仕事が終わると、それを籠に入れてもってくる。*

イタリアでは商家の店先に女性の姿を見かけない。だから、フランスやイギリスの街を見なれた者にとっては、あの国の街のながめほど陰気なものを思い浮かべることはできない。流行品をあつかっている店の主人が婦人にリボンや花かざりやヘア・ネットや、身を飾るものを売っているのを見て、わたしには、鍛冶場の火をおこしたり、鉄砧をうったりするためにつくられた大きな手のうちにある繊細な装飾品がひどくこっけいに思われたものだ。わたしは考えていた、この国では女性は、仕返しに、刀剣研ぎや武具の店をひらいたらいい、と。男性も女性も自分にふさわしい武器をつくったり、売ったりすることだ。武器を知るにはそれをもちいる必要がある。

若者よ、きみの仕事に男子の手の刻印をあたえるのだ。たくましい腕で斧や鋸をつかうことを学ぶがいい。梁を四角に削ったり、屋根のてっぺんに登ったり、棟木を架けたり、支柱やつなぎ梁でそれを固定したりすることを学ぶがいい。そして、大声で妹を呼んで、仕事を手伝ってくれと言うがいい、妹がきみにレース編みをしてくれと言った仕返しに。

わたしは愛想のいい同時代人に度ぎついことを言っている。それはわたしにもわかっている。しかしわたしはときどき論理の力にひきずられてしまうのだ。どんな人だろうと、みんなが見ているところで、手斧をもち、革の前だれをして働くのを恥ずかしがるとしたら、わたしはもうその人のうちに、ちゃんとした人が笑われることになると、よいことをしながらもすぐに顔を赤らめるような世論の奴隷を見るだけだ。それにしても、子どもの判断に悪影響をあたえないようなことならなんでも父親の偏見にまかせよう。有益な職業はすべて尊敬するからといってそれらをすべてやってみる必要はない。どんな職業でも自分より低いところにあるものと考えさえしなければいい。選択することができて、しかも決定的な理由がないばあいには、同列の職業をくらべて、快適さ、好み、便宜を考えることになるのではないのか。金属をあつかう仕事は有益な仕事だ。あらゆる仕事のなかでいちばん有益な仕事だとも言える。しかし、なにか特別な理由がなければ、わたしはあなたがたの息子を蹄鉄工、錠前屋、鍛冶屋などにはしないつもりだ。かれがキュクロプスのような姿で鍛冶場にいるのをわたしは見たくはない。同じように、わたしはかれを石屋にもしたくない。靴屋にはなおさらしたくない。どんな職業でもそれをやる人がいなければならない。しかし、選ぶことができる者は清潔ということを考えてもいい。これは臆見によることではない。この点については感覚がわたしたちの考えをきめてくれる。さらにまた、働く者が技能を必要とせず、ほとんど自動的に、いつも同じ作業に手をつかっているだけの愚劣な職業もわたしは好まない。織工、靴下製造工、石割り工などがそうだが、分別のある人間をこういう仕事につかってなにになるというのか。それは機械を動かす別の機械だ。

すべてをよく考えてみると、わたしがいちばん好ましく思う職業で、わたしの生徒の好みに合っていると思われるのは、指物師の職業だ。それは清潔で、有益で、家のなかで仕事をすることができる。それは十分に体をはたらかせ、職人の器用さと工夫を必要とし、用途によって決定される作品の形には、優美さと趣味も排除されてはいない。

もし、たまたまあなたの生徒の天分が決定的に理論的な学問にむいているなら、そのばあいには、かれの好みに一致した職業をあたえることをわたしも非難しはしない。たとえば数学器械、眼鏡、望遠鏡などを製作することを学んだらいい。

エミールが職業を学ぶときには、わたしも一緒に学ぶことにしたい。わたしたちが一緒に学ぶことでなければ、けっしてかれは十分に学ばないだろうと固くわたしは信じているからだ。そこでわたしたちは二人とも徒弟になるわけだが、わたしたちは、だんなさま、お坊っちゃんとしてとりあつかわれるつもりはない。笑いごとではなく、ほんとうの徒弟としてとりあつかってもらうつもりだ。なぜ本気で徒弟になってはいけないのか。ピョートル帝は工事場では大工になったし、自分の軍隊のなかでは鼓手になった。生まれからいっても、功績からいっても、この君主にはあなたがたと同じくらいの値うちはないと考えられるだろうか。おわかりのことと思うが、こういうことをわたしはエミールにむかって言ってるのではない。どんな人かは知らないが、あなたがたにむかって言ってるのだ。

不幸にしてわたしたちはいつも仕事場で時間をすごすわけにはいかない。わたしたちは職人修業をしているのではなく、人間修業をしているのだ。そして人間の修業は職人の修業よりもずっと骨が折れ、はるかにながい時期にわたっている。ではどうしたらよかろう。ダンスの先生をやとうように、一日に一時間ずつ、かんながけの先生をやとうことにしようか。いや、それではわたしたちは徒弟ではなく、お弟子さんになってしまう。そしてわたしたちの野心は指物を学ぶことよりも指物師の身分にわたしたちを高めることなのだ。そこでわたしの考えでは、わたしたちは毎週すくなくとも一回か二回、親方のところへいってまる一日をすごし、親方と同じ時刻に起き、かれよりもはやく仕事にとりかかり、かれと同じ食卓で食べ、かれに言いつけられて仕事をし、そして、かれの家族とともに夕食をする光栄に浴したあとで、もしそうしたければ、家に帰ってわたしたちのごつごつした寝床でねる、ということにしたい。こんなふうにすれば、同時にいくつかの職業を学ぶことができるし、また、手仕事の訓練をうけながら、別の修業もなおざりにしないですむ。

よいことをしつつ単純になろうではないか。虚栄心をなくそうと心がけることによって新たな虚栄心を生みだすようなことはしまい。偏見を克服したからといって得意になるのは、偏見に屈服することになる。オットマン家の古い慣例によれば、トルコ皇帝は自分の手をつかって仕事をしなければならないことになってるそうだが、だれでも知ってるように、帝王の手でつくられたものは傑作ということにならざるをえない。そこでかれは、それらの傑作をおごそかに政府の高官にわけてやる。そして作品は作った者の資格にふさわしく支払われる。こうしたことでわたしがよくないと思うことは、弱い者いじめといわれるようなことではない。それは、はんたいに、よいことなのだから。人民から取り上げたものを自分に分けるように高官たちを強制することによって、この君主はそれだけ人民から直接にかすめとる必要がなくなるのだ。それは専制政治に必要な一つの軽減となるのであって、こういうことがなければこの恐ろしい政府は存続することができないのだ。

その慣例のほんとうに悪い点は、そういうことがそのあわれな人間に自分の値うちについてあたえる観念にある。ミダス王*のように、かれは自分の手でふれるすべてのものが黄金に変わるのを見るが、そのために、どんな耳が生えてくるかに気がつかない。わたしたちのエミールの耳を短いままにしておくために、かれの手をそういう豊饒な才能からまもってやることにしよう。かれがつくるものは、作者からではなく、作品からそのの値うちをひきだすようにしよう。かれのつくったものは、すぐれた親方のつくったものとくらべてみなければ、けっして判断させないことにしよう。かれの仕事が仕事そのものによって評価され、かれがしたことだからといって評価されないようにしよう。よくできたものについては、「これはよくできている」と言うがいい。しかしそれにつけくわえて、「だれがこれをつくったのか」と言ってはならない。満足して得意そうに、かれが自分から「ぼくがそれをつくったのです」と言ったら、冷やかにこうつけくわえるがいい。「あなたでもほかの人でも、それはどうでもいい。とにかくこの仕事はよくできている。」

よき母よ、とくに人々があなたに言おうとしているうそに用心することだ。あなたの息子がいろいろなことを知っているとしたら、かれが知っているすべてのことに疑いをもつことだ。もし不幸にもパリで教育されるとしたら、そして富裕であるとしたら、かれはもうだめだ。パリに有能な芸術家がいるかぎり、あなたの息子はかれらの才能をすべてもつことになる。しかし、かれらから遠ざかれば、もうかれは才能をもたなくなる。パリでは富める者はなんでも知っている。貧しい者だけが無知なのだ。この首都には芸術愛好家が、とくに芸術を愛好する女性がいっぱいいて、そういう人たちはギヨーム氏がその色彩をつくりだしていたようにかれらの作品をつくっている。わたしはこの点で男性のうちに三人の尊敬すべき例外を知っているし、例外はそのほかにもまだあるかもしれない。しかし、女性のうちにはわたしは一人として例外を知らないし、例外があるかどうかも疑わしい。一般的にいって、人は芸術の分野においても法曹界におけると同じようなやりかたで名声を獲得する。人は法学博士になり法官になるのと同じようなやりかたで芸術家になり芸術家の判定者になる。

そこで、ひとたびなにか職業を覚えるのはりっぱなことだということになると、あなたがたの子どもはやがて学ばずして知っていることになる。かれらはチューリヒの参事会員のように師匠で通ることになるだろう。エミールにはそういった晴れがましいことは全然いらない。見せかけはいらない。いつも現実のものがあってほしい。かれは知っていると言われなくていい。ただ黙って学ぶことだ。いつも傑作をつくるがいい、そして巨匠にはけっしてならないほうがいい。その資格によって職人であることを示すことなく、その仕事によって示してもらいたい。

これまでにわたしが言ったことをわかってもらえたとしたら、体の鍛練と手の労働の習慣とともに、わたしが知らず知らずのうちに生徒に反省と瞑想にたいする好みをあたえて、人々の判断にたいする無関心と情念の無風状態とから生じることになる心の怠惰の埋め合わせをしていることが理解されるはずだ。かれは農夫のように働き、哲学者のように考えなければならない。そして未開人のようなのらくら者になってはいけない。教育の大きな秘訣は体の訓練と精神の訓練とがいつもたがいに疲れをいやすものとなるようにすることだ。

しかし、もっと成熟した精神を必要とする知識をはやくからあたえるようなことはさしひかえよう。エミールはそう長いこと職人生活を送らなくても、はじめには気がつかなかった身分の相違ということをおのずから感じるようになるだろう。わたしがかれにあたえている、そしてかれにも理解できる格率にもとづいて、こんどはかれのほうから、わたしをしらべてみようとするだろう。わたしだけからすべてをうけとっているかれは、自分が貧しい人々に近い状態にあることを知っているかれは、なぜわたしがそういう状態から遠くはなれたところにあるのか知ろうとするだろう。たぶんかれは不意に手きびしい質問をわたしに浴びせかけるだろう。「あなたは金持ちだ。あなたはわたしにそう言ったし、わたしにもそれはわかっている。金持ちもまた社会にたいして労働をする義務を負っている。金持ちも人間なのですから。しかしあなたは、いったい社会のためになにをしているのですか。」それにたいしてごりっぱな教師はなんと答えるか。わたしにはわからない。かれはおろかにも子どもにむかって、わたしはあなたの世話をやいている、と言うかもしれない。わたしはどうかといえば、仕事場が窮地から救い出してくれる。「そう、エミール、それはたいへんよい質問だ。わたしは、あなたが自分でそれになっとくのいく答えができるようになったら、わたしなりに答えることを約束します。それまでのところは、わたしは、もっている余分のものをあなたと貧しい人たちにあげることにしましょう、そして、一週間ごとに机を一つ、それとも腰かけを一つつくって、全然なんにも役にたたない人間にならないように心がけましょう。」

　こうしてわたしたちはわたしたち自身のところに帰ってきた。わたしたちの子どもは、自分という個人をみとめて、もう子どもではなくなろうとしている。いまかれは、これまで感じていたよりもずっと痛切に、かれを事物にむすびつけている必然を感じている。まずかれの体と感官を訓練したあとで、わたしたちはかれの精神と判断力を訓練した。そしてかれの手足をもちいることをかれの能力をもちいることにむすびつけた。かれを行動し思考する存在につくりあげた。人間として完成させるには、人を愛する感じやすい存在にすること、つまり感情によって理性を完成することだけが残されている。しかしそういう新しい状態にはいっていくまえに、わたしたちが抜けだそうとしている状態に目を投じて、できるだけ正確に、わたしたちがどういうところまで到達したかを見ることにしよう。

　わたしたちの生徒ははじめ感覚をもつだけだったが、いまでは観念をもっている。かれは感じるだけだったが、いまでは判断する。つづいて起こるか同時に起こるいくつかの感覚の比較から、そしてそれについてくだす判断から、一種の混成感覚または複合感覚が生まれてくるのだが、わたしはこれを観念と呼ぶ。

　どんなふうに観念が形づくられるかは人間の精神にどういう性格があたえられるかということだ。現実の関連にもとづいてのみ観念を形づくる精神は堅実な精神だ。表面的な関連に満足する精神は浅薄な精神だ。さまざまな関連をあるがままに見る精神は正しい精神だ。それらを見そこなう精神は正しくない精神だ。現実性も外見ももたない架空の関連をつくりだす者は気ちがいだ。比較をしない者は愚か者だ。観念を比較し、関連をみいだす能力の多少は人々の才気の多少を決定するものとなる、等々。

単純な観念とは比較された感覚にすぎない。単純な感覚のうちにも、わたしが観念と呼ぶ複合感覚におけると同じように判断はある。感覚においては判断は純粋に受動的で、それは人が感じているものを感じていることを確認する。知覚あるいは観念においては、判断は能動的である。それは近づけ、比較し、感官によって決定されない関連を決定する。これが両者のちがいのすべてだが、このちがいは大きい。自然はけっしてわたしたちをだますことはない。わたしたちをだますのはいつもわたしたちなのだ。*

八歳の子どもに氷チーズを食べさせるのを見ていると、それがどういうものか知らずに、子どもはさじを口へもっていき、冷たいのにびっくりして「あっ、熱い」と叫ぶ。かれはひじょうに鋭い感覚を感じたのだ。かれは火の熱さよりも鋭い感覚を知らないので、それを感じたと考えたのだ。しかしかれはまちがっていた。かれは冷たいのにショックを感じたので、やけどしたわけではない。そしてこの二つの感覚は同じものではない。どちらも経験したことがある者はそれを混同しはしないのだから。だから感覚が子どもをだましたのではなく、その判断がまちがっていたのだ。

それと同じことは、鏡や光学器械をはじめて見たとき、真冬あるいは真夏に深い地下室にはいったとき、熱くなった手、あるいは冷たくなった手をなまぬるい水につっこんだとき、交叉した二本の指のあいだに一つの小さな玉をころばせたとき、などにも起こる。その人が気づいたこと、感じたことだけを言えば、その判断は純粋に受動的なのだから、まちがったことを言うことはありえない。しかし、そのことを感じによって判断するばあいには、その人は能動的になり、比較し、気づいていない関連を帰納によって設定することになる。そのときには、かれはまちがうか、まちがうことがありうる。誤りを正し、ふせぐためには経験を必要とする。

夜、あなたがたの生徒に、月とかれとのあいだを過ぎていく雲に注意させるがいい。かれは月が逆の方向に動いていると考え、雲はじっとしていると考えるだろう。かれは早急な帰納によってそう考える。ふつう小さいもののほうが大きいものよりも動くことが多いのを見ているし、月の距離を考えてみることができないかれには、月よりも雲のほうが大きく見えるからだ。水のうえを行く船のなかで、すこし離れたところから岸を見ているときには、かれは逆の誤りにおちいって、陸地が走るのを見ているのだと考える。自分が動いているのを感じていないかれは、船、海あるいは川、そして地平線にあるもののすべてを、動かない一つの全体と見て、走っていくのが見える岸はその一部にすぎないように感じられるからだ。

半分は水のなかにある棒をはじめて見たとき、子どもは、この棒は折れていると思う。その感覚は正しい。わたしたちにこの現象の理由はわからないとしても、やはり感覚は正しい。だから、なにを見ているかとたずねれば、子どもは「折れた棒を」と答えるし、かれが言ってることは正しい。折れた棒という感覚をかれがもっていることはまったくたしかなのだから。しかし、判断をあやまって、かれがさらに進んで、棒は折れて見えると言うばかりでなく、かれが見ているのはじっさいに折れた棒だ、と言いはるなら、そのばあいにはかれはまちがったことを言っている。なぜそうなるのか。そのばあいには、かれは能動的になり、調査によって判断することをやめて、帰納によって判断し、感じてもいないことを言いはっているからだ、つまり、一つの感官によってうける判断がほかの感官によっても確認されるにちがいないと言いはっているからだ。

わたしたちの誤りはすべてわたしたちの判断から生まれるのだから、なにも判断する必要はないとしたら、わたしたちはなにも学ぶ必要はないということは明らかだし、そうなれば、わたしたちは誤りをおかすことはなくなるだろう。知ることによって幸福になれる以上になんにも知らないでいることによって幸福になれるだろう。無知な者にはいつまでもわからないほんとうのことを学者たちはいろいろと知っていることをだれが否定しよう。だからといって学者たちはいっそう真実に近づいていると言えるだろうか。まったく逆だ。かれらは前進しながら真実から遠ざかっていくのだ。というのは、判断から生まれる虚栄心は知識よりもさらに大きくなっていくので、かれらが学ぶ一つ一つの真実は百の誤った判断をともなうことなしには得られないからだ。ヨーロッパの学者の団体がうそを教える公開の学校にすぎないということはこのうえなく明らかなことだ。そして、科学アカデミーにはヒューロン族*ぜんたいのうちに見られるよりも多くの誤りが見られるというのはまったく確実なことだ。

人間は知れば知るほど誤りをおかすことになるのだから、誤りをさけるただ一つの方法はなにも知らないでいることだ。判断をくださなければ、あなたがたはけっして誤ることはないだろう。それが自然の教えることであり、理性の教えることでもある。事物がわたしたちにたいしてもっているごく少数のひじょうにはっきりした直接的な関連の外に出れば、そのほかのすべてのものにたいしてはわたしたちにはもともと深い無関心があるだけだ。未開人はどんなすばらしい機械のはたらきを見に行くためにも、電気のあらゆる不可思議を見に行くためにもでかけていきはしないだろう。「わたしになんの関係がある」、これは無知な者がいつも言うことばだが、賢者にとってもいちばんふさわしいことばだ。

しかし不幸なことにこのことばはわたしたちには通用しない。わたしたちがすべてものに依存することになってからすべてはわたしたちに関係のあるものになっている。そしてわたしたちの好奇心は必然的にわたしたちの必要とともに大きくなっていく。だからこそわたしは哲学者にひじょうに大きな好奇心をみとめ、未開人にはみとめないのだ。未開人はだれも必要としない。哲学者にはすべての人が、なによりも賞めてくれる人が、必要なのだ。

わたしは自然から逸脱している、と人は言うだろう。わたしは全然そうは考えない。自然は道具を、そして規則を、意見にもとづいてではなく、必要にもとづいて選ぶ。ところで、必要は人間の状況に応じて変わる。自然の状態のうちに生きている自然人と、社会状態のうちに生きている自然人とのあいだには大きなちがいがある。エミールは人の住まないところに追いやられる未開人ではなく、都市に住むようにつくられた未開人だ。かれはそこで必要なものをみつけ、都市の住人たちから利益をひきだし、かれらと同じようにではないにしても、かれらとともに暮らさなければならない。

かれが依存することになる多くの新しい関連のなかで、どうしてもかれは判断しなければならなくなるだろうから、とにかく十分によく判断することをかれに教えることにしよう。

よく判断することを学ぶいちばんいいやりかたは、わたしたちの経験をできるだけ単純化すること、さらに、誤りにおちいることなしに経験せずにすませられるようにすることだ。そこでながいあいだ、感官が感じさせることをたがいに別の感官によって検証したあとで、さらにそれぞれの感官が感じさせることを、ほかの感官の助けをかりずに、その感官によって検証することを学ばなければならない。そうすれば、それぞれの感覚はわたしたちにとって一つの観念となり、この観念はいつも真実と一致したものとなるだろう。こういう種類のことをわたしは人生のこの第三の時期を通じて獲得させようとしてきたのだ。

こういうやりかたはわずかな教師しかもつことのできない忍耐心と慎重な心がまえを必要とするのであって、それなしにはけっして弟子は判断することを学べないだろう。たとえば、弟子が棒の折れて見えるのにだまされると、その誤りを教えるためにあなたがたはすぐに棒を水からひきあげる。あなたがたはたぶんかれの誤りを正してやることになるだろう。しかし、あなたがたはかれになにを教えることになるのか。それはまもなくかれが自分で学んでしまうことにすぎない。まったく、教えなければならないのはそんなことではないのだ。ある真実を教えることよりも、いつも真実をみいだすにはどうしなければならないかを教えることが問題なのだ。もっとよく教えるためにはそんなにはやく誤りを正してやってはいけない。エミールとわたしを例にとろう。

まず、まえに想定した二つの問題の二番目の問題に、ふつうに教育された子どもならかならず肯定をもって答えるだろう。その子は言うだろう、この棒はたしかに折れている、と。エミールが同じように答えることはひじょうに疑わしいと思う。学者になる必要も、そう見せかける必要も感じていないかれは、けっしてすぐに判断しようとはしない。かれはことが明白にならなければ判断をくださない。そしてこのばあいには、ことは明白とはとてもかれには考えられない。たんに遠近ということだけが問題であるばあいにも、見かけにもとづいたわたしたちの判断がいかに錯覚におちいりやすいかをかれはよく知っているのだ。

それに、まったく子どもじみたわたしの質問にもいつもはじめは気づかれないなにかの目的があることを経験によって知っているから、それにうかつに答えるような習慣をかれは身につけていない。はんたいに、かれは警戒し、注意をはらい、答えるまえに念を入れてしらべてみる。その答えに自分で満足しなければかれはけっしてわたしに答えない。しかもかれはなかなか満足しない。さらに、わたしたちは、かれもわたしも、事物について真実を知っていることを自慢するようなことはしないで、ただ誤りにおちいらないことを誇りとしている。ぜんぜん理由がみあたらないことよりも、正しくない理由で満足することのほうがわたしたちにはよっぽど恥ずかしく感じられるだろう。「わたしにはわからない。」これがわたしたち二人にぴったりすることばであって、わたしたちはしばしばこのことばをくりかえしているから、そう言うのはかれにもわたしにもすこしもつらく感じられなくなっている。しかし、思わずかれがうかつな答えをしたとしても、あるいはわたしたちにとって便利な「わたしにはわからない」でそれをまぬがれたとしても、それにたいするわたしのことばは同じだ。「ではしらべてみよう。」

水のなかに半分つかっているその棒は鉛直な位置に固定されている。そう見えるように、それが折れているかどうかを知るためには、それを水中からひきあげるまえに、あるいはそれにさわってみるまえに、どれほど多くのことをしてみる必要があることだろう。

一、まずわたしたちはその棒のまわりをひとまわりして、わたしたちがまわるにつれて折れかたがちがってくることを知る。だから、それを変えるのはわたしたちの目だけだということになるのだが、視線が物体を動かすということはない。

二、わたしたちは棒の水のそとにある端からまっすぐに見つめてみる。すると、棒はもう折れ曲がっていないで、わたしたちの目にちかい端は正確に別の一端を隠して見えなくする（六三）。わたしたちの目が棒をまっすぐにしたのだろうか。

三、わたしたちは水面をかきまわす。わたしたちには棒がいくつにも折れて見え、ジグザグに動き、水の波動につれて揺れるのが見える。わたしたちがこの水にあたえている運動だけで、そんなふうに棒を折ったり、柔らかくしたり、溶かしたりできるのだろうか。

四、水を流すと、水がへってくるにつれて、すこしずつ棒がまっすぐになってくるのが見られる。事実を明らかにし、屈折現象をみいだすにはこれでもう十分すぎるのではなかろうか。だから視覚がわたしたちをだますというのは正しくない、わたしたちが視覚のせいにしている誤りを正すには視覚のほかには必要としないのだから。

子どもが頭がわるくてこういう実験結果をみとめることができないとしよう。そのばあいには触覚をもちいて視覚を助けなければならない。棒を水からひきあげないで、そのままの状態におき、子どもに一端から他の一端まで手でさわらせるがいい。かれには角度が感じられないだろう。棒はだから折れてはいないのだ。

そこには判断だけではなく、ちゃんとした推論がある、とあなたがたは言うだろう。そのとおりだ。しかし、精神が観念にまで到達すれば、判断はすべて推論になるということをあなたがたは知らないのだろうか。あらゆる感覚の意識は一つの命題であり、判断である。だから、ある感覚をほかの感覚にくらべてみることになれば、推論を行なっていることになる。判断の術と推論の術とは正確に同じものだ。

エミールはけっして光学を知らないだろう。知るなら、わたしはこの棒をめぐってかれにそれを学ばせることにしたい。かれは昆虫を解剖するようなことはしなかったろう。太陽の黒点を数えることもしなかったろう。顕微鏡とか望遠鏡とかいうものはどういうものかも知らないだろう。あなたがたの博識な生徒はかれの無知をあざわらうだろう。それもむりないことだろう。そういう道具をつかうまえに、わたしはかれにそれをつくらせるつもりでいるのだが、あなたがたも十分お察しのとおり、そういうことはそうはやくはできないだろうから。

これがこの編におけるわたしの方法のすべてをつらぬく精神だ。子どもが小さな玉を一つ交叉した二本の指のあいだにころばせて、玉が二つあると思ったら、玉が一つしかないことを子どもがなっとくしたうえでなければ、わたしはそれを見ることを許さないだろう。

わたしの生徒の精神がこれまでになしとげた進歩と、その進歩をつづけてきた道をはっきりと示すにはこういう説明だけで十分だろう、とわたしは考えている。しかし、あなたがたはたぶん、わたしがかれのまえにくりひろげたたくさんのことに恐れをなしていることだろう。わたしがかれの精神をおびただしい知識でおしつぶしてしまうのではないかとあなたがたは心配している。まったく反対だ。わたしはそれらを知るよりもむしろ知らないでいるようにかれに教えているのだ。平坦にはちがいないが、長く、遠い、ゆっくりと歩いていかなければならない学問への道をかれに示しているのだ。わたしはかれに最初の歩みを踏みださせ、入り口をみとめることができるようにしてやるが、遠くまで行くことをけっして許さない。

自分で学ばなければならないかれは、他人の理性ではなく、自分の理性をもちいることになる。意見にたよらないようにするには、権威にたよってはならないのだ。そしてわたしたちの誤りの大部分は、わたしたちから生じるよりもむしろ他人から生じることが多いのだ。そういうたえまない訓練からは、労働と疲労によって体にあたえられるたくましさと同じような強い精神力が生まれてくる。もう一つの利益は自分の力に応じてのみ進歩していくことだ。精神も肉体と同じように、もつことができるものしかもたない。悟性が事物を自分のものにしてから記憶にとどめるなら、あとでそこからとりだすものは自分のものだ。ところが、悟性が知らないうちに記憶をいっぱいにしても、そこからは自分のものはなに一つとりだせないということになる。

エミールはわずかな知識しかもたない。しかし、かれがもっている知識はほんとうにかれのものになっている。かれはなにごともなま半可に知っているということはない。かれが知っている、そして十分によく知っている少しばかりのことのなかで、なによりも重要なことは、自分はいま知らないがいずれ知ることができるたくさんのことがあるということ、ほかの人は知っているが自分は一生知ることがないもっとたくさんのことがあるということ、さらに、どんな人間もけっして知ることができないことがほかにも数かぎりなくあるということだ。かれはその知識においてではなく、それを獲得する能力において、普遍的な精神をもっている。それは開放的な聡明な精神、あらゆることに準備ができていて、モンテーニュが言ってるように*、教養があるとはいえなくても、とにかく教養をうけられる精神だ。かれがするあらゆることについて、「なんの役にたつか」を、そして、かれが信じるあらゆることについて、「なぜ」を、かれがみいだすことができるなら、それでわたしは十分だ。もう一度いえば、わたしの目的はかれに学問をあたえることではなく、必要に応じてそれを獲得することを教え、学問の価値を正確に評価させ、そしてなによりも真実を愛させることにある。*こういう方法をとれば、人はあまり進歩はしないが、一歩でもむだに足を踏みだすことはないし、あと戻りしなければならなくなることもない。

エミールは純粋に物体的な自然についての知識しかもたない。かれは歴史という名詞さえ知らないし、形而上学とか倫理学とかいうものがどういうものかも知らない。事物にたいする人間の基本的な関係は知っているが、人間対人間の倫理的な関係についてはなにも知らない。観念を一般化することはほとんどできないし、抽象化することもほとんどできない。ある種の物体に共通の性質はわかっているが、その性質自体について考えることはしない。かれは幾何学の図形の助けをかりて抽象的な空間を知っている。代数学の記号の助けをかりて抽象的な量を知っている。それらの図形や記号はそういう抽象のささえであり、かれの感官はそれらにすべてをまかせている。かれは事物をその本性によって知ろうとはせず、ただかれの関心をひく関係によって知ろうとする。かれの外部にあるものはかれにたいする関連によってのみ評価する。しかし、その評価は正確であり、確実である。そこには気まぐれとか、しきたりとかいうことは全然はいってこない。かれは自分にとっていっそう役にたつものをいっそう重くみる。そして、こういう評価のしかたからけっして離れないかれは、人々の意見に全然たよらない。

エミールはよく働き、節制をまもり、忍耐心に富み、健気で、勇気にみちている。けっして燃えあがることのないかれの想像力は、危険を大きくして見せるようなことはない。かれは苦しいことをほとんど気にしないし、平然と耐え忍ぶことができる。運命に逆らうことを学ばなかったからだ。死ということについては、それはどういうことかまだよく知らない。しかし、反抗せずに必死の掟《おきて》をうけいれることになれているから、死ななければならないときには、うめき声をあげたり、もだえたりすることもなく、死んでいくだろう。それがすべての人に恐れられているこの瞬間において自然が許していることのすべてだ。自由に生き、人間的なものにあまり執着しないこと、それが死ぬことを学ぶいちばんいい方法だ。

一言でいえば、エミールはかれ自身に関係のある徳はすべてもっている。社会的な徳ももつためには、そういう徳を必要としている関係を知ることだけが残されている。かれの精神がまもなくうけいれようとしている知識だけがかれには欠けている。

かれは他人のことは考えないで自分を考える。そして他人が自分のことを考えてくれなくてもいいと思っている。かれはだれにもなにももとめないし、だれにもなに一つ借りてはいないと信じている。かれは人間の社会において孤独であり、自分ひとりだけをあてにしている。かれはまた、ほかのだれよりも自分をあてにする権利をもっている。かれはその年齢にあって人がありうるすべてであるからだ。かれは過ちをしない。したとしても、それはわたしたちにとってさけがたいことだけだ。かれは悪い習慣をもたない。もっていたとしても、それはどんな人間にもまぬがれられないことだけだ。かれは健康な体と軽快な手足をもち、偏見のない正しい精神、自由で情念に煩わされない心をもっている。あらゆる情念のなかでいちばん基本的で、いちばん自然的な情念、自尊心も、かれの心にはまだかすかに感じられるにすぎない。だれの休息をみだすことなく、かれは、自然が許してくれたかぎりにおいて、満足して、幸福に、自由に生きてきたのだ。こんなふうにして十五歳になった子どもが、それまでの年月をむだにしたことになると考えられるだろうか。

原注

番号
一　最初の教育はいちばん重要なものだが、この最初の教育は疑いもなく女性の仕事である。自然をつくった者がそれを男性の仕事にしようとしたなら、子どもを養う乳を男性にあたえたにちがいない。だからあなたがたの教育論においていつもとりわけ女性にむかって語るがいい。女性は男性よりも子どもの身近にいてかれらに気をくばることができるし、いつも男性よりも多くの影響をかれらにあたえるばかりでなく、教育の結果もまたいっそう女性に関係がある。大多数の未亡人はたいていその子どもの世話になるのだが、そのばあい、子どもは、よきにつけ悪しきにつけ、彼女がとった子どもの育てかたの結果をはっきりと感じさせるからだ。法律というものは、平和を目的とするもので、徳を目的とするものではないから、いつも財産に大きな注意をはらい、人にはほとんど注意をはらわないので、母親の権威を十分にみとめていない。それにもかかわらず、母親の地位は父親の地位よりも確実であり、彼女の義務はいっそう骨が折れる。母親の心づかいは家庭をととのえるためにいっそう重要である。一般的にいって、母親は子どもにいっそう多くの愛着をもっている。息子が父親にたいして尊敬を欠いてもいくらか許されることもあるが、どんなばあいだろうと、子どもが母親にたいして、かれを胎内にはらみ、その乳をもって養い、ながい年月のあいだ自分の身をわすれてかれのことだけを考えていた者にたいして、尊敬を欠くほど本性を失ったら、そういうみじめな人間は生きるに値しない怪物としてすぐに息の根をとめるべきだ。母親は子どもを甘やかす、と人はいう。この点、たしかに母親はまちがっているが、子どもを堕落させるあなたがたほどまちがってはいないだろう。母親は子どもがしあわせであることを、いますぐにしあわせになることを願っている。この点、母親は正しい。だから、その方法について思いちがいをしているなら、教えてやらなければならない。父親の野心、貪欲、圧制、いつわりの先見の明、その投げやり、残酷な無感覚、そういうものは母親の盲目な愛情にくらべて、子どもにとって百倍も有害だ。なおまた、母親という名にわたしがあたえている意味を説明する必要があるが、それはすぐあとで説明されるだろう。

二　フォルメイ氏は、ここでわたしは自分の母について語ろうとしているのだと考え、それをある著作で述べているということだ。これはフォルメイ氏あるいはわたしをひどくばかにした話だ。〔フォルメイはドイツのプロテスタント牧師。「エミール」のために処罰されることを恐れた出版者ネオームの求めに応じて、それを書きなおして「キリスト教徒エミール」をつくった。一七六三年に「アンチ・エミール」を書いている。なお、注五〇、五一、五二参照。〕

三　外見は大人のようで、ことばも、それがあらわす観念ももたないかれは、助けを必要としても他人にそれをわからせることができないし、かれのうちにあるなにものも他人にその必要を示さないことになるだろう。

四　フォルメイ氏はだれも正確にそういうことを言ってはいないとわたしたちに保証する。しかしわたしには、次の詩句にはきわめて正確にそういうことが言われていると考えられるし、それにわたしは答えようとしたのだ。

わたしを信ぜよ、自然とは習性以外のなにものでもない。

フォルメイ氏は、かれと同じような者を傲慢な人間にしたくないと思って、つつましく、自分の頭脳の限度を人間の悟性の限度としてわたしたちにあたえているのだ。

五　だから共和国のあいだの戦争は君主国のあいだの戦争よりも残酷である。しかし、王たちの戦争は激しくないとしても、恐ろしいのはかれらの平和である。だから、かれらの臣下になるよりはむしろ敵になったほうがいい。

六　いくつかの学校、とくにパリ大学には、わたしが愛し、大いに尊敬している教授がいるし、かれらは、もし既成の方法に従うことを強制されなかったら、青年を十分によく教えることができる人たちだとわたしは考えている。わたしはその一人にかれが考えた改革案を発表するようにとすすめている。人はやがて弊害には対策がないわけではないことを知ってそれを矯正しようと考えることになるだろう。〔初版本ではこの注の初めのところは「ジュネーヴのアカデミーとパリ大学には……」となっている。なお、ルソーは「学院という笑うべき施設」と書いたことをひじょうに気にしており、当時、学校教育に大きな勢力をもっていたイエス会士の報復をおそれている（「告白」第十一巻）。〕

七　女性と医者との同盟は、わたしにとってはいつも、パリ独特のもっともおかしなことの一つと思われた。医者が名声を得るのは女性のおかげで、女性がしたいことができるのは医者のおかげなのだ。パリの医者が有名になるにはどんな種類の才能が必要かということがこれによってよくうかがわれる。

八　あのように輝かしくローマを治めた風紀監察官カトー〔大カトー、前二三四―一四九〕がその息子を揺り籠にいるときから自分自身で育て、しかも、乳母つまり母親が子どもを動かしたり、洗ったりするときにはすべての仕事をさしおいてそれに立ち会うというくらい気をくばっていたことをプルタルコスのなかで読むとき、全世界を征服し、自ら治めて、その支配者となったアウグストゥスが、自分で孫たちに、書くこと、泳ぐこと、学問の初歩を教え、いつもかれらを自分のかたわらにおいていたことをスエトニウスのなかで読むとき、そういうつまらないことに興じていたあの時代のけちくさいよき人々にたいして人は笑いを禁じえまい。たしかにかれらは、わたしたちの時代の偉大な人物がしている偉大な仕事にたずさわるにはあまりにも狭い了見の人たちだったのだ。〔プルタルコス、英雄伝、マルクス・カトー伝、第四十一節、スエトニウス、アウグストゥス伝、第六十六章参照。〕

九　つぎにイギリスの新聞から引用した一例をあげよう。わたしはこれを報告せずにはいられない。これはわたしの主題に関連してひじょうに多くのことを考えさせるものを提供しているからだ。

「一六四七年生まれのパトリク・オニールという人は一七六〇年に七度目の結婚式をあげた。この人はチャールズ二世の治世の二十七年目に竜騎兵隊に勤務し、一七四〇年に退職するまでいろいろな部隊に勤務していた。ウィリアム王とマルボロー公の行なった戦闘のすべてに参加した。この人はふつうのビールのほかにはけっして酒を飲んだことがない。いつも植物性の食物をとり、肉はたまに家族の者にごちそうしてやるときのほかには食ったことがない。勤めによってさまたげられないかぎり、かれはいつも太陽とともに起きて太陽とともに寝る習慣だった。かれはいま百十三歳だが、耳もよく聞こえ、体も丈夫で、ステッキをつかわないで歩いている。高齢にもかかわらずかれはひとときもじっとしていない。そして毎日曜日、子どもたち、孫たち、曾孫たちと一緒に教会にでかけている。」

一〇 婦人はパン、野菜、乳製品を食べる。牝犬や牝猫もまたそういうものを食べる。牝狼でさえ草を食べる。その植物性の汁が乳となるのだ。どうしても肉だけで栄養をとらなければならない動物があるとすれば、それらをくらべてみる必要があるのだが、そういう動物がいるかどうか、わたしは疑わしく思っている。

一一 わたしたちの栄養になる汁は液体ではあるが、それは固体の食物にならなければならない。ブイヨンだけで生きている労働する人間は急速に衰弱してしまうだろう。乳ならはるかによく体がもつだろう。乳は凝結するからだ。

一二 ピタゴラス式の養生法の長所と短所についてもっとくわしくしらべてみたい人は、コッキ博士とその論敵ビアンキ博士がこの重要な問題について書いている論文を参考にすることができよう。〔コッキ、ビアンキ——二人とも当時の有名なイタリアの医者。〕

一三 都市では子どもたちは家にとじこめられ、厚着をさせられることによって窒息させられる。

子どもたちを監督する人はさらに、冷たい空気はかれらに害をあたえるどころではなく、かれらを強壮にすること、暖かい空気は、かれらを弱くし、熱を出させ、かれらを殺すことを知らなければならない。

一四　ほかにことばがないので、慣用のことばをもちいて「揺り籠」と言っておく。子どもを揺すってやる必要は全然ない、そして、この習慣はしばしば子どもにとって有害であるとわたしは信じているのだ。

一五　「古代のペルー人は子どもたちをゆったりした産衣につつんで、腕を自由にしておいた。産衣を脱がせるときになると、かれらは地面に掘って布を張った穴のなかに子どもの体を半分だけいれて、そこで自由にさせておく。こうしておくと、子どもは腕が自由につかえ、思いのままに頭を動かしたり、体をまげたりすることができて、ころぶことも体を傷つけることもない。子どもがすこしでも歩けるようになると、やや離れたところで乳房を出して見せる。それは歩かせるための誘い餌のようなものだ。黒人の子どもはときに乳にありつくためにもっと骨の折れる状態におかれる。かれらは母親の一方の脇腹を膝と足でつかみ、しっかりと母親を抱きしめて、母親の腕の助けをかりなくても身をささえていられるようにする。かれらは両手で、乳房にすがりつき、子どもがじっと乳を飲んでいるあいだにもいつものように仕事をしている母親がいろんなふうに身を動かしても、よろけたり、ころげ落ちたりしない。こういう子どもは二カ月目から歩きはじめる、というよりむしろ、膝と両手ではいはじめる。こういう練習は、その姿勢で足で走るのとほとんど同じくらいの速さで走る能力をかれらにあたえることになる」

(『博物誌』第四巻、一九二ページ)。

こういう例に、ビュフォン氏はさらに、不条理で残酷な産衣の習慣がしだいになくなっているイギリスの例をあげることができたろう。ラ・ルーベールの「シャム紀行」、ル・ボー氏の「カナダ紀行」なども参照されたい。事実によってこのことを確認する必要があるならば、わたしは引用で二十ページを埋めることもできるだろう。

一六 嗅覚はすべての感覚のなかで子どもにいちばんおくれて発達する。二歳あるいは三歳までは、子どもはいい匂いもいやな匂いも感じるようには見えない。この点においては子どもは多くの動物にみとめられるような無関心、むしろ無感覚を示している。

一七 これには例外がないわけではない。そして、はじめはなにを言ってるのかぜんぜん聞きとれない子どもが、大きな声でしゃべりはじめるとたちまちどうにもうるさくてやりきれなくなるようなこともよくある。しかし、そういう細かいことにすべてふれなければならないとなると、きりがなくなるだろう。聡明な読者なら、行き過ぎも欠陥も、同じ過ちから生じるもので、どちらも同じようにわたしの方法によって矯正されることがわかるはずだ。つぎの二つの格言は切り離せないものとわたしは考えている。「いつも十分に」、そして、「けっして余計には」。前者が確立されれば後者は必然的に導かれる。

一八 小さいときあまりながいこと手引きの紐で歩かせられた人の歩きかたくらいおかしな、あぶなっかしいものはない。これもまた正しいがゆえに、一つならずの意味において正しいがゆえに、ありふれたことになる事実のひとつだ。

一九　ここでわたしは反省する人について語っているのであって、すべての人について語っているのではないことがわかるはずだ。

二〇　テミストクレスは友人にこんなことを言っていた。「そこにいる小さな男の子は、ギリシャの支配者だ。というのは、この子はかれの母親を支配し、かれの母親はわたしを支配し、わたしはアテナイ人を支配し、アテナイ人はギリシャ人を支配しているからだ。」君主から順次に降って、人の知らないところで最初の一撃をあたえている者にいたるなら、もっとも強大な帝国にしばしば、ああ、なんというけちくさい指導者をみいだすことか。〔プルタルコス、「王たちと将軍たちについての有名な話」四〇。〕

二一　わたしの「国家基本法の原理」〔「社会契約論」〕のなかで、いかなる個別意志も社会組織のうちに秩序づけられないことが証明されている〔第二編第三章および第四編第一章〕。

二二　苦痛がしばしば一つの必然であるように、快楽がときに一つの必要となることを知らなければならない。だからけっしてかなえてやってはならない子どもの欲望はただ一つしかない。それは自分に服従させようとする欲求だ。したがって、子どもがもとめるすべてのことにおいて、とくにそれをもとめさせる動機に注意をはらわなければならない。子どもに現実の楽しみをあたえることができるものはすべて、可能なかぎり、あたえるがいい。思いつきで、あるいは権力をふるおうとしてもとめているにすぎないものはかならず拒絶することにするがいい。

二三　子どもは自分の意志に反対する意志をすべて気まぐれと考え、その理由がわからない、ということを承知していなければならない。子どもというものは、なんでも自分の思いつきに逆らうことにはぜんぜん理由をみとめないのだ。

二四　子どもが大人に手を出すのを、年下の者にでも、さらに、同じ年輩の者にでも同じことだが、けっして黙って見ているべきではない。子どもが真剣になってだれかを打ったら、相手がたとえかれの従僕でも、死刑執行人でも、かならずよけいに打ち返させて、子どもに二度とそういう気を起こさせないようにすることだ。考えのない付添いの女たちが、子どもの反抗心をかきたて、けしかけて人を打たせ、自分も打たれて、打たれても痛くないので笑っているのを見たことがあるが、怒り狂った子どもの意図においては、その攻撃はすべて殺人行為であること、そして、子どものとき人を打とうとする者は大人になって人を殺そうとすることになるのを彼女たちは考えていなかったのだ。

二五　こういうわけでたいていの子どもは、やったものを取り返そうとして、人が返そうとしないと泣くのだ。やるとはどういうことか子どもによくわかれば、そういうことは起こらなくなるだろう。ただ、そうなると、子どもはものをやることにいっそう慎重になる。

二六　それに、約束を守らなければならないという義務感が、子どもの心のうちに、その効用の重みによって固められないとしても、やがてあらわれてくる内面的な感情が、良心の掟として、それが適用される知識が得られればすぐに発達してくる生得的な原理として、それを子どもに命じることになる。その最初のしるしは、人間の手によってしるされるのではなく、あらゆる正義の創造者によってわたしたちの心に刻みこまれているのだ。約束ごとの本源的な掟とそれが命じている義務とをとりされば、人間の社会におけるすべては幻想的な、むなしいものとなる。自分の利益のために約束を守る者は、なにも約束していないばあいよりもいっそうそれにしばられているわけではない。あるいはせいぜい、球戯者がそのハンディキャップをいっそう有利な条件で利用する時機を待つためにそれを利用することをおくらせているように、その掟を破る可能性をもってしばられているだけだろう。この原理は、このうえなく重要なものであって、深く研究される値うちがある。ここで人間は自分自身と矛盾することになるからだ。

二七　悪事を告発された罪人が自分は誠実な人間だと言って弁解するようなばあいである。このばあいにはかれは事実においても当為においてもうそをつくことになる。

二八　こういう質問くらい思慮のたりない質問はない。とくに子どもが罪をおかしているばあいにはそうだ。そのばあい、あなたがたはかれがしたことを知っているとかれが考えたとしたら、かれにはあなたがたがわなをしかけていることがわかるだろうし、こういう見解は、あなたがたにたいして反抗心を感じさせずにはおかないだろう。もし、そう考えないとしたら、かれは、なぜ自分の過ちを告げなければならないのだろう、と考えるだろう。こうしてうそをつく最初の誘惑が、あなたがたの無思慮な質問の結果として生まれてくる。

二九　わたしはかれの疑問を、かれがもとめているときにではなく、わたしの気がむいたときに解決してやるということをわかってもらわなければならない。そうでなければ、わたしのほうがかれの意志に従うことになり、生徒にたいして教師がおちいるもっとも危険な隷属状態に身をおくことになるだろう。

三〇　けっして他人に害をくわえないこと、という教訓は、できるだけ人間社会にしばられないようにすること、という教訓を含んでいる。というのは、社会状態にあっては、ある者の利益は必然的に他の者の害になるからだ。この関係は事物の本質にあるのであって、なにものもそれを変えることはできない。この原理に立って、社会にある人間と孤独な人間とどちらがよいか検討してみるがいい。ある有名な著者〔ディドロ〕はひとりでいるのは悪人だけだと言っている。わたしは、ひとりでいるのは善人だけだ、と言おう。この命題は、前の命題にくらべて、それほど警句的ではないが、いっそう正しく筋が通ってもいる。悪人がひとりでいるとしたら、どんな悪いことをするのか。社会にあってこそ悪人は他人に害をくわえようとして、術策を弄するのだ。善人にたいしてこの論法を逆用しようとする人があれば、この注をつけた本文によってわたしは答える。〔ルソーは「告白」第九巻一七五七年の条で、親友である自分が孤独裡に生活していることを知りながら、ディドロが「私生児」の序文に右のようなことばを挿入したことを激しく非難している。〕

三 執筆中いくたびとなく考えたことだが、長い著作においては同じことばにいつも同じ意味をあたえることは不可能だ。どんな豊富な国語でも、わたしたちの観念がもちうる変化と同じだけの用語、言いまわし、文章を供給することはできない。あらゆる用語を定義し、定義されたもののかわりにたえず定義をもちいる方法は、すばらしい方法だが、実行することはできない。どうしたら循環をさけることができるのか。定義をするためにことばをもちいないなら、定義はけっこうなものになるかもしれない。それにもかかわらず、わたしたちの国語がどんなに貧しくても、明晰にすることができるとわたしは信じている。それは、同じことばにいつも同じ意味をあたえることによってではなく、一つ一つのことばをもちいるたびに、それにあたえられる意味がそれにともなう観念によって十分に限定されるようにし、そのことばがみいだされる一つ一つの文節がいわばそのことばの定義となるようにすることだ。わたしはあるときには子どもには推論することはできないと言い、またあるときには子どもにかなり微妙な推論を行なわせる。そのためにわたしは観念において矛盾しているとは思わないが、しばしば表現において矛盾していることをみとめないわけにはいかない。

三 大多数の学者は子どもと同じようにそういうことになる。広大な博学は多くの観念から生じるよりもむしろ、多くの映像から生じるのだ。日付け、固有名詞、場所など、個々別々の、あるいは観念を欠いた対象はすべて、ただ記号を覚えることによって記憶され、人は、そういうもののなにかを、同時に、それを読んだページの表、裏、あるいはそれをはじめて見た図形を見ることなしに思い出すことはめったにない。この数世紀間もてはやされた学問はほぼそういうものだった。わたしたちの世紀の学問はそれとは別物である。人はもはや研究しない、観察しない。人は夢を見ている。そして、いつか夢見の悪い晩に見た夢を、これが哲学だといって、おごそかにわたしたちに示している。わたしもまた夢を見ているのだ、と人は言うだろう。そのとおりだ。しかし、これはほかの人がしようとしないことだが、わたしは夢を夢として示し、目をさましている人にとってなにか有益なものがそこにあるかどうかは、読者に探求させることにしている。

三 フォルメイ氏がきわめて正しく指摘されたように、これは二番目の寓話であって、最初の寓話ではない。

三四　こういうばあいには、子どもに真実をもとめてもいけないことはない。このばあいには、子どもはそれを隠せないことをよく知っているのだし、それでもなおうそをついたとしても、すぐにうそをみとめないわけにはいかなくなるからだ。

三五　農民の子どもはよく乾いた地面を選んで腰をおろしたり横になったりしているとでもいってるようだ。そして、地面が湿っていたためにかれらのひとりでも病気になったのを聞いたことがあるとでもいってるようだ。この点について医者たちのいうことを聴くと、未開人はリューマチで手足がまったくきかなくなっていると考えたくなるだろう。

三六　この恐怖ははなはだしい日食のときにひじょうにはっきりと示される。

三七　わたしがその書物をしばしば引用している哲学者、そしてその広い見解がさらにしばしばわたしを教えてくれる哲学者によって十分に説明されているもう一つの原因はつぎのとおりだ。

「特殊の状況のために、距離の正確な観念をもつことができないときには、そして、対象を角度によってしか、あるいはむしろ、対象がわたしたちの目に形づくる映像によってしか判断できないときには、その対象の大きさについてどうしてもわたしたちは思いちがいをすることになる。だれでも経験したことがあるように、夜間、旅をしていると、近くにある藪を遠くにある大きな木だと思ったり、離れたところにある大きな木をすぐそばにある藪だと思ったりすることがある。同じように、対象の形がみとめられず、それによって距離の観念をいっさいもつことができないと、人はやはりどうしても思いちがいをすることになる。わたしたちの目からすこしはなれたところをすばやく過ぎていくはえは、このばあいには、目からひじょうに遠いところにいる鳥のように見えるだろう。広い野原のまんなかに動かないでいて、たとえば、羊と同じような姿勢をしている馬は、馬だということがわからないあいだは、大きな羊としか見えないだろう。しかし、馬だとわかればたちまち馬の大きさに見え、わたしたちはすぐに最初の判断を訂正することになる。

　夜、知らないところにいて、距離を判定することができず、暗いために事物の形を見わけることができないときにはいつも、そこにあらわれる対象についてくだす判断において、人はたえず誤りにおちいる危険があるだろう。夜の闇がほとんどすべての人に感じさせる恐怖とあの内心の恐れとはそこから生まれる。多くの人々が見たと言っている幽霊や巨大な恐ろしい姿のあらわれはそこに根拠がある。人はふつうかれらに、そういう姿はかれらの想像のうちにあったのだと答える。とはいえ、それは現実にかれらの目に映じたのかもしれないし、かれらは見たと言っているものをじっさいに見たということもきわめてありうることだ。というのは、対象が目にたいして形づくる角度によってしか対象を判断できないときには、どうしてもその未知の対象は、それに近づくにしたがって拡大されることになり、そして、見えるものがなんであるかもわからず、どれほどの距離に見えるのか判定することもできない観者に不意にあらわれるとしたら、そして、かれが二十歩あるいは三十歩はなれたところにいるときに、数尺の高さに見えるとしたら、数尺しかはなれていないところに来ると、かならずそれは数丈の高さに見えるはずだ。これはじっさいかれをびっくりさせ、やっと対象に手をふれるか、それを見わけるかするまではかれをおびやかすにちがいない。つまり、それがなんであるかを知った瞬間に、巨大に見えたその対象は急に小さくなり、もはや現実の大きさしかもたないものに見えてくるのだ。しかし、逃げていったり、近づくことができなかったりすると、たしかに人は、その対象について目に形づくられた映像からくる観念以外のものをもつことができず、人は現実に巨大な、つまりその大きさと形によって恐るべき姿を見たということになる。幽霊についての偏見には、だから、自然のうちに根拠があるのであって、そういう現象は、哲学者が信じているように、想像だけによるものではない」(「博物誌」第六巻、二二ページ)。

わたしは本文において、どうしてそれはいつも一部分想像によることになるかを証明しようとした。そして、この引用で説明されている原因についていえは、夜歩く習慣は形態の類似と距離のちがいが闇のなかでわたしたちの目にたいして対象にとらせる見かけを区別することを教えてくれるはずだということがわかる。わたしたちが対象の輪郭をみとめることができる程度に戸外に明るみが残っているときには、遠くはなれたところにはあいだに空気がよけいにあるから、対象がいっそう遠いところにあればその輪郭はいつもそれほどはっきりと見えないことになるのだ。だから習慣によって十分わたしたちは、ここでビュフォン氏が説明している誤りにおちいらないようにすることができる。したがって、どういう説明をとるにしても、わたしの方法はいつも有効であり、それは経験が完全に確認していることでもある。

三八　子どもに注意力を訓練させるには、子どもたちがそれを十分に理解することに、はっきりとした、そしてさしせまった関心をもてるようなことのほかにはけっして言いきかせないようにすることだ。とくに長ったらしい話をしないこと、けっしてよけいなことを言わないこと。しかしまたあなたがたの話に、不明の点、あいまいな点を残してはいけない。

三九　パリの有名なダンスの教師。相手をよく知って、巧知を弄し、法外なことをして、その技術を大したものにしていた。人々はそれをおかしなことと考えるようなふりをしていたものの、じつのところは、それにたいしてこのうえなく大きな尊敬をはらっていた。それにおとらずくだらない別の技術において、こんにちでもなお、ある俳優は、同じようなやりかたで重要な人物とされ、気ちがいとされ、しかも、やっぱり大きな成功を収めているというようなことが見られる。こういうことはフランスではいつも確実な方法だ。もっと単純で、そんな山師的なものではないほんとうの才能は、フランスでは幸運をつかむことができない。つつましくあるということはフランスではばかものの美徳となっている。

四〇　このあとですぐわかるように、田舎道の散歩である。都市のにぎやかな遊歩場は男女いずれの子どもにとっても有害である。子どもはそこで見栄坊になり、人から見つめられたいと考えるようになる。リュクサンブール、チュイルリ、とくにパレ・ロワイヤルで、パリの上流の青年男女はあの生意気でうぬぼれのつよい態度を学ぶことになり、ああいうこっけいな人間になり、ヨーロッパじゅうでののしられ、きらわれることになるのだ。

四一　その後、七歳の男の子がもっと驚くべきことをやっている。〔モーツァルトは一七六三年、七歳のとき、フランスの宮廷で、クラヴサンで自作のソナタを演奏している。ルソーは、一七六四年か六五年にこの注を書いたとき、それを新聞かなにかで知っていたのではないかと考えら

れている。〕

四二 パウサニアスの「アルカディア誌」参照。また、すぐあとに転載するプルタルコスの文章を参照。〔パウサニアスは二世紀後半の人。詳細なギリシャ案内記を著わした。〕

四三 すでに数世紀まえからマジョルカ人はこういう習慣を失っている。これはかれらが石投げ器の名手として有名だった時代のことだ。

四四 イギリス人はその情けぶかい心と、かれらが good natured people と呼んでいる国民の善良な天性をひじょうに自慢していることをわたしは知っている。しかしかれがいくらそういうことを言いたててもむだで、だれもかれらの言ってることをくりかえさない。

四五 ゲーブル人よりももっときびしくあらゆる肉食を禁じているバニア人はゲーブル人とほとんど同じくらい温和である。しかしその道徳はゲーブル人ほど純粋ではなく、信仰も合理的ではないので、かれらはそれほどりっぱな人間とはいえない。〔ゲーブル人はペルシャ、ヒンドスタン、コーカサス地方に住んでいたゾロアストル教徒。バニア人は、インド人で、バラモン教徒。〕

四六 本書の英訳者の一人はここでわたしの誤りを指摘しており、二人ともそれを改めている。屠殺者と外科医は証人としてみとめられている。しかし、屠殺者は刑事裁判の陪審員としてみとめられず、外科医はみとめられている。

四七 古代の歴史家には豊かな見解がみられ、たとえまちがった事実にかんすることであるとしても、それを有効にもちいることができる。ところがわたしたちは、歴史からどんな利益もひきだすことを知らない。文献学的な批判がすべてを吸収してしまう。ある事実から有益な教訓をひきだすことができるというなら、それが真実であったかどうかを知ることはひじょうに重大だと考えているらしい。聡明な人間は歴史を、その教訓が人間の心にぴったりしている寓話をまとめたものと考えるべきだ。

四八 Natia. わたしはこのことばをイタリア語における意味でつかっている。フランス語にその同義語をみいだせないからだ。まちがったとしても、たいしたことではない。わたしの言うことをわかってもらえればそれでいいのだ。

四九 習慣の魅力は人間に生まれつきの怠惰から生じる。そしてこの怠惰は習慣に身をゆだねることによって、さらにひどくなる。すでにしたことはいっそう容易にできる。道が切りひらかれると、それをたどっていくのがいっそうらくになる。そこで、習慣の力は老人やのらくら者にたいしてはきわめて強く、青年や活動的な人にたいしてはひじょうに弱いということがみとめられる。こういうやりかたは弱い人間だけにいいことで、しかもかれらを一日一日といっそう弱くする。子どもに有益なただ一つの習慣は、つらいとも思わずに事物の必然に従うこと、大人に有益なただ一つの習慣はつらいとも思わずに理性に従うことだ。そのほかの習慣はすべて悪習だ。

五〇 このちょっとしたお話についてのフォルメイ氏のするどい批判を読んで、わたしは笑わずにはいられなかった。氏はこう言っている。「子どもにたいして競争心を刺激され、おごそかな口調で教師に説教しているこの奇術師は、エミールたちの世界の人間である。」明敏なフォルメイ氏は、このささやかな情景がこしらえものであり、手品師はその演ずべき役割りを教えられていたということを考えてみることができなかった。じっさい、そういうことをわたしは言わなかったからだ。しかし、そのかわり、わたしは、なにもかも言ってやらなければならない人のために書いているのではないと、いくたび宣言していることだろう。

五一　この叱責のうちに教師がその目的を達するために一語一語口授したことばを感じとれないほど頭の悪い読者がいるとわたしは考えるべきだったろうか。こういうことばを手品師にしゃべらせてもおかしくないと思うほどわたし自身頭が悪い奴だと人は考えるべきだったろうか。わたしは、人々にその身分にふさわしい精神において語らせる才能がそれほどないことを少なくとも証明したつもりでいた。なおつぎの段落の終わりを見ていただきたい。フォルメイ氏を除いてはどんな人にもすべてをうちあけていることになるのではなかろうか。

五二　この辱しめ、失敗は、だからわたしがあたえたのであって、手品師があたえたのではない。フォルメイ氏はわたしが生きているあいだにわたしの本を横どりして、わたしの名をけずりかれの名をつけるだけで印刷させようとしたのだから、かれはそれを書く労を、とは言わないが、それを読むくらいの労をとるべきだった。

五三　しばしば気がついたことだが、人は、子どもに博学な知識をあたえるとき、子どもに聞かせようとするよりも、むしろ、その場にいる大人に聞かせようと思っている。ここで言ってることについてはわたしは完全に自信をもっている。わたしはわたし自身についてそういうことを観察しているのだから。

五四　子どもになにか説明しようとするまえに、ちょっとした道具をもちだすと、子どもを注意ぶかくするのにひじょうに役にたつ。

五五　パリの酒屋で小売りしているぶどう酒は、どれも混ぜものがしてあるわけではないが、鉛を含んでいないことはめったにない。なぜなら、酒屋の売り台はこの金属でおおわれていて、はかりから流れてくるぶどう酒はこの金属のうえをとおり、そこにたまることによってかならずいくらかそれを溶解させるからだ。こういう明らかな、危険な悪習を警察が許しておくというのは奇怪なことだ。しかしじつのところ、富裕な人はこういうぶどう酒を飲むことはほとんどないから、そのために毒にあたるおそれはあまりない。

五六　植物性の酸はひじょうに弱い。それが鉱物性の酸で、それほど拡散していないと、結合にさいしてかならず沸騰する。

五七　わたしたちの情念がかってに時の流れを規制しようとすると、わたしたちにとって時はその基準を失う。賢者の時計は気分にむらのないことと心の安らかなことだ。賢者はいつもその時間にいる、そして、いつも時間をこころえている。

五八　わたしの生徒がもっていると考えられる田園にたいする好みは、かれの教育の自然の結果だ。それにまた、女性の気にいるようなうぬぼれのつよいおしゃれなところが一つもないかれは、ほかの子どものように女性にちやほやされることもない。したがってかれは女性と一緒にいることをうれしがりもせず、まだその魅力を感じるにいたっていない女性との交際によってだめにされることもない。女性の手に接吻したり、女性にお世辞を言ったり、さらに、男性をさしおいて女性に当然示すべき敬意を示すことさえ、わたしはかれに教えようとはしなかった。その理由がわからないようなことはなに一つかれにもとめないということをわたしは侵すべからざる掟として守ることにした。ところで、子どもにとっては、女性を男性と別にとりあつかうことにはなんら正しい理由はないのだ。

五九　ヨーロッパの大国の君主制がこれからも長いあいだ存続することは不可能だとわたしは考えている。すべての君主国は栄えたが、栄えている国はすべて没落していく。わたしの見解については、この格言よりももっと特殊な理由があるのだが、それをいま述べるのは適当ではないし、それはだれの目にもはっきりしすぎるくらいよくわかっていることにすぎない。〔この革命の予言にくらべられるものとしてヴォルテールのつぎのことばがよく知られている。「わたしが見ていることはすべて革命の種をまいている。革命はかならず起こるだろう。しかしわたしはその証人となる喜びを味わえないだろう」(一七六四年二月二日)。〕

六〇　あなたはまさにそういう者ではないか、と人は言うだろう。不幸にしてわたしはそういう者だ、わたしはそれをみとめる。しかし、わたしの過ちは、わたしは十分それをつぐなっていると思っているのだが、他人にとって、同じような過ちをおかす理由とはならない。わたしは自分の過ちを弁解するためにではなく、読者にそのまねをさせないようにするために書いているのだ。

六一　サン・ピエール師のこと。〔一〇二ページ訳注参照〕

六二　古代には裁縫師という者はいなかった。男たちの衣服は家で女たちによってつくられた。

六三　その後わたしはもっと正確な実験によって反対のことをみいだした。屈折は円をなしておこり、棒は水のなかにある一端ではもう一方の端よりも太く見える。しかしこれは推論の正しさをなに一つ変えることにはならないし、結果はそれによって正しさを失うことはない。

訳注

ページ

三　シュノンソー夫人のこと。「それらすべてのほかに、わたしはしばらくまえから教育説の構想をねっていた。夫のうけた教育を考え、子どものために心を痛めていたシュノンソー夫人が、その仕事をしてくれるようにたのんでいたのだ。友情の重みで、この仕事は、それほどわたしの好みにあったことではなかったが、ほかのどの仕事よりもいっそう気にかかっていた。だから、いま話したすべての題目のなかでこれだけは完成することになったのだ……」(「告白」第九巻)。シュノンソー夫人は、ルソーがパリに出てきたころいろいろ世話になったデュパン夫妻の息子の妻(二五二ページ訳注参照)。

三　「エミール」を完成するまでにルソーが書いたものには、長編小説「新エロイーズ」を除けば、そう大きなものはない。処女論文「学問芸術論」はほんとうの「小冊子」であるし、「人間不平等起源論」、「ダランベールへの手紙」、「社会契約論」(これはもっと大きなものになるはずだった著作の抜萃ということになっている)など、いずれも大部のものではない。「二、三の小冊子を書いただけでは……」はそのことを意味しているのではないかと訳者は考える。

三　ルソーは一七五六年パリを去り、友人たちと別れて、エピネー夫人の領地に住んだが、一七五八年モンモランシーに移り、ここでその主著を完成した。

三一　イギリスの哲学者ジョン・ロック(一六三二―一七〇四)は一六九三年に「子どもの教育についての考察」を書いた。なお、ルソーに先だっていくらか教育論を書いている有名なフランスの思想家には、十六世紀にモンテーニュ、十七世紀にフェヌロンがあり、いずれもルソーに影響をあたえている。

三二　ルソーは一七六四年に書いた手紙のなかで、「エミール」が実用的な教育論としてではなく、新しい人間を解明した書物として読まれることを期待している。なお、原注三二の終わりを参照。

三三　レグルスは紀元前三世紀のローマの将軍。カルタゴに敗れ、捕虜となり、カルタゴの使節としてローマに送られたが、和議を結ぶことをやめるよう元老院を説得、カルタゴに帰って処刑された。

三四　プルタルコス(プルターク)「ラケダイモン人についての有名な話」六〇。――ラケダイモンはスパルタと同じ。

三五　プルタルコス、同上、五。

三六　リュクルゴスはなかば伝説的なスパルタの立法者。

三七　キケロ「トゥスクルム論議」第五巻第九章。

三八　ワローは前一世紀のローマの博学者だが、この引用は四世紀の文法学者ノニウス・マルケルスによる、と。

三九　セネカは「ルキリウスへの手紙」三でほぼ同じことを述べている。

四一　適当なことばがみあたらないのでこうしたが、これはわたしたちの産衣でもおむつでもなく、手足を動かせないように赤ん坊をくるむ衣服らしい。

四二　ビュフォン「博物誌」第四巻。カリブ人は小アンチル諸島に住んでいた民族。

五二　テティスは海神ネレウスの娘で、テッサリアの王ペレウスの妻となり、アキレウスを生んだ（ギリシャ神話）。

五三　肉体的な面での幼児の育てかたについては当時かなりの関心がもたれ、ルソーと同じような精神で書かれた書物も出ている。「エミール」と同じころにジュネーヴの人バレクセールの「子どもの体育についての論考」が出たが、ルソーはバレクセールをひょうせつ者としている（「告白」第十一巻）。

五八　ルソーは正式に結婚してなかったテレーズ・ルヴァスールとのあいだに生まれた五人の子をすべて孤児院に送った（「告白」第七巻）。「教育論の構想を立てていたとき、わたしは、なんとしてもまぬがれられぬ義務を自分が怠っていたことをさとった。後悔の念はやがて激しくなって、『エミール』を書きはじめたとき、もうすこしで自分の過ちをうちあけてしまうところだった……」（「告白」第十二巻）。

六二　一七四〇年ルソーはリヨンで家庭教師をしていたことがある。

六三　教師があまり年をとっていて、とっつきにくい陰気な人であってはならないということを、ルイ十四世の王太孫の養育係フェヌロンの助任者だったフルーリー師（一六四〇―一七二三）も述べている。

六四　ペルシャの王は王子に、いろいろな美徳をそれぞれ専門の教師によって教えさせたというのである。モンテーニュ「エセー」第一巻第二十五章。

六六　ラポニアはスカンジナヴィアの北部、ラポン人の住む地方。サモエード人はシベリアのステップ地帯の遊牧民族。トルネアはスエーデンの川。ベニンは西アフリカ、ギニアにあった国。

七二　ルソーの医者にたいする不信は十五年後に書かれた「孤独な散歩者の夢想」にもみられるが、そのころルソーと親しくしていたベルナルダン・ド・サン・ピエールはルソーのつぎのようなことばをつたえている。「わたしの著作の新版をつくるとしたら、医者について書いたことをやわらげるつもりだ。医者という職業くらい研究を必要とするものはない。どこの国でも、医者はだれよりも学者だ。」

七三　五二ページの訳注参照。——詩人とはホメロスのこと。

八八　女神パラス(アテナ)は武装した姿でゼウスの頭から生まれた。

九四　ホメロス「イリアス」第六巻、四六六—四八四行。

一〇〇　ベールハーヴェはオランダの医者(一六六八—一七三八)。

一〇二　サン・ピエール師(一六五八—一七四三)——一六九三年アカデミー会員となったが、一七一七年、ルイ十四世の政治を批判した「複議会論」のために除名された。ルソーはサン・ピエール師の著作(「永遠平和論」、「複議会論」)の要約とその批判を書いている。

一〇三　ホッブス(一五八八—一六七九)——イギリスの唯物論哲学者。政治論においては専制政治の支持者。

一〇三　中巻一五六―二八五ページにあるこの「信仰告白」は全体のすじからいえばエピソードの形をとっているが、本書のもっとも重要な部分である。

一一三　irai(〔わたしは〕行くだろう)という動詞をもちいるときはy(そこに)という副詞はつかわないきまりになっている。それを知らなかった子どもは母音の連続をさけるためにy irai-jeと言わず、yを最後にもってきて、類推によってそのまえにtをいれ、ここでも母音の連続をさけたのである。

一二三　オウィディウス「悲歌」第一巻。

一二五　ワレリウス・マクシムス(一世紀ローマの歴史家)の「記憶すべき事実と話」第一巻第六章。

一三八　アウルス・ゲリウス(二世紀ローマの文法学者)の「アッティカの夜」第九巻第八章。

一四一　「所有を拡大すればするほど、いよいよわたしたちは運命の打撃をこうむることになる。わたしたちの欲望の場は、取り囲まれ、もっとも手近な安楽という狭い限界にとじこめられるべきである」(モンテーニュ「エセー」第三巻第十章)。

一四三　「たいていの人は自然の意地悪さを非難している。かれらは言う、わたしたちはごく短いあいだしか生きられないように生まれついている……。事実は、わたしたちにあたえられた時は短くないので、わたしたちがそれをまったくむだにつかっているのだ。人はみな生命を深淵に投げこみ、未来の欲求と現在の嫌悪になやまされている」(セネカ「人生の短いことについて」)。

一八五　ヌニェス・バルボア(一四七五―一五一七)ははじめてパナマ地峡をへて太平洋に出たスペイン人征服者。

二〇六 アンリ四世は一五八九―一六一〇年フランス王、名君として知られている。
二〇九 プルタルコス「ウティカのカトー伝」一(岩波文庫版「プルターク英雄伝」第九冊参照)。ウティカのカトー(小カトー)は大カトーの曾孫、ストア派の哲人。カエサルの独裁に反対、敗れて自殺した。
二〇九 これは哲学者コンディヤック(一七一五―一七八〇)のこと。
二一一 セネカ「ルキリウスへの手紙」八八。
二一七 サン・ドニはパリ近郊の町。
二一九 この有名な逸話はプルタルコスとクィンティウス・クルティウス(一世紀ローマの歴史家)のアレクサンドロス伝にある。モンテーニュ「エセー」第一巻第二十三章にはつぎのようにしるされている。「アレクサンドロスは、もっとも親しい医師フィリッポスがダリウスに買収されて自分を毒殺しようとしていることをパルメニオンの手紙によって知り、その手紙をフィリッポスに渡して読ませると同時にかれがすすめた飲みものをのみほした。」
二二五 ラ・フォンテーヌ(一六二一―一六九五)は有名な寓話詩人。つぎにとりあげられているのは「寓話」第一巻のはじめにある話のいくつかと第二巻の九など。
二三六 ラ・フォンテーヌには寓話集のほかに、艶笑談をあつめた「コントとヌーヴェル」がある。
二四〇 クィンティリアヌス(一世紀ローマの弁論学者)の「弁論術」第一巻第一章。
二五二 「……デュパン夫人は一週間か十日のあいだ息子の世話をしてもらいたいと言ってよこした。家庭教師を変えることになって、そのあいだ息子はひとりきりになったのである。わたしはその一週間を耐えがたい苦しみのうちにすごした。……あわれなシュノンソーはあの時分から頭が悪かったからで、そのためにかれはあんなふうに家名を汚し、ブルボン島で死ぬことになったのだ……」(「告白」第七巻)。

二六〇　「プールソーニャック氏」はモリエールの喜劇。

二六六　ロラン――「研究論」、「古代史」などの著者。学校教育改革の先駆者の一人とされている(一六六一―一七四一)。フルーリー師――六三ページ訳注参照。クルーザ――スイスの哲学者(一六六三―一七四八)。

二七〇　サー・アイザック・ニュートン(一六四二―一七二七)のこと。

二七〇　ジャン・シャルダン(一六四三―一七一三)は諸国を旅行し、とくにペルシャとインドに滞在。「ペルシャと東インドにおける騎士シャルダンの日記」を出版。

二七〇　「ダランベールへの手紙」(一七五八)。

二七九　モンテーニュ「エセー」第一巻第十九章。

二七九　モンテーニュ「エセー」第二巻第二十一章の終わり。モロッコの王モレリュックは重病におちいっていたときポルトガル軍の攻撃をうけ、最後まで軍隊を指揮した。

二八〇　十八世紀のはじめごろには天然痘にかかった者は十人に一人の割り合いで死んだという。予防として人痘接種が行なわれていたが、ジェンナーの完全な種痘法が発表されるのは世紀末一七九八年である。

二八二　いもりは古来民間で火に耐えられると信じられていた。

二九〇　ルソーは、父がある事件のためジュネーヴを去ったのち、十歳から十二歳までジュネーヴの郊外ボセーで、従兄ベルナールとともに牧師ランベルシェの寄宿生としてすごした。「告白」第一巻にその思い出がくわしくしるされている。

二九五　旧約サムエル前書第二十六章。サウル王に追求されていたダビデが王の陣屋にしのびこんで槍と水さしをうばったという故事。

二九六　ホメロス「イリアス」第十巻。レソスはトラキアの王。トロイア方の将。レソスの毛髪がクサントス川の水を吸うならばトロイアは滅びないとされていた。オデュッセウスは夜中レソスをおそって殺した。

三〇〇　一六〇二年サヴォワ公シャルル・エマニュエル一世はジュネーヴ市を攻略しようとして失敗した。

三〇四　「速足のアキレウス」は「イリアス」におけるアキレウスの呼び名の一つ。ケイロンはアキレウスの養育係になった半人半馬《ケンタウロス》の賢人。

三一四　アペレスはアレクサンドロス大王時代のギリシャの画家。正確な技法によって知られた。

三二七　ポリュビオスはギリシャの歴史家(前二一〇—一二八)。

三二七　ホラティウス「書簡詩」第一巻二の二七。

三四〇　キュクロプスはホメロス「オデュッセイア」に出てくるシシリア島に住む一眼の巨人。神話ではまたヘパイストス神の命令のもとにエトナ山ではたらく鍛冶屋ともされている。食蓮人は北アフリカに住んでいたという民族。「オデュッセイア」に出てくる。

三四三　女神ケレス(デメテル)は小麦の栽培を人間に教えたといわれる。バッコス(ディオニュソス)は酒神。

三四五　この引用はプルタルコスの「肉食は許されるか」という論説の初めの部分の訳。

三四六　ヘロドトス第一巻第九十四章。

三六五　ここで語られている子どもはベル・イール元帥の息子ジゾール伯であることが一七六二年九月二十六日付けのルソーの手紙によって知られている。ジゾール伯は一七三二年生。十七歳で連隊の指揮をとったが、一七五八年クレフェルトの戦いで傷ついて死。

三六五　アレクサンドロス大王のこと。プルタルコス「アレクサンドロス伝」六参照。

三七七　この個所はルソーのもっとも美しいページの一つとされている。第四編「サヴォワの助任司祭の信仰告白」に先だつ一節、および「告白」第四巻の、トゥーヌへの遠足の有名な一節にも早朝の美しい景色を描いた文章がある。

三八二　渾天儀というのは、金属、木材、ボール紙などでできた輪をくみたてたもので、天空と星の運行を示し、まんなかに地球を示す小さな球がある。

三九七　アルコール温度計は十七世紀にガリレイによってつくられ、水銀温度計は十八世紀のはじめにつくられた。

三九九　ラシーヌ(一六三九―一六九九)はフランスの古典悲劇詩人。ボワロー(一六三六―一七一一)は批評家でラシーヌの友人。

四一三　デフォーの「ロビンソン・クルーソー」は一七一九年出版、まもなくフランス訳がでた。

四二六　ペトロニウス「サテュリコン」一〇〇。

四四四　これはラ・フォンテーヌの寓話(第七巻十六)にある小ウサギが朝散歩にいって帰ってくるとイタチが住居を占領していたという話を暗示している。

四四六　「人間不平等起源論」(一七五五)。

四五〇　ここで語られているのは、前四世紀のシシリアのディオニュシオス二世、前二世紀ローマ軍に敗れたマケドニアのペルセウス王の息子、前六世紀末王座を追われたローマ最後の王タルクィニウス、三つの王位の継承者とは一六八八年の革命で廃されたイギリス王ジェームズ二世の孫チャールズ・エドワード(一七二〇―一七八八)のこと。

四六五　ユウェナリス(ローマの諷刺詩人)の「諷刺詩」第二、五三行。

四七〇　ミダスは伝説にあるフリュギアの王。バッコスからすべてのものを黄金に変える力をあたえられたが、食物までが黄金に変わってしまった。また、アポロン神の怒りを買って頭にロバの耳をつけられた。

四七五　ルソーの自筆原稿によれば、以上二つの段落の文章はつぎのようになっている。「感覚がわたしたちをだますことは不可能だとわたしは言う。わたしたちが感じていることを感じているというのはいつでも真実だからである。この点、エピクロス学派は正しい。感覚がわたしたちを誤りにおとしいれるのは、ただ、それらの感覚をうみだす原因について、あるいは、それらの感覚の相互の関係について、または、それらがわたしたちに知覚させる対象について、わたしたちがくだす判断を通してである。ここではエピクロス学派はまちがっている。かれらはわたしたちが感覚についてくだす判断はけっしてあやまることはないと主張しているからだ。わたしたちは感覚を感じるのであって、判断を感じるのではない。」

四七八　ヒューロン族は北アメリカのインディアンの一部族。

四八六　モンテーニュ「エセー」第一巻第五十六章および第二巻第十七章。

四八六　このところ原稿では多少ちがっている。とくに、「必要に応じてそれを獲得することを教え……」のまえに「それを知らしめ、」という句がはいっている。

エミール（上）〔全3冊〕
ルソー著

1962年5月16日　第1刷発行
2007年10月4日　第74刷改版発行
2025年7月4日　第93刷発行

訳者　今野一雄《こんのかずお》

発行者　坂本政謙

発行所　株式会社 岩波書店
〒101-8002 東京都千代田区一ツ橋2-5-5

案内 03-5210-4000　営業部 03-5210-4111
文庫編集部 03-5210-4051
https://www.iwanami.co.jp/

印刷・理想社　カバー・精興社　製本・松岳社

ISBN 978-4-00-336221-1　Printed in Japan

読書子に寄す

——岩波文庫発刊に際して——

岩波茂雄

真理は万人によって求められることを自ら欲し、芸術は万人によって愛されることを自ら望む。かつては民を愚昧ならしめるために学芸が最も狭き堂宇に閉鎖されたことがあった。今や知識と美とを特権階級の独占より奪い返すことはつねに進取的なる民衆の切実なる要求である。岩波文庫はこの要求に応じそれに励まされて生まれた。それは生命ある不朽の書を少数者の書斎と研究室とより解放して街頭にくまなく立たしめ民衆に伍せしめるであろう。近時大量生産予約出版の流行を見る。その広告宣伝の狂態はしばらくおくも、後代にのこすと誇称する全集がその編集に万全の用意をなしたるか。千古の典籍の翻訳企図に敬虔の態度を欠かざりしか。さらに分売を許さず読者を繋縛して数十冊を強うるがごとき、はたしてその揚言する学芸解放のゆえんなりや。吾人は天下の名士の声に和してこれを推挙するに躊躇するものである。このときにあたって、岩波書店は自己の責務のいよいよ重大なるを思い、従来の方針の徹底を期するため、すでに十数年以前より志して来た計画を慎重審議この際断然実行することにした。吾人は範をかのレクラム文庫にとり、古今東西にわたって文芸・哲学・社会科学・自然科学等種類のいかんを問わず、いやしくも万人の必読すべき真に古典的価値ある書をきわめて簡易なる形式において逐次刊行し、あらゆる人間に須要なる生活向上の資料、生活批判の原理を提供せんと欲する。この文庫は予約出版の方法を排したるがゆえに、読者は自己の欲する時に自己の欲する書物を各個に自由に選択することができる。携帯に便にして価格の低きを最主とするがゆえに、外観を顧みざるも内容に至っては厳選最も力を尽くし、従来の岩波出版物の特色をますます発揮せしめようとする。この計画たるや世間の一時の投機的なるものと異なり、永遠の事業として吾人は微力を傾倒し、あらゆる犠牲を忍んで今後永久に継続発展せしめ、もって文庫の使命を遺憾なく果たさしめることを期する。芸術を愛し知識を求むる士の自ら進んでこの挙に参加し、希望と忠言とを寄せられることは吾人の熱望するところである。その性質上経済的には最も困難多きこの事業にあえて当たらんとする吾人の志を諒として、その達成のため世の読書子とのうるわしき共同を期待する。

昭和二年七月